Istanbul

Zeit für das Beste

Klio Verigou
Rainer Hackenberg

W0085220

BRUCKMANN

INHALTSVERZEICHNIS

Seite 1: Osmanische Türben an der Hagia Sophia
Seite 2/3: Orientalischen Boote in Sirkeci
Oben: Istanbul erwartet Besucher mit zahlreichen historischen Bauten.
Mitte: Moderne Kunst der Türkei
Unten: In den Gassen von Beyoğlu

Oben: Für die Flucht aus dem Trubel sorgen zahlreiche Parks.
Mitte: Auf der Galata-Brücke sitzt man besonders schön.
Unten: Ideal für Schlemmermäuler – Zuckerbäckereien und Konditoreien

DIE TOP TEN

TOPKAPI-PALAST (S. 32)
Eine Zeitreise durch die osmanischen Jahrhunderte kann man im Topkapı-Palast machen. Das einstige Machtzentrum des Osmanischen Reiches war die Residenz des Sultans und ist heute ein Touristen-magnet. Besucher sind nicht nur von der zauber-haften Architektur, sondern auch von den kostba-ren Sammlungen und Staatsgeschenken fasziniert.

İSTANBUL ARKEOLOJI MÜZESI (S. 40)
Der Komplex der Archäologischen Museen präsen-tiert mit kostbaren, jahrtausendealten Funden aus der altorientalischen Epoche über die Antike bis zur osmanischen Zeit die umfangreiche Geschichte des Osmanischen Reiches. Absolutes Highlight ist der berühmte Alexander-Sarkophag (5. Jh. v. Chr.) mit eindrucksvollen Reliefs.

HAGIA SOPHIA (S. 50)
Das byzantinische Meisterwerk, das Gotteshaus Hagia Sophia, war gut ein Jahrtausend lang die bedeutendste und größte Kirche der Christenheit. Nach ihrer Umwandlung zur Moschee ist sie heute ein eindrucksvolles Museum, das von der vielfälti-gen und traditionsreichen Geschichte der Christen und Muslime in Istanbul berichtet.

YEREBATAN-ZISTERNE (S. 58)
Einen Einblick in die unterirdische Welt der Metro-pole erhält man in der aus byzantinischer Zeit stammenden, eindrucksvollen Yerebatan-Zisterne, die von den Osmanen »Versunkener Palast« genannt wurde. Durch geheimnisvolles Licht und musikali-sche Untermalung wird im unterirdischen Säulen-wald eine ganz besondere Atmosphäre erzeugt.

SULTAN-AHMET-MOSCHEE (S. 62)
Sie wird die Blaue Moschee genannt und wurde im 17. Jahrhundert als Hauptmoschee des Osmani-schen Reiches errichtet. Mit ihren sechs repräsenta-tiven Minaretten und der eindrucksvollen Kuppel-anordnung dominiert sie seit jeher die Silhouette der Altstadt. Ihr Inneres wird von 21 000 Fayence-fliesen mit filigranen Blumenmotiven geprägt.

GROSSER BASAR (S. 108)

Das orientalische Einkaufsparadies der Weltstadt! Der Große Basar bietet alles, was das Herz begehrt. Das älteste Einkaufszentrum Istanbuls lohnt auch einfach zum Bummeln einen Besuch. In tausenden Geschäften findet man alles, was das Herz begehrt. Das Einkaufsmekka bietet Textilien über Ramsch, Souvenirs und Antiquitäten bis hin zu Schmuck.

SÜLEYMANIYE-MOSCHEE (S. 118)

Sultan Süleyman der Prächtige beauftragte den besten osmanischen Architekten Sinan im 16. Jahrhundert mit dem Bau einer Moschee. Sein schönstes Meisterwerk thront mit seinen perfekt verschachtelten Kuppeln, der vollkommenen Symmetrie und der eindrucksvollen Innenausstattung auf dem dritten Stadthügel Istanbuls.

CHORA-KIRCHE (S. 148)

Die in der ehemaligen, byzantinischen Chora-Kirche (Kariye Müzesi) erhaltenen Mosaiken auf goldenem Grund und die kunstvolle Freskenausschmückung aus dem 14. Jahrhundert gehören zu den prächtigsten und kostbarsten byzantinischen Relikten Istanbuls und zu den bedeutsamsten Sakralausschmückungen weltweit.

BOSPORUS-TOUREN (S. 190)

Nirgends wird die Lage Istanbuls auf zwei Kontinenten deutlicher als auf dem 30 Kilometer langen Bosporus, wo sich Asien und Europa vereinen. Der Weg führt entlang prächtiger Paläste, kleiner Fischerhäfen, grüner Hänge, osmanischer Holzvillen und den teuersten Residenzen Istanbuls und reicht fast bis zum Schwarzen Meer.

DIE PRINZENINSELN (S. 262)

Der autofreie Archipel im Marmarameer ist das perfekte Refugium der Stille und Erholung. Die einfach nur »Adalar« genannte Inselgruppe mit ihren weitläufigen Kiefern- und Pinienwäldern sowie der nostalgischen Architektur ist ein beliebtes Wochenendziel der Istanbuler, die Inseln laden zum Radfahren, Wandern und Baden ein.

Kennen Sie Istanbul?

Modern, traditionell und historisch – Istanbul ist die Stadt der Kontraste und hat eine einzigartige Art, europäisches mit orientalischem Flair zu vereinen. Die Weltstadt auf zwei Kontinenten vereint eine jahrhundertealte, von verschiedenen Kulturen geprägte Geschichte mit einem zeitgenössischen Charakter, der sich in rasenden Schritten verbreitet. Neben monumentalen Gotteshäusern und jahrhundertealten Bauten begeistern zeitgenössische Museen, avantgardistische Galerien und das Istanbuler Leben.

Istanbul ist das beliebteste Reiseziel der Türkei – und das nicht ohne Grund. Denn in der Weltstadt hinterließen zahlreiche verschiedene Kulturen ihre Spuren, prägten das Stadtbild und erzählen bis heute jahrtausende- und jahrhundertealte Geschichten. Wer Istanbul einmal besucht hat, kommt immer wieder und wird jedes Mal aufs Neue von den verschiedenen Seiten dieser Stadt fasziniert.

Über die chaotischen Seiten der 15-Millionen-Metropole, in der man wegen ihrer oft planlosen Bebauung schnell die Orientierung verlieren kann, sieht man spätestens hinweg, wenn die zahllosen Lichter am Bosporus am frühen Abend eine atemberaubende Kulisse schaffen und die Sonne am Goldenen Horn versinkt. Wenn man die Silhouetten des Topkapı-Palasts, der Hagia Sophia und der Blauen Moschee erblickt, während die vom Marmarameer zum Schwarzen Meer ziehenden Schiffe, Tanker und Boote den Bosporus passieren, wird klar, was die Faszination der Megastadt ausmacht: In Istanbul vermischen sich die Zeiten, Kulturen und Baustile.

Oben: Die türkische Fahne weht überall.
Mitte: Der türkische Tee wird zu fast jeder Gelegenheit angeboten.
Unten: Stylisches Istanbul auf der Badeinsel Suada

Steckbrief Istanbul

Lage: zwischen 28° 01' und 29° 55' östlicher Länge sowie 41° 33' und 40° 28' nördlicher Breite

Fläche: 5512 km² (Verwaltungsgebiet İstanbul Büyükşehir Belediyesi)

Stadtwappen:

Amtssprache: Türkisch

Einwohner: 13 854 740 Einwohner (geschätzt werden über 15 Mio.)

Währung: Türk Lirası (Untereinheit: Kuruş)

Geografie: Istanbul ist die einzige Stadt weltweit, die auf zwei Kontinenten liegt: Europa und Asien. Sie ist die größte Stadt der Türkei und erstreckt sich am Bosporus, der den europäischen vom asiatischen Teil trennt, umschließt das Goldene Horn und grenzt im Norden an das Schwarze Meer und im Süden an das Marmarameer. Außerdem gehören die Prinzeninseln im Marmarameer zu Istanbul, das etwa 50 km lang und über 100 km breit ist.

Verwaltung: Seit 2009 ist Istanbul in 39 Landkreise/Stadtteile mit eigenen Vertretungen und Bürgermeistern gegliedert. 25 liegen auf der europäischen, 14 auf der asiatischen Seite. Der Oberbürgermeister wird alle fünf Jahre direkt vom Volk gewählt. Im Amt ist seit 2004 Kadir Topbaş von der islamisch-konservativen Partei AKP.

Wirtschaft und Tourismus: Istanbul hat den größten Hafen der Türkei und ist Banken- und Handelszentrum. Über 80 % der Wirtschafts- und Industriezweige der Türkei sind in Istanbul vertreten. Dort wird ca. 23 % des Bruttoinlandsprodukts erwirtschaftet. Wirtschaftszweige sind z. B. die Textil-, Bau- und Chemieindustrie sowie Schuh- und Lederfabriken. Immer wichtiger werden Sektoren wie Dienstleistungen, Banken, Verwaltungszentren und Tourismus. Die meisten Türkei-besucher landen in Istanbul.

Religion: Fast 100 % der Einwohner bekennen sich zum Islam. Religiöse Minderheiten sind 35 000 armenische Christen, 16 000 Juden und etwa 3000–4000 griechisch-orthodoxe Christen. Weniger sind Protestanten und Katholiken.

Bevölkerung: Istanbul hat eine Bevölkerungsdichte von 2513,6 Einwohnern/km². Seit den 1950er-Jahren erlebt die Stadt durch Zuwanderer aus der ganzen Türkei einen Bevölkerungsboom.

Kontrastreich ist die Istanbuler Architektur.

Oben: Die Moschee am Bosporus gehört zum Dolmabahçe-Palast.
Mitte: Viele Cafés, Bars und Restaurants bieten Ausblicke über die Dächer der Stadt.
Unten: Byzantinische Überreste vom einstigen Theodosius-Forum

Das Stadtgebiet

In der Metropole trifft nicht nur in kultureller Hinsicht der Orient auf den Okzident, sondern auch geografisch treffen die Kontinente Europa und Asien aufeinander. Das gesamte Verwaltungsgebiet Istanbuls gliedert sich in 39 Stadtteile, die wiederum in einzelne Viertel (Mahalle) unterteilt sind. Sie säumen den Bosporus und erstrecken sich zwischen Schwarzem Meer und Marmarameer. Es gibt drei große Zentren: die südliche Halbinsel mit dem historischen Stadtkern zwischen Marmarameer und Goldenem Horn (Haliç), die nördlich des Goldenen Horns und am Westufer des Bosporus gelegenen, europäisch geprägten Stadtteile sowie den asiatischen Teil am Ostufer des Bosporus.

Der historische Stadtkern

Der Stadtteil Fatih auf der Halbinsel südlich des Goldenen Horns, auf der Byzantion gegründet wurde und auf der das Zentrum des byzantinischen und des osmanischen Konstantinopel lag, ist wie ein großes Freilichtmuseum. Im geschichtsträchtigsten Stadtteil Istanbuls, der sich bis zur 1500 Jahre alten Landmauer im Westen erstreckt, faszinieren die jahrhundertealten Schätze nicht nur historisch Interessierte, sondern alle Besucher aus der ganzen Welt. An die Landmauer schließt sich der Stadtteil Eyüp an, einer der wichtigsten Wallfahrtsorte der islamischen Welt.

Das touristisch wichtigste Viertel von Fatih ist Sultanahmet, das sich zwischen dem prächtigen Topkapı-Palast und der weltberühmten Sultan-Ahmet-Moschee (Blaue Moschee) erstreckt. Zwischen den eindrucksvollen, osmanischen Prachtbauten liegen das wichtigste byzantinische Erbe, die Hagia Sophia, und die spannende Yerebatan-Zisterne. Die einzige Grünanlage ist der Gülhane-

Park am Topkapı-Palast, von dessen Teegarten man eine schöne Aussicht auf den Bosporus, das Goldene Horn und das Marmarameer genießen kann. Westlich von Sultanahmet folgen die Stadtteile Eminönü, Cağaloğlu und Beyazıt, die vor allem mit den geschlossenen und offenen Basaren einen geschäftigen, orientalischen Eindruck vermitteln. Ganz in der Nähe liegt die Süleymaniye-Moschee, eine der eindrucksvollsten Moscheen vom osmanischen Architekten Yusuf Sinan (1489–1588). Traditionell-muslimisch wird es rund um die Fatih-Moschee. Auf das griechische und jüdische Erbe Istanbuls trifft man in Fener und Balat im Nordwesten. Im nostalgischen Fener kann man auch das griechisch-orthodoxe Ökumenische Patriarchat von Konstantinopel besuchen.

Nördlich des Goldenen Horns

Das Gebiet, das sich vom Nordufer des Goldenen Horns bis zum Schwarzen Meer am Westufer des Bosporus erstreckt, ist hingegen der moderne Teil der Metropole. Dort wurde erst viele Jahrhunderte

Oben: An einigen Tagen und Abenden wird das Durchkommen auf der İstiklal zum Abenteuer.
Unten: Beliebte Souvenirs sind jegliche Textilien.

nach der Stadtgründung von den Genuesen und später von vielen Europäern gebaut. Auf dem Hügel von Beyoğlu mit dem Herzstück der Stadt, dem Taksim-Platz, und in den sich anschließenden Stadtteilen Şişli und Beşiktaş findet das heutige Istanbuler Leben statt. Die Viertel Karaköy, Galata und Tophane laden am Fuße und an den Hängen des Beyoğlu-Hügels zu Spaziergängen und Galerie-Besuchen ein. Die Haupteinkaufsstraße, die İstiklal Caddesi, die auf dem Hügelkamm vom Taksim zum Tünel verläuft, wird von hübschen Hausfassaden aus dem 19./20. Jahrhundert und von einigen Kirchen und alten Botschaftsgebäuden flankiert. Zahlreiche kleine Cafés locken in den Gassen der umliegenden Viertel nicht nur die junge Szene an.

Kurz vor dem Dolmabahçe-Palast beginnt der Stadtteil Beşiktaş mit dem gleichnamigen Viertel, den Ausgehvierteln Ortaköy und Kuruçeşme, dem Finanzdistrikt Levent mit modernen Einkaufszentren und imposanten Wolkenkratzern sowie den wohlhabenden Vierteln Arnavutköy und Bebek, die vor allem mit hübscher Holzhausarchitektur und mit guten Restaurants locken. Westlich von Beşiktaş sind in den Nachbarschaften Nişantaşı und Teşvikiye die nobelsten Einkaufsadressen Istanbuls zu finden. Die nördlich am Bosporusufer gelegenen Ortschaften Rumeli Hisarı, Emirgan, İstinye, Yeniköy, Tarabya, Büyükdere und Sarıyer gehören zum Stadtteil Sarıyer und zählen zu den beliebtesten Ausflugsorten.

Oben: Die Bosporus-Brücken verbinden Europa mit Asien.
Mitte: Wandmalereien finden sich auch in Cafés und Basaren.
Unten: Zahlreiche Boote und Schiffe überqueren täglich den Bosporus.

Asiatische Seite

Zwei Brücken erstrecken sich über den Bosporus und verbinden den europäischen Teil Istanbuls mit dem asiatischen. Im Oktober 2013 kommt der Marmaray-Tunnel hinzu, um das Verkehrschaos der Megastadt zu verringern. Im Zwei-Minuten-

Takt sollen dann unterirdische S-Bahnen bis zu 75 000 Menschen pro Stunde von Yenikapı in Europa nach Üsküdar in Asien hin- und zurückbringen. Ende Mai 2013 hat man im Norden der Stadt mit dem Bau einer dritten Hängebrücke begonnen, deren Fertigstellung für 2015 geplant ist und deren Pfeiler mit 322 Metern die höchsten der Welt werden sollen.

Kadıköy

Trotz der gigantischen Brücken, die das Bild der Stadt am Bosporus prägen, ist die schönste Überfahrt sicherlich auch weiterhin mit einer der pendelnden Fähren oder mit einem Bootstaxi gewährleistet. Die besuchenswerten Stadtteile auf der asiatischen Seite sind Üsküdar und Beykoz am Bosporus-Ufer sowie Kadıköy, das am Marmarameer liegt. Außerdem gehören die Prinzeninseln (Kızıl Adalar) mit ihren Pinien- und Kiefernwäldern und den im Jugendstil erbauten, hölzernen Sommervillen zum Großraum Istanbul. Im Süden des asiatischen Teils erstreckt sich Kadiköy, das nicht nur mit seinem lebhaften Zentrum lockt, sondern auch mit der beliebten Wohngegend Moda und der Bağdat Caddesi für exklusives Einkaufen zwischen den Vierteln Suadiye und Şaşkınbakkal.

Üsküdar

Der nördlich von Kadıköy am südlichen Teil des Bosporus verlaufende Stadtteil Üsküdar entwickelt sich zwar immer mehr zur modernen Wohngegend, wird aber weiterhin von islamischen Traditionen und Bauten geprägt. Von Üsküdar hat man die schönste Aussicht auf die Silhouette der Altstadt-Halbinsel. Der große Çamlıca-Hügel, der mit 263 Metern der höchste der Stadt ist und sich östlich des Stadtteil-Zentrums erhebt, bietet den schönsten Blick über

Oben: Eine nostalgische Tram fährt über die İstiklal Caddesi.
Mitte: Hübsch restaurierte Häuser sind heute gemütliche Boutique-Hotels.
Unten: In vielen Straßen sind Obst- und Gemüsehändler ansässig.

13

Oben: Das Valens-Aquädukt ist eins der ältesten Monumente der Stadt.
Mitte: Prächtig und farbenfroh sind die Mosaiken im Mosaik-Museum.
Unten: Straßenhändler prägen das Bild der Altstadt.

die ganze Stadt. Nördlich schließen sich am Bosporus-Ufer die idyllischen Ortschaften Kuzguncuk, Beylerbeyi, Çengelköy und Kandilli an. Dann folgt der Stadtteil Beykoz, dessen Viertel Küçüksü, Anadoluhisarı und Kanlıca noch am wenigsten vom Tourismus überrannt werden.

Wie alles begann

Auf dem Landzipfel, der vom Marmarameer und dem Goldenen Horn umschlossen ist, dem heutigen Fatih, begann vor über 2600 Jahren die Geschichte Istanbuls, das damals Byzantion (Byzanz) genannt wurde. Kolonisten aus der griechischen Stadt Megara besiedelten um 660 v. Chr. gegenüber der keine zwanzig Jahre zuvor gegründeten Hafenstadt Chalkedon, dem heutigen Kadıköy, die östliche Spitze der Landzunge, dem jetzigen Sultanahmet. An der Nahtstelle zweier Kontinente, dem Bosporus, fanden sie das ideale Gebiet vor, um den Seeweg vom Schwarzen Meer über das Marmarameer ins Mittelmeer zu kontrollieren. Dass sich Byzantion schnell zu einem bedeutenden Handelszentrum entwickelte, wurde auch durch die Erreichbarkeit über den Landweg von Südosteuropa gefördert. Außerdem hatte die Stadt mit dem Goldenen Horn den ideal geschützten Hafen. Byzantion wurde unter dem Namen Konstantinopel schließlich Hauptstadt dreier Weltreiche und ist heute als Istanbul Kulturmetropole der Türkei.

Römische Hauptstadt

Als Konstantin der Große 330 n. Chr. Byzantion zum Neuen Rom und zur Hauptstadt des Römischen Reiches ernannte, wollte er mit neuen, eindrucksvollen Bauten dem Vorbild Rom in nichts nachstehen. Es begann eine rege Bautätigkeit. Heute sind nur noch wenige Reste aus dieser

Zeit in der Gegend von Sultanahmet und der landeinwärts verlaufenden Divanyolu Caddesi zu sehen. Konstantin der Große (272–337) ließ den Bau des unter Kaiser Septimius Severus (146–211) begonnenen Hippodroms fertigstellen, begann mit dem Bau des Großen Palasts, von dem noch das Mosaikenmuseum berichtet, und die Hauptstraße, die heutige Divanyolu Caddesi, mit großen Plätzen (Foren) ausbauen. Säulen und Säulenreste aus der damaligen Zeit lassen dort noch auf ihre Lage schließen. Außer diesen Bauten ließ Kaiser Konstantin I., der das Christentum in der Stadt förderte, auch öffentliche Gebäude und Kirchen sowie Bauten für die Wasserversorgung und die Yerebatan-Zisterne errichten. Aus Athen, Pergamon und von der Insel Rhodos wurden Kunstwerke und Teile antiker Bauten nach Konstantinopel gebracht.

Byzantinische Hauptstadt

Nach dem Tod von Kaiser Theodosius I. wurde das Römische Reich 395 n. Chr. in das Weströmische und das Oströmische Reich geteilt. Konstantinopel war fortan Hauptstadt des Oströmischen bzw. Byzantinischen Reiches und für über 1000 Jahre die größte und prächtigste Stadt der Welt. Großartige, gut erhaltene und restaurierte Zeugnisse aus der byzantinischen Zeit imponieren in Fatih auf der Altstadt-Halbinsel. Konstantinopel zog im fünften Jahrhundert viele

Oben: Ältere Herren verbringen die Zeit gern beim Plausch auf den Bänken.
Mitte: Spannende Funde birgt das Archäologische Museum.
Unten: Die Yerebatan-Zisterne verspricht geheimnisvolles Ambiente.

15

Der »Heiligen Weisheit« ist die Hagia Sophia gewidmet.

neue Einwohner an. Kaiser Theodosius II. vergrößerte das Stadtgebiet um etwa 1,5 Kilometer nach Westen, wo er die sehenswerte Landmauer bauen ließ. Außerdem bekam die Stadt eine bedeutsame Universität, die das Interesse vieler Gelehrter weckte. Konstantinopel wurde kulturell äußerst bedeutsam und Zentrum des christlichen Lebens. Bereits 391 n. Chr. hatte Kaiser Theodosius I. das Christentum zur Staatsreligion erklärt.

Byzantinischer Sakralbau

Der Bau zahlreicher Kirchen, deren ursprüngliche Freskenausschmuckung während des Bilderstreits zwischen 726 und 843 größtenteils zerstört wurde, prägte die byzantinische Zeit. Auch aus diesem Grund stammen z.B. die bis heute erhaltenen Mosaiken und Fresken der im Jahr 537 eingeweihten Hagia Sophia, dem wichtigsten und imposantesten Bauwerk der Byzantiner, aus der Zeit nach dem Bilderstreit. Mit der makedonischen Dynastie, die in der zweiten Hälfte des neunten Jahrhunderts begann, erlebte nicht nur Konstantinopel selbst, sondern auch der Kirchenschmuck eine erneute Blütezeit. Die Kirchen wurden umfassend mit Fresken und Mosaiken ausgeschmückt. Das faszinierende Beispiel aus dem 14. Jahrhundert ist die nahe der Theodosianischen Landmauer gelegene Chora-Kirche, die wie die meisten byzantinischen Gotteshäuser aus Ziegeln anstatt der üblichen Natursteine erbaut wurde.

Die byzantinische Sakralarchitektur wird von zwei Bautypen geprägt: Die Kirchen wurden im damals üblichen länglichen Basilika-Stil, als Kreuzkuppelkirche mit gleichlangen Seiten oder in einer Kombination der beiden Typen erbaut. Ein gutes Beispiel für byzantinische Basiliken ist die Hagia-Irene-Kirche (Aya Irini) am Topkapı-Palast in Sul-

Oben: Eindrucksvoll erheben sich die Minarette der Moscheen in den Himmel.
Mitte: In einigen Moscheen lohnt der Blick hinauf zu den bemalten Kuppeln.
Unten: Reliefstein im Lapidarium neben der Hagia Sophia

Geschichte im Überblick

Um 660 v. Chr. Anführer griechischer Kolonisten aus der Stadt Megara (nahe Athen) gründet Byzantion, auch Byzanz genannt, das schnell Wohlstand erreicht.

513–478 v. Chr. Perserkönig Dareios I. (lat. Darius) erobert die Stadt.

146 v. Chr. Zwischen Byzanz und Rom wird ein Bündnis geschlossen. Byzanz behält weitgehend seine Autonomie.

324 Bei Machtkämpfen zwischen Licinius (265–325) und Konstantin dem Großen (270–337) wird Byzanz zerstört. Konstantin siegt und lässt die Stadt wieder aufbauen.

306–337 Kaiser Konstantin I. fördert als erster das Christentum und bestimmt Byzanz unter dem Namen Konstantinopel zur Hauptstadt des Römischen Reiches.

391 Unter Kaiser Theodosius I. (347–395) wird das Christentum Staatsreligion. Nichtchristliche Kulte werden verboten.

395 Teilung des Römischen Reiches. Konstantinopel wird Hauptstadt des Oströmischen Reiches.

408–450 Unter Kaiser Theodosius II. (401–450) erlebt die Stadt einen Aufschwung in Wirtschaft und Fernhandel.

527–565 Unter Kaiser Justinian I. (482–565) findet der Nika-Aufstand statt.

7.–9. Jh. Pestepidemien und Angriffe der Perser, Awaren und Slawen und der Bilderstreit (Ikonoklasmus) führen zum starken wirtschaftlichen Rückgang.

876–1056 Makedonische Dynastie. Unter Basileios II. (958–1025; Regierungszeit: 976–1025) erlebt die Stadt eine zweite Blütezeit.

1054 Großes Schisma. Der Streit zwischen Papst Leo IX. (1002–1054) und dem Patriarchen von Konstantinopel, Michael Kerullarios (1000–1059), führt zur Trennung der römisch-katholischen und der griechisch-orthodoxen Kirche.

1081–1185 Komnenendynastie. Unter Alexios I. (1048–1118) beginnt eine Veränderung des Stadtbilds. Italienische Stadtstaaten erhalten das Handelsrecht.

1185–1204 Dynastie der Angeloi. Spannungen zwischen Lateinern und Griechen führen zum Vierten Kreuzzug nach Konstantinopel.

1204–1261 Lateinisches Kaiserreich. 1204 erobert der Doge Enrico Dandolo (1107–1205) die Stadt und gibt sie zur dreitägigen Plünderung frei. Der neue Kaiser Balduin I. (1171–1205) lässt Schätze und Reliquien stehlen.

1261–1453 Der Byzantinische Kaiser Michael VIII. Palaiologos kann Konstantinopel 1261 zurückerobern. Die Genuesen erhalten Galata (Pera) nördlich des Goldenen Horns.

1453 Ende des Oströmischen Reiches. Nach der 31-jährigen Belagerung der Osmanen kann Sultan Mehmet II. (1432–1481) am 19. Mai Konstantinopel erobern. Sultan Mehmet II. Fatih (der Eroberer) ernennt Konstantinopel zur Hauptstadt des Osmanischen Reiches.

1512–1520 Sultan Selim I. erobert Syrien und Ägypten. Konstantinopel wird Sitz des Kalifats.

1520–1566 Süleyman der Prächtige regiert während des Höhepunkts des osmanischen Weltreichs.

17.–18. Jh. Das Osmanenheer (Janitscharen) wird 1683 bei der zweiten Belagerung Wiens geschlagen und das Reich durch die Industrialisierung in Westeuropa und den globalen Seehandel geschwächt.

19. Jh. Die Liquidierung der Janitscharen 1826 durch Sultan Mahmud II. führt zu neuen Reformen (Tanzimat) in der Wirtschaft, Verwaltung, Gesetzgebung und Heer nach europäischen Vorbildern.

1914–1918 Das Osmanische Reich ist im Ersten Weltkrieg mit Deutschland verbündet.

1920–1922 Sultan Mehmet VI. stimmt der Aufteilung des Reiches zu. Unabhängigkeitskampf der Türken unter Führung von Mustafa Kemal Paşa (1881–1938; seit 1938: Atatürk), der die Aufteilung verhindert.

1923 Präsident Mustafa Kemal Atatürk ruft die Türkische Republik aus. Ankara wird neue Hauptstadt.

1923–1938 Starke Europäisierung. Atatürk verkündet die Trennung von Staat und Religion.

1945–1952 Vollständige Ungebundenheit wird aufgegeben. NATO-Beitritt.

1971 Militärputsch gegen den Generalstreik der sozialistischen Arbeiter.

1983 Turgut Özal (1927–1993) gewinnt die Wahlen nach dem dritten Militärputsch (1980).

1993 Tansu Çiller (*1946) wird als dritte Frau in einem islamischen Staat Ministerpräsidentin.

1996 Aufnahme der Türkei in die Europäische Zollunion.

1999 Der linksnationale Bülent Ecevit (1925–2006) der Demokratik Sol Parti (DSP) wird Ministerpräsident und schafft Entspannung zwischen der Türkei und Griechenland.

2002 Die islamisch-konservative Partei AKP (Adalet ve Kalkınma Partisi, deutsch: Partei für Gerechtigkeit und Aufschwung) gewinnt die Wahlen. Recep Tayyip Erdoğan wird Ministerpräsident und erlässt Weitreichende Reformen.

2005 Einführung der Währung Yeni Türk Lirası zur Beendigung der Inflation. Start der Beitrittsverhandlungen mit der EU.

2013 Demonstrationen auf dem Taksim-Platz und im Gezi-Park

tanahmet. Die frühchristlichen Basiliken gliedern sich in eine, oft auch zwei Vorhallen (Narthex): die äußere (Exonarthex) und die innere (Esonarthex), sowie das Hauptschiff (Naos) und die durch Säulenreihen abgetrennten Seitenschiffe an den Längsseiten des Naos. Im vorderen Bereich schließt sich das Hauptschiff an die halbrunde Apsis, den Altarraum, an. Links und rechts der Apsis dienen zwei kleinere Räume als Sakristei und zur Vorbereitung des Messopfers. Kreuzkuppelkirchen haben einen quadratischen Naos, der mit einer von vier Säulen gestützten Kuppel überwölbt und von vier kreuzförmig angelegten Tonnengewölben oder ebenfalls überkuppelten Armen umgeben ist. Das monumentalste Beispiel einer Kombination aus beiden Architekturstilen stellt die Hagia Sophia in Sultanahmet dar.

Osmanische Hauptstadt

Mit der Eroberung Konstantinopels am 29. Mai 1453 durch Sultan Mehmet II. Fatih (der Eroberer) wurden fast alle christlichen Gotteshäuser in Moscheen umgewandelt. Man begann, die byzantinische Sakralarchitektur zu analysieren und sich an der zur Moschee umgewandelten Hagia Sophia für den Bau neuer Moscheen zu orientieren. Für die Moscheen war es wichtig, einen Einheitsraum, in dem Gläubige gleichgestellt sind, zu erschaffen. Erreicht wurde das vom bekanntesten osmanischen Baumeister Mimar Sinan, dessen Moscheen

Oben: In romantischem Licht erstrahlt der Mädchenturm am Abend.
Mitte: Leider sind nicht alle alten Häuser gut erhalten oder restauriert.
Unten: Eindrucksvolle Mosaiken birgt die Chora-Kirche.

als Optima des osmanischen Moscheebaus gelten. In der gesamten osmanischen Zeit entstanden zahlreiche Moscheen mit sozialen Stiftungsbauten wie die eindrucksvolle Sultan Ahmet Camii (Blaue Moschee), die meist von Sultanen, seinen Ange- hörigen, Großwesiren oder Paschas gestiftet wur- den und bis heute – wie die prächtigen Moscheen auf den sieben Hügeln der Altstadthalbinsel – das Stadtbild prägen. Die Moscheen bildeten den Mit- telpunkt neuer Stadtviertel und gaben diesen auch meist ihren Namen. Deshalb haben histori- sche Moscheen auch keine genaue Anschrift.

Weitere architektonische Änderungen in der os- manischen Zeit brachte die Erbauung von orien- talischen Markthallen wie dem Großen Basar und dem Ägyptischen Basar mit sich. Außerdem wur- den prachtvolle Sultanspaläste wie der imposante und riesige Topkapı-Sarayı in Sultanahmet, der neuere Dolmabahçe-Sarayı in Beşiktaş oder der sommerliche Beylerbeyi-Sarayı im gleichnamigen Viertel auf der asiatischen Seite gebaut. Weiterhin fallen in allen alten Stadtteilen die in osmanischer Zeit erbauten Brunnen auf, von denen viele nicht nur als Nutzobjekte, sondern auch als kunstvolle Bauwerke bedeutsam sind. Das eindrucksvollste Beispiel ist der Sultan-Ahmet-Brunnen am Topka- pı-Palast aus dem 18. Jahrhundert.

Osmanische Architektur

Die Moscheen (*cami*) im Osmanischen Reich wa- ren nicht nur wegen ihrer Funktion als Versamm- lungsort für das Gebet der Gläubigen äußerst wichtig, sondern waren als Gotteshäuser auch al- len anderen Bautypen übergeordnet. Der Aus- spruch »Wer Gott eine Moschee baut, dem wird er ein Haus im Paradies errichtet.« führte zu einer immensen Bautätigkeit des Sakralbaus im Osma- nischen Reich und ist auch heute noch präsent.

Oben: Viele Künstler haben ihre Lädchen in kleinen Gassen.
Unten: Besucher vor dem Museum für Kalligraphie

Die Gebetsnische (*mihrab*) von jedem islamischen Gotteshaus weist immer nach Mekka, dem Geburtsort des Propheten Mohammed. Das bedeutet, dass die *qibla*-Wände aller Istanbuler Moscheen, in denen die Gebetsnischen eingelassen sind, nach Südosten ausgerichtet sind. Rechts neben dem *mihrab* erhebt sich die Kanzel (*mimbar*). Dort spricht der Imam, der Vorbeter und Gelehrte des Islam, sein Freitagsgebet. Ein weiterer fester Bestandteil von Moscheen ist der Teppich, den man nur ohne Schuhe betreten darf und auf dem sich die Muslime zum Gebet niederknien.

Weithin sichtbar erhebt sich an jeder Moschee mindestens ein Minarett, von dem der Muezzin fünfmal täglich zum Gebet ruft. Im Vorhof steht ein Reinigungsbrunnen (*şadırvan*), an dem sich die Gläubigen vor dem Betreten des Gebetshauses Hände und Füße waschen. Da Badezimmer erst spät in die einzelnen Haushalte kamen, baute man an die Moscheen orientalische Bäder, Hamams, für die Ganzkörperreinigung. Wie eine Koranschule (Medrese), eine Bibliothek (*kütüphane*) und eine Armenküche (*imaret*) gehörten auch die Hamams zu den Stiftungskomplexen (*külliye*) jeder Moschee.

Die eindrucksvollen historischen Moscheen Istanbuls wurden ferner mit kostbarem Fliesenschmuck ausgestattet, der aus den Keramik-Werkstätten in İznik, einer Stadt südlich von Istanbul, stammt. Die kostbaren und farbenprächtigen İznik-Fayencen erreichten im 16. Jahrhundert unter Sultan Süleyman dem Prächtigen ihren Höhepunkt. Abgebildet wurden auf den Fliesen mit feinster Handarbeit zunächst kunstvolle Arabesken, Blüten, Ranken und Trauben. Später kamen die als Höhepunkt der osmanischen Kunst angesehenen Blumenmotive, vor allem Tulpen, aber auch Lilien und Zypressen hinzu. Die İznik-Fayencen schmückten sowohl die Moscheen als auch die

Oben: Die Gläubigen gehen nicht nur zu den Gebetszeiten in die Moscheen.
Unten: Der Topkapı-Palast präsentiert den Glanz des Osmanischen Reichs.

Prachtbauten Istanbuls. Beliebt waren auch die
restlichen hochwertigen Keramikobjekte aus İznik,
die für die Sultanspaläste geschaffen wurden.

Osmanische Wohnkultur

Da die Wohnhäuser der Osmanen, anders als die
Moscheen und Paläste, vorwiegend aus Holz errichtet wurden, fielen sie immer wieder Großbrän-
den zum Opfer. Nur noch wenige Holzbauten aus
dem 19. Jahrhundert sind in Istanbul erhalten.
Mit der Ernennung zum UNESCO-Weltkulturerbe
hat man vor allem im Zeyrek-Viertel auf der Altstadt-Halbinsel mit Restaurationen der zu verfallen drohenden osmanischen Häuser begonnen. Die
Steinhäuser aus osmanischer Zeit stammen
hauptsächlich aus dem 19. Jahrhundert. Üblicherweise waren die osmanischen Häuser in zwei Bereiche geteilt, den des Hausherren (*selamlık*) und
den der Frauen und Kinder (*haremlık*). Bei wohlhabenden Familien waren die Bereiche auf unterschiedliche Etagen, in den Palästen auf verschiedene Trakte verteilt. Der Hausherr empfing seine
Gäste in einem repräsentativen Raum im *selamlık*.
Das familiäre Leben spielte sich im *sofa* oder *hay-
at* genannten Raum im *haremlık* ab. Rund herum
lagen die Wohn- und Schlafräume (*oda*), die zur
Straßenseite über einen Erker verfügten.

Oben: Der Bosporus verbindet den
Orient mit dem Okzident.
Unten: Orientalische Farben zieren
die osmanischen Bauten.

23

Oben: Die osmanischen Bauten begeistern nicht nur von außen, sondern auch von innen.
Mitte: Rund um die Eyüp-Moschee werden auch Gebetskränze verkauft.
Unten: Auf dem Ägyptischen Basar gibt es außer Gewürzen auch getrocknetes Obst.

Osmanische Kunst

Die Osmanische Kunst spielte mit der Kalligrafie und der Miniaturmalerei im Osmanischen Reich eine wichtige Rolle. Da außer der Miniaturmalerei keine Bilder geduldet wurden, entwickelte sich die Kalligrafie zu der bedeutendsten osmanischen Kunstform. Sie diente nicht nur der Niederschrift von Texten, vor allem aus dem Koran, sondern wurde z.B. auch in Moscheen als Schmuck genutzt. Die mit reichen Ornamenten geschriebenen Worte, Verse aus dem Koran, Teile des Glaubensbekenntnisses oder Namen wie Allah oder Mohammed haben im Islam den gleichen Stellenwert wie die christlichen Heiligendarstellungen in Kirchen. Ihren Höhepunkt erreichte die Kunst im 19. Jahrhundert, als die Kalligrafen mehr Freiheiten bekamen und neue Werkzeuge entdeckten. Wichtig war besonders die Entwicklung richtiger Atemtechniken, um die Hand stabil halten zu können. Zurückgegangen ist die Bedeutung der eng mit dem Islam verbundenen Kunst mit der Ersetzung der arabischen durch die lateinische Schrift.

Die osmanische Miniaturmalerei fand nicht in Moscheen Gebrauch, sondern an Hofe. Aus allen Teilen des Reiches kamen Künstler zu den Sultanspalästen, um Bilder aus dem Leben und von den Eroberungszügen der Sultane zu fertigen. Die osmanischen Miniaturen erreichten ihre Blütezeit im 16. Jahrhundert. Wie die arabische Schrift müssen die Darstellungen, die primär zur Ergänzung von Texten in Büchern verwendet wurden, von rechts nach links betrachtet werden. Charakteristisch ist eine beliebige Farbwahl, das Fehlen von Perspektiven und die Darstellung des Sultans im Mittelpunkt. Die westlichen Einflüsse, die im 18. Jahrhundert das Osmanische Reich erreichten, führten zur Stagnation der Miniaturmalerei und zu ihrer Ersetzung durch Wandmalereien.

Kennen Sie Istanbul?

Istanbul heute

Das reiche Erbe der unterschiedlichen Kulturen gaben Anlass, einen großen Teil der historischen Halbinsel als UNESCO-Weltkulturerbe zu deklarieren und Istanbul zur Kulturhauptstadt Europas 2010 zu wählen. Die Gründung der Republik Türkei wurde am 19. Oktober 1923 von Mustafa Kemal Atatürk begründet. Noch über ein halbes Jahrhundert nach seinem Tod am 29. Oktober 1938 hängt das Bild des Vaters der modernen Türkei in jedem Geschäft und Büro sowie in den meisten Restaurants. Mit den sechs Prinzipien des Kemalismus, also der Trennung von Religion und Staat, dem Zusammenwirken von Volk und Staat, der partiellen staatlichen Lenkung der Wirtschaft, einer stetigen Fortführung von Reformen, einer republikanischen Staatsform und Nationalismus, schaffte Atatürk auch das Kalifat ab und erleichterte durch die Abschaffung der arabischen Schrift auch die Verbindung zu Europa.

Eine Stadt voller Vielfalt

Rund 15 Millionen Einwohner zählt die Weltstadt, in der sich seit den 1950er-Jahren täglich neue Zuwanderer aus Anatolien ansiedeln. Istanbul platzt aus allen Nähten. Jeder will in der Stadt arbeiten, die einzigartig ist, aber mit ihrem ohrenbetäubenden Lärm und den Menschenmassen auch anstrengend werden kann. Den Reiz macht aber genau diese Ansammlung der verschiedensten Charaktere aus. Istanbul lebt von der Mischung aus Orient und Moderne. Neben Frauen mit bunten Kopftüchern oder gänzlicher Verschleierung trifft man auf Frauen in Miniröcken und Top. Auf Basaren und Wochenmärkten spürt man das orientalische Flair des bunten Handelns, die riesigen glitzernden Einkaufszentren sind moderner als in Westeuropa.

Oben: Bei Straßenhändlern bekommt man fast alles.
Mitte: International bekannte Labels sind bei den wohlhabenden Istanbulern beliebt.
Unten: Straßenbahnen und U-Bahnen sind gute Fortbewegungsmittel.

Essen und Trinken

Kulinarische Gaumenfreuden bieten einfache, seit Jahrzehnten familiär geführte Arbeiterlokale und zahllose Tavernen sowie die modernsten Gourmet-Restaurants mit kreativen Chefköchen. Wasserpfeifen-Cafés und Teegärten dienen der Entspannung. Cafés in winzigen Gassen oder am Bosporus, abwechslungsreiche Kneipen, stilvolle Bars und Clubs laden zum Ausgehen ein.

Natur und Umwelt im Stadtgebiet

Das Wachstum der Stadt sowie die hohe Industrie- und Verkehrsdichte führen zu Umweltproblemen. Um die Luftqualität zu verbessern, hat man Erdgas eingesetzt. Dennoch belastet die Luft- und Wasserverschmutzung die Metropole. Die »Lunge Istanbuls«, der Belgrader Wald (Belgrat Ormanı), ist das wichtigste Waldgebiet der Stadt. Innerhalb des zentralen Stadtgebiets ist der natürliche Waldbestand völlig vernichtet. Die natürliche Vegetation wird in Istanbul nicht nur vom mediterranen, milden und feuchten Klima mit Sonnenschein und Hitzeperioden sondern auch von den längeren, winterlichen Perioden mit Regen, Kälteeinbrüchen und Schnee geprägt. Die beiden Hauptwinde der Stadt, der Südwestwind *lodos* und der Nordostwind *poyraz* sorgen auch im Sommer für frische Brisen.

Rund 2500 Pflanzenarten zeugen besonders in den nördlichen Stadtteilen an den Bosporusufern und auf den Prinzeninseln von mediterranem und mitteleuropäischem Charakter. Im Belgrader Wald, der sich westlich von Sarıyer erstreckt, findet man diverse Eichenarten, Birken, Wald-Bingelkraut, Türkenbundlilien und Großes Hexenkraut. In Sarıyer und auf den Çamlıca-Hügeln wachsen Kastanien, Buchen, Stieleichen, auf den Prinzeninseln zahlreiche Pinien und Kermes-Eichen, Pistazien,

Oben: Ideal für einen heißen Sommertag – Suada
Mitte: Keramik und Textilien bekommt man nicht nur auf den Basaren.
Unten: Schatten bieten die Istanbuler Parks.

Kennen Sie Istanbul?

Kretische Zistrosen und Zypressen. Die kleinen Flüsschen des Stadtgebiets, die ins Goldene Horn oder in den Bosporus münden, sind durch Abwasser verschmutzt. Die erste Kläranlage wurde 2005 in Betrieb genommen. Verschmutzt ist aber auch der Bosporus, der vor allem wegen dem starken Schiffsverkehr belastet ist.

Tiere in Istanbul

Trotz der Verschmutzung des Bosporus, einer der meist befahrenen Meerengen der Welt, weist er durch Fischströme, die vom Schwarzen Meer Richtung Marmarameer ziehen, einen hohen Fischbestand auf. Für Angler ist der Bosporus ein Paradies. Die starke Oberströmung verläuft vom salzhaltigeren Schwarzen Meer zum salzärmeren Marmarameer, die Unterströmung entgegengesetzt. Die Fischschwärme, die den Bosporus durchziehen, wechseln saisonal.

In den Wäldern besteht Jagdverbot. Dort leben Rehe, Wildschweine, Füchse, Hirsche und Wölfe sowie über 71 Vogelarten. Istanbul gilt als beliebtes Ziel für Vogelfreunde, die von Ende Juli bis September in zwei Wellen den Bosporus überfliegen. Interessant sind der Schwarzstorch- und der Greifvogelzug, dem u.a. Bussarde, Schrei- und Schelladler sowie Weihen angehören.

Wie in vielen anderen Großstädten wird das Stadtbild, vor allem am Beyazıt-Platz und am Platz vor der Yeni-Moschee durch die Stadttaube geprägt. Außerdem kreisen an den Ufern der Metropole die Möwen nahe den Dächern der Stadt. Auch Kormorane, Alpensegler und Mittelmeer-Sturmtaucher sind vertreten. Allgegenwärtig sind in vielen bewohnten Nachbarschaften streunende Katzen, die häufig von den Einheimischen gefüttert werden. Streunende Hunde sieht man seltener.

Oben: Die Istanbuler treffen sich am liebsten draußen.
Unten: Um die Straßenkatzen kümmert man sich oft.

SULTANAHMET – DIE ALTSTADT

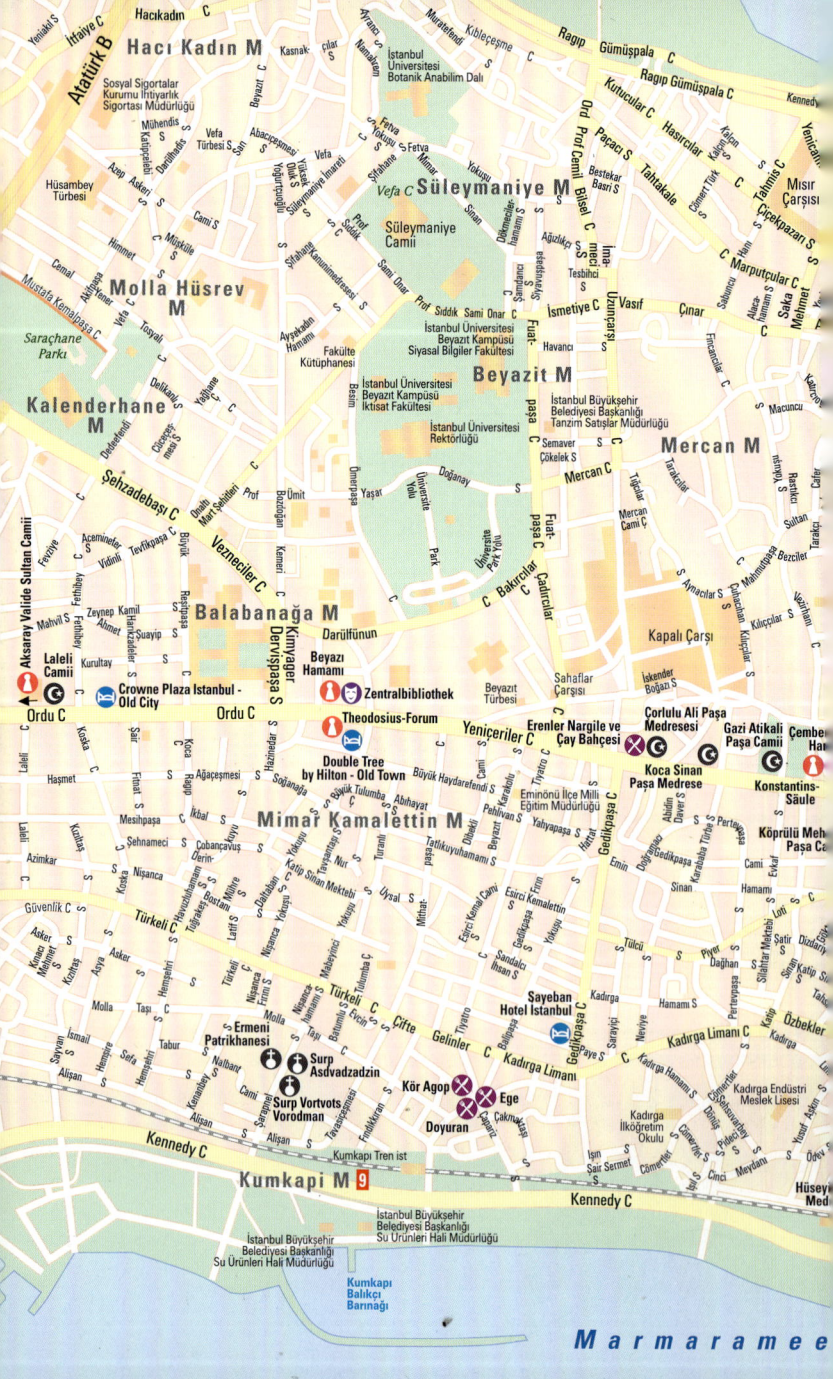

1 Topkapı-Palast
Der Sitz der Sultane

Die Machtzentrale des Osmanischen Reiches nimmt die strategisch wichtigste Position der Stadt ein: Der bis Mitte des 19. Jahrhunderts von vielen Sultanen bewohnte Topkapı-Palast (Topkapı Sarayı) liegt auf einem Hügel der Landzunge zwischen Marmarameer, Bosporus und Goldenem Horn. Das etwa 100 000 Quadratmeter große, labyrinthische Areal mit vier Höfen, 86 000 Antiquitäten und 200 000 Schriftstücken versetzt Besucher in Staunen.

Nur zwei Jahre nachdem Mustafa Kemal Atatürk im November 1922 das Sultanat abschaffte, ließ er den kaum noch genutzten Topkapı-Palast, der in seiner Blütezeit im 17. Jahrhundert etwa 4000 Menschen beherbergte, in ein sehenswertes Museum umwandeln. Seitdem können Besucher einen großen Teil der weitgehend unveränderten Palasträume und den Harem, die isolierten Wohnräume der Frauen und Kinder des Sultans, des einst 70 Hektar großen Palastgebiets besichtigen.

Seite 28/29: Ein Meisterwerk des Christentums: die Hagia Sophia
Oben: Tolle Aussicht vom İftar-Pavillon Sultan Ibrahims
Unten: Der Divan imponiert mit vergoldeten Gittertoren.

Erbauungsgeschichte

Etwa 1465 ließ Sultan Mehmet II. Fatih (1432–1481) eine Mauer mit 28 Türmen um die Akropolis des alten Byzantion errichten, die eine Schule zur Ausbildung der höchsten Beamten, die Zeltstadt der osmanischen Elitetruppe (Janitscharen) und den Gebäudekomplex der Reichsverwaltung umschloss. Der Sultan wohnte weiterhin im Eski Sarayı, dem Alten Palast, auf dem Gelände der heutigen Universität (s. S. 115). Erst Süleyman der Prächtige (1495–1566) ließ seinen Sitz nach einem Brand 1540/1541 und später auch den Harem in das aus vier hintereinanderliegenden Höfen bestehende Areal des Topkapı-Palasts verlegen.

Vor Bränden blieb jedoch auch dieses Gelände nicht verschont. In den ersten zwei Jahrhunderten mussten neue Steinhäuser die alten Holzbauten ersetzen. Ständigen Ausbauten war vor allem der Harem ausgesetzt. Sowohl Murad III. (1546–1595) als auch Mehmet IV. (1642–1693) und Osman III. (1699–1757) sorgten für eine labyrinthische Form. Als Sultan Abdülmecid I. (1823–1861) Mitte des 19. Jahrhunderts den neuen Dolmabahçe-Palast errichten ließ, begann der Topkapı Sarayı zu vereinsamen.

Erster Hof – Alay Meydanı

Den äußeren, frei zugänglichen Hof des Palasts, auf dem einst Wirtschaftsgebäude, Bedienstetenwohnungen, das heutige Ausstellungsgebäude die Münze, ein Krankenhaus und ein Wasserturm standen, betreten die meisten Besucher durch das Tor des Reiches (Bab-ı Hümayun) gegenüber dem prächtigen, 1728 erbauten Sultan-Ahmet-III.-Brunnen am Parkplatz. Das imposante Tor aus schwarzem und weißem Marmor wurde 1478 erbaut. Nach wenigen Metern erhebt sich auf der linken Seite eine große, heute nur für Veranstal-

AUTORENTIPP!

KLEIN, ABER FEIN – DAS MINEL HOTEL

Ein kleines Hotel, versteckt in einer winzigen, autofreien Gasse mitten in Sultanahmet, ist ein perfekter Standort, um die wichtigsten Sehenswürdigkeiten der Altstadt zu erkunden. Wen die recht kleinen Zimmer und das schmale Treppenhaus nicht stören, der fühlt sich im »Minel Hotel« schnell wie zu Hause. Zehn Doppel- und Dreibettzimmer mit moderner, funktionaler Einrichtung in Blau und Weiß sowie hübsche Details wie indirektes Licht verleihen der Unterkunft ein besonderes, wohliges Ambiente. Typisch türkische Gastfreundschaft, professionelle und persönliche Hilfestellungen bei jeglichen Anliegen und das ausgiebige Frühstück runden den Aufenthalt ab. Im Eingangsbereich stehen Bücher in verschiedenen Sprachen und ein frei zugänglicher PC zur Verfügung. Das charmante Hotel mit einem guten Preis-Leistungs-Verhältnis ist besonders bei Individualtouristen beliebt.

Minel Hotel. Guzel Sanatlar Sok. 11 (winzige Gasse an der Alayköşkü Cad.), Sultanahmet, Tel. 0212/527 00 78, www.minelhotel.com

tungen geöffnete Kirche, die einstige byzantinische Patriarchatskirche Hagia Irene (Aya İrini). Anders als die meisten Kirchen der Stadt wurde sie nach der Eroberung als Waffenarsenal genutzt und nicht in eine Moschee umgewandelt. Nördlich schließt sich die 1727 erbaute Münze (Darphane-i Amire) an, die gelegentlich für Ausstellungen genutzt wird. Der nach Westen verlaufende Weg führt durch das Tor der Mädchenwärter (Koz bekçileri kapısından) zum Archäologischen Museum (s. S. 40). Der Eingang zum eigentlichen Museumsbereich des Palasts liegt jedoch zwischen dem ersten und zweiten Hof an der Nordostseite.

Zweiter Hof – Divan Meydanı

Den eintrittspflichtigen Teil der Palastanlage (Topkapı Sarayı Müzesi), der zu Palastzeiten für dienstliche Angelegenheiten zugänglich war, betritt man durch das Tor der Begrüßung (Bab-üs Selam). Sechs strahlenförmig angeordnete und von Platanen und Zypressen gesäumte Wege führen über den Hof, auf dem einst Stallungen, Küchen und Räume der Reichsverwaltung untergebracht waren. Auf der Ostseite fallen die konischen Schornsteine des weitläufigen, mit Arkaden gesäumten Küchentrakts auf, in dessen hinterem Teil die Wohnungen der Köche, die Magazine und die Küchen lagen. Heute wird dort die drittgrößte altchinesische Porzellansammlung der Welt sowie Keramik aus Europa und dem Osmanischen Reich präsentiert.

Links des Haupteingangs führt ein Weg durch das Tor des Todes (Meyyit Kapısı) auf den Hof der Beilträger (Baltacılar) mit der Beşir-Ağa-Moschee, dem Marstall und einer Kaserne für die Leibwache des Sultans. Die Arkadenhalle außerhalb des Hofes endet nördlich am Equipagentor (Arabacılar Kapısı), dem Eingang des Harems. Im gleich

Auf dem Gelände der Sultane

Ⓐ **Bab-üs Selam** (Tor der Begrüßung)

Ⓑ **Matbah-ı Âmire** (Porzellansammlung)

Ⓒ **Meyyit Kapısı** (Tor des Todes)

Ⓓ **Divan (**Ratssaal)

Ⓔ **Iç Hazine** (Waffenausstellung)

Ⓕ **Adalet Kulesi** (Turm der Gerechtigkeit)

Ⓖ **Harem** (Privatgemächer des Sultans)

Ⓗ **Bab-üs Saadet** (Tor des Glücks)

Ⓘ **Arz Odası** (Audienzsaal)

Ⓙ **Ahmet III. Kütüphanesi** (Bibliothek Ahmets III.)

Ⓚ **Ağalar Camii** (Palastbibliothek)

Ⓛ **Hırka-i Saadet Dairesi** (Reliquienhäuser)

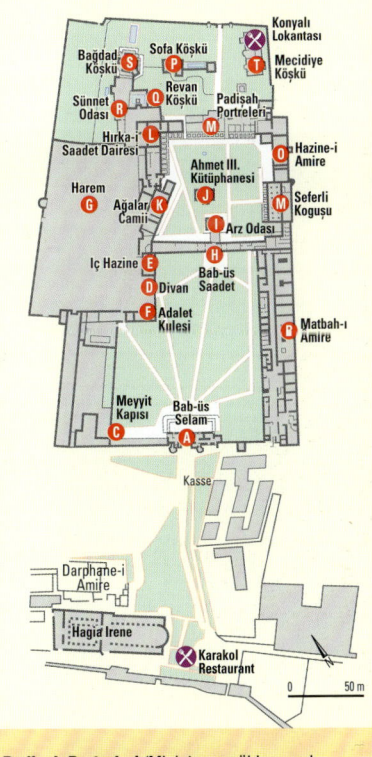

Wachtürme und Verliese am Bab-üs Selam

Ⓜ **Padişah Portreleri** (Miniaturgemälde – und Kalligrafiesammlung)

Ⓝ **Seferli Koğuşu** (Gewändersammlung)

Ⓞ **Hazine-i Amire** (Schatzkammer)

Ⓟ **Sofa Köşkü** (Terrassen-Pavillon)

Ⓠ **Revan Köşkü** (Jerewan-Pavillon)

Ⓡ **Sünnet Odası** (Beschneidungspavillon)

Ⓢ **Bağdad Köşkü** (Bagdad-Pavillon)

Ⓣ **Mecidiye Köşkü** (Mecidiye-Pavillon)

VIRTUELLER RUNDGANG

Die immens weitläufige Anlage des Topkapı-Palasts wirkt beim ersten Besuch recht unübersichtlich und verwirrend. Das gigantische Areal, unzählige Räume und die vielen Menschen tragen dazu bei, während der Besichtigung schnell die Übersicht zu verlieren. Wer sowohl den Palast als auch den Harem besichtigen möchte, sollte mindestens einen halben, eher einen ganzen Tag einplanen. Nur dann kann man sich einen umfassenden Überblick über die gesamte Palastanlage verschaffen. Schon im Vorfeld kann man einen Einblick in die Gemächer des Sultans und seiner Frauen sowie in alle anderen Palastbereiche erhalten, denn es besteht die Möglichkeit, die Palastanlage vorher virtuell im Internet etwas zu erforschen.

Info. Auf der Internetseite des Palasts gibt es eine Vielzahl an Fotos und Videos, die einen durch das Gelände führen, damit man sich beim späteren Besuch besser zurechtfindet: www.topkapisarayi.gov.tr

Überdimensioniertes Säulenkapitell in einem Seitenhof

daneben liegenden Divan hat der Staatrat unter dem Vorsitz des Großwesirs getagt. Diesen Sitzungen konnte der Sultan in einer vergitterten Loge unbemerkt beiwohnen. Dem Divan schließt sich der Arbeitsraum und die Kanzlei des Großwesirs und in der Nordostecke die ehemalige Schatz- und Finanzverwaltung des Reiches (Iç Hazine) an. Besonders auffällig ist aber der sich neben dem Divan erhebende, 41 Meter hohe Turm der Gerechtigkeit (Adalet Kulesi) mit einem achteckigen Kegeldach.

Der sagenumwobene Harem

Die privaten Gemächer des Sultans und seiner Frauen können nur im Rahmen einer halbstündig stattfindenden, kostenpflichtigen Führung besichtigt werden. Der 6700 Quadratmeter große verschachtelte Komplex aus 300 Räumen durfte zu Palastzeiten von keinem anderen Mann außer dem Sultan und seinen Söhnen betreten werden und wurde streng von schwarzen Eunuchen bewacht. Somit sind die Zeugnisse aus dem Leben im Harem bis heute recht rar. Sicher ist, dass im Harem unzählige Intrigen um die Gunst des Sultans gestrickt wurden und Mütter um ihre Söhne fürchteten. Denn jede Mutter eines Sohnes (Favoritin) hatte ein Ziel: Sie wollte Sultansmutter (Valide Sultan) und somit die mächtigste Frau im Harem werden.

Bei der Führung durch die Privatgemächer des Sultans, seiner Frauen und Kinder werden der dreistöckige Wohntrakt der schwarzen Eunuchen, prächtige Bäder und Küchen, das Hospital, die engen Schlafräume der Nebenfrauen, die Wohnungen der Favoritinnen und die imposanten Räume der Sultansmutter gezeigt. Besonders schön ist das pompöse Zentrum des Harems, der Hünkar Sofası, wo sich der Sultan mit seinen Lieblings-

frauen von den Regierungsgeschäften erholte, während Musiker auf der Empore spielten – selbstverständlich mit verbundenen Augen.

Dritter Hof – Enderun Meydanı

Das Tor des Glücks (Bab-üs Saadet) verbindet den zweiten mit dem dritten Hof, in dem weiße Eunuchen die durch die Devşirme (»Knabenlese«) auserwählten, besonders intelligenten Jungen des Osmanischen Reichs zu Beamten, Pagen, Ingenieuren oder Bediensteten ausbildeten. Gleich gegenüber liegt der Anfang des 16. Jahrhunderts errichtete, jedoch fast vollständig erneuerte Audienzsaal (Arz Odası), in dem noch ein vergoldeter Kaminaufsatz und der Thron aus dem Jahr 1596 erhalten sind. Gleich hinter dem Audienzsaal werden in der 1719 erbauten Bibliothek Ahmets III. (1673–1763) kostbare Handschriften präsentiert.

Westlich der Bibliothek kann man die Moschee der Pagen und die Ağalar Camii besichtigen. In der Nordwestecke des Hofes schließen sich die vier Reliquienhäuser (Hırka-i Saadet Dairesi) an. Dort werden die heiligsten Reliquien des Islams wie ein Schwert, ein Mantel, ein Siegel, Barthaare und ein Fußabdruck des Propheten Mohammed und die Schwerter der vier Kalifen aufbewahrt. Interessant ist auch die Miniaturgemälde- und Kalligraphiesammlung in den Wohnungen der Kommissariatspagen.

Auf der Ostseite des Hofes steht das unter Murad IV. (ca. 1610–1640) erbaute Gebäude der kaiserlichen Gewänder (Seferli Koğuşu), in dem die Pagen wohnten, die den Sultan auf seinen Reisen begleiteten. Nördlich werden in der auf byzantinischen Mauern erbauten Schatzkammer kostbare Exponate präsentiert. Besonders interessant sind der mit Elfenbein und Perlmutt verzierte Thron

Oben: Fliesenschmuck aus İznik ziert einen Raum im Harem.
Unten: Hübscher Brunnen an der Bibliothek Sultan Ahmets III.

Murads IV. und die Stahlnetzrüstung Mustafas III. (1717–1774) mit Gold und Edelsteinen, die auch kostbare goldene Trinkgefäße und Kristallkannen aus dem 16. und 17. Jahrhundert schmücken. Weitere Highlights sind ein von Kaiser Wilhelm geschenkter goldener Leuchter, ein 86-karätiger, von 49 Brillanten eingefasster Löffelmacherdiamant, ein mit Brillanten besetzter Spazierstock und ein Dolch mit drei großen Smaragden aus dem 18. Jahrhundert.

Vierter Hof – Reich des Sultans

Der einstige Tulpengarten Ahmets III. ist der vierte und letzte Hof des Palasts. Der einst nur dem Sultan vorbehaltene Hof ist terrassenartig angelegt und wird von typisch osmanischen Pavillons *(köşk)* geprägt. Auffallend ist der in der Mitte des Hofes liegende Terrassen-Pavillon (Sofa Köşkü), der ein gutes Beispiel für die westlichen Einflüsse in der islamischen Baukunst ist. Südwestlich erinnert der Yerewan Kiosk (Revan Köşkü) von 1635 an die Eroberung der heutigen Hauptstadt Armeniens. An die L-förmige Säulenhalle in der Südwestecke grenzt das Sünnet Odası, das Beschneidungszimmer des osmanischen Prinzen aus dem 16. Jahrhundert.

Am nördlichen Ende der Terrasse erhebt sich der 1639 erbaute und von einer Kuppel bekrönte Bagdad Kiosk (Bağdad Köşkü), dessen Türen von Perlmuttintarsien geziert werden. Die Wände des Innenraums mit einem großen Bronzekamin sind vollständig mit Fliesentableaus verkleidet. Unter dem goldenen Baldachin am Terrassenrand hat Sultan İbrahim (1615–1648) während der Fastenzeit zum Sonnenuntergang sein Abendessen eingenommen. Besucher können heute auf der gegenüberliegenden Hofseite im Restaurant »Konyalı« essen, das in einem Teil des Mecidiye-Pavillons (Mecidiye Köşkü) von 1859 liegt.

Oben: Der Bağdad Köşkü fasziniert mit seiner Farbenpracht.
Mitte: Reich verzierter Brunnen in den Reliquienhäusern
Unten: Markante Säulenhallen säumen Teile der Palasthöfe.

Infos und Adressen

SEHENSWÜRDIGKEITEN

Topkapı Sarayı Müzesi. Topkapı-Palast mit Harem und Museum. Museum April–Okt. Mi–Mo 9–19 Uhr, Nov.–März 9–17 Uhr; Harem Mi–Mo 9–17 Uhr; Eintritt: Museum 25 TL, Harem 15 TL; Eingang von der Bab-ı Hümayun Caddesi, Sultanahmet, Tel. 0212/512 04 80, topkapisarayimuzesi @kulturturizm.gov.tr, www.topkapisarayi.gov.tr

ESSEN UND TRINKEN

Karakol Restaurant. Das Restaurant-Café im ehemaligen osmanischen Wachpostengebäude hat einen schönen Blick über den ersten Hof auf das Marmarameer. Serviert werden internationale und türkische Gerichte in einer höheren Preiskategorie. Zum Kaffee schmeckt das *profiterole* besonders gut. Auch schön für ein Abendessen mit Blick auf den beleuchteten Palast. Tgl. 10–22 Uhr, Topkapı Sarayı, 1. Hof, Tel. 0212/514 94 94, info@karakolrestaurant.com, www.karakolrestaurant.com

Konyalı Lokantası. Das Museumsrestaurant und Café im Mecidiye-Pavillon auf dem vierten Hof bietet einen herrlichen Ausblick auf den Bosporus. Der Saal ist osmanisch eingerichtet mit französischen Einflüssen, serviert werden türkische Ge-

Straßenkünstler rund um den Topkapı-Palast

richte. Wer auf Bedienung und Ambiente verzichten kann, speist im Selbstbedienungsbereich zu erschwinglicheren Preisen. Reservierung im Restaurant zu empfehlen. April–Okt. 9–19 Uhr, Nov.–März 9–17 Uhr, Topkapı Sarayı Müzesi, 4. Hof, Tel. 0212/513 96 96, saray@konyalilokantasi.com, www.konyalilokantasi.com

VERANSTALTUNGEN

International Istanbul Music Festival. Seit über 40 Jahren findet alljährlich zwischen Ende Mai und Juli ein Musik-Festival statt. Nationale und internationale Größen der Klassik, aber auch Ballettensembles treten auf diversen Bühnen in historischen Locations (z.B. Hagia Irene) auf. Tel. 0212/334 07 00, Infos und Termine unter www.iksv.org/muzik

Im Karakol lässt sich gut das Treiben beobachten.

2 Archäologische Museen
Altorientalische und osmanische Welt

Intensive Einblicke in die Geschichte und Kultur Istanbuls, des Osmanischen Reichs, der Türkei und der benachbarten Völker versprechen die Archäologischen Museen (Arkeoloji Müzeleri). Mit einzigartigen, jahrtausendealten Fundstücken aus diesen Gebieten zählt der Museumskomplex zu den bedeutendsten und angesehensten des Landes. Das Museum ist ein Muss für Archäologie- und Kulturinteressierte, aber auch für Laien absolut sehenswert.

Den Grundstein für die Archäologischen Museen legte der türkische Maler und Archäologe Osman Hamdi Bey bereits im Jahr 1881, als er die Direktion des Vorgängermuseums Müze-i Hümayun übernahm. Der begeisterte Archäologe leitete die bedeutenden Ausgrabungen in der Nekropole von Sidon (Libanon), ließ 1883 nahe dem 1472 errichteten Fayencen-Pavillon eine Kunstakademie erbauen und veranlasste ein Gesetz gegen die Aus-

Oben: Çinili Köşk – eins der ältesten osmanischen Gebäude der Stadt
Unten: Zeugnisse aus alten Zeiten findet man auch im Garten.

MAL EHRLICH

ZEITMANAGEMENT
Der Gebäudekomplex der Archäologischen Museen birgt eine Vielzahl interessanter und sehenswerter Funde in über 45 Sälen. Nicht nur diejenigen, die Details zu einzelnen Objekten erhalten möchten, sollten genügend Zeit für den Besuch mitbringen. Zwei bis drei Stunden Zeit sollte man sich auch für eine »schnelle« Runde durch die drei thematisch gegliederten Gebäude nehmen. Wer mehr erfahren möchte, muss mindestens einen halben Tag einplanen.

Archäologische Museen

fuhr archäologischer Funde aus dem Osmanischen Reich. Im Jahr 1891 eröffnete er schließlich das neoklassische, vom französischen Architekten Alexander Vallaury erbaute Museumsgebäude. Heute verteilt sich der Museumskomplex auf drei Bauten, in denen Altertümer aus der prähistorischen bis zur osmanischen Zeit präsentiert werden.

Eski Şark Eserleri Müzesi

Nur wenige Schritte hinter dem Eingang liegt linker Hand das Gebäude der einstigen Kunstakademie, das Museum für altorientalische Kunst (Eski Şark Eserleri Müzesi), das eine sehenswerte Sammlung beherbergt: Funde aus Ägypten, Mesopotamien und Kleinasien ab dem dritten Jahrtausend v. Chr. werden in neuen Sälen präsentiert. Zu den Ausstellungsstücken gehören Sarkophage, Grabbeigaben, Statuen und Statuetten, Torsi und Keilschrift-Dokumente.

Die Ausstellung beginnt mit der alten arabischen Kunst, zu der auffällige kleine Heiligenstatuetten aus dem vierten bis zum ersten Jahrhundert v. Chr. gehören, die detailliert gefertigte Köpfe auf kubischen Körpern tragen. Der zweite Saal präsentiert die ägyptische Kultur. Bei den Statuen ägyptischer Götter der Mythologie sind unter anderem die Fruchtbarkeitsgöttin Bastet in Form einer sitzenden Katze und Apis, der heilige Stier von Memphis, vertreten. Mit Funden aus der Nekropole Deir el-Bahri nördlich von Theben wird das altägyptische Bestattungsritual thematisiert.

Der mesopotamischen Kultur mit Zeugnissen der Babylonier und Assyrer widmen sich die folgenden vier Säle. Zu den beeindruckenden Exponaten dieses Museums gehören die unter Verwendung von Originalfragmenten rekonstruierten Reliefs des Ischtar-Tors von der Stadtmauer Babylons und der

Oben: Der Treppenaufgang wird von zwei hethitischen Löwen flankiert.
Mitte: Mosaik im Archäologischen Museum
Unten: Umfangreich ist die Sammlung der antiken Skulpturen.

ISTANBUL IN 72 STUNDEN

Drei Tage Zeit und Lust auf einen spannenden und effektiven Sightseeing-Marathon? Dann ist der Museum-Pass Istanbul genau das Richtige. Jeder, der in kürzester Zeit die bekanntesten Sehenswürdigkeiten besichtigen möchte, seine wertvolle Zeit nicht in Warteschlangen verbringen will und dabei auch ein bisschen Geld sparen möchte, startet den Städtetrip mit dem Museum-Pass. Die Gemeinschafts-Eintrittskarte für die Archäologischen Museen, das Chora-Museum, die Hagia Sophia, den Topkapı-Palast und den Harem, das Mosaikenmuseum und das Museum für türkische und islamische Kunst ist ab dem ersten Museumsbesuch 72 Stunden lang für je einen Besuch gültig. Weitere Vorteile sind z.B. bis zu 20-prozentige Vergünstigungen in ausgewählten privaten Museen und für die Aussichtsplattform des Sapphire Tower (s. S. 211), für Einkäufe in einigen Museumsshops und bei Touranbietern.

Museum-Pass. Online, an mobilen Ständen bei den größten Sehenswürdigkeiten und in einigen Hotels zu kaufen. Kosten: 72 TL. www.muzekart.com

Relief von Löwen, dem Symbol der Göttin Ischtar

sich anschließenden Prozessionsstraße in Raum 4. Die blau glasierten Ziegel mit Darstellungen von Löwen, Stieren und Drachen, die Symbole der Hauptgottheiten Babylons, stammen aus dem sechsten Jahrhundert v. Chr. und spiegeln die damalige Pracht wieder.

Highlight ist außerdem eine Keilschrifttafel von 1259 v. Chr. im Teil der anatolischen Sammlung. Der Friedensvertrag von Kadesch, der zwischen dem hethitischen König Hattušili III. und dem ägyptischen Pharao Ramses II. (ca. 1303–1213 v. Chr.) geschlossen wurde, ist einer von drei erhaltenen Ausfertigungen und der älteste schriftliche Vertrag dieser Art.

Arkeoloji Müzesi

Schräg gegenüber erstreckt sich das Hauptgebäude des Museumsareals. Durch den südlichen Eingang gelangt man zunächst in acht Räume mit Skulpturen, Statuen und Büsten aus der archaischen (ab ca. 750 v. Chr.) bis zur römischen (bis ca. siebtes Jahrhundert n. Chr.) Zeit, die in verschiedenen archäologischen Stätten des Osmanischen Reichs gefunden wurden. Die berühmten Ausstellungsstücke des Archäologischen Museums (Arkeoloji Müzesi) sind im Nordtrakt untergebracht. Bei Grabungen in zwei unterirdischen Grabkammern in Sidon konnte Osman Hamdi Bey wertvolle Kunstwerke damaliger Steinmetze entdecken, die in drei Sälen präsentiert werden. Dem sogenannten Alexander-Sarkophag von 310 v. Chr. in Raum 8 gilt der besondere Stolz des Museums. Seinen Namen erhielt er jedoch nicht, weil er für die Bestattung von Alexander dem Großen (356–323 v. Chr.) gebaut wurde, sondern wegen der kunstvollen Reliefs, die ihn abbilden. Der völlig unversehrte Sarkophag, in dem ein phönizischer König bestattet wurde, zeigt auf seinen Längsseiten Alexander den Großen bei Jaqd- und Kriegsszenen. Farbspuren weisen auf die einstige Farbenpracht der Marmorreliefs hin.

Ein weiteres Beispiel der Bildhauerkunst ist der daneben stehende Klagefrauen-Sarkophag aus dem vierten Jahrhundert v. Chr., der klagende Frauen zwischen Säulen mit ionischen Kapitellen zeigt. Mit besonderer Feinarbeit präsentiert sich auch der über drei Meter hohe und fast vier Meter lange Sidamara-Sarkophag aus dem dritten Jahrhundert in Raum 3. In den folgenden Sälen sind antike Grabstelen, Figurenfriese, lykische Monumente und Sammlungen aus Anatolien zu sehen.

Byzantinische Fundstücke

Den neuen Nebentrakt begeht man am besten vom Durchgang gegenüber dem Museumsshop. Dort werden antike Fundstücke aus den rund um das alte Byzanz liegenden Gegenden Thrakien, Bithynien und Chalcedon sowie byzantinische Fundstücke wie Mosaike und Schmuck gezeigt. Auf der ersten Etage kann man sich in der Ausstellung »Istanbul im Wandel der Zeit« ein Bild von der Entwicklung der Stadt seit der prähistorischen Zeit machen. Dort wird auch ein Stück der Kette ausgestellt, mit der die Byzantiner fremden Schiffen

Oben: Saal im Hauptgebäude der Archäologischen Museen
Mitte: Detail eines Marmorreliefs aus dem antiken Aphrodisias
Unten: Im Fayencen-Pavillon begeistern nicht nur die Exponate.

LIEBE ZUM DETAIL

Durchgestyltes Ambiente, außergewöhnliche Zimmer, moderner Komfort und osmanische Stilelemente vereinen sich im liebevoll eingerichteten Hotel »Hypnos«. Das kleine Boutiquehotel mit elf Doppelzimmern ist für alle interessant, die viel Wert auf Sauberkeit und freundlichen, hilfsbereiten Service legen. Ob romantisch und verspielt oder minimalistisch und modern, im »Hypnos« ist für jeden Geschmack etwas dabei. Das Hotel mit individuell eingerichteten, klimatisierten Zimmern ist insbesondere bei Paaren beliebt. Der jeweilige Zimmername ist Programm: Filmposter aus den 1970er- und 1980er-Jahren schmücken das nostalgische »Movie History«. Romantische Gedichte und literarische Texte prägen das in Beige- und Goldtönen gehaltene kleine »Poem«. Farbenfroh wird es im geräumigeren »Gipsy« mit blumigem Bad, glamourös mit LED-Lichtspielen in der Dusche im »Glamour«. Die beste Aussicht hat die helle und moderne »Anatole«-Suite mit einem schönen Balkon.

Hypnos. Ebusuud Cad. 10, Sirkeci, Tel. 0212/513 31 31, www.hypnoshotelistanbul.com

die Einfahrt in das Goldene Horn verwehrten. Auf der zweiten Etage geht es dann um die Frühgeschichte Anatoliens mit Funden aus dem bronzezeitlichen Troja. Schließlich widmet man sich auf dem dritten und letzten Stockwerk den Nachbargebieten Syrien, Palästina und Zypern. Bemerkenswert ist dort die Rekonstruktion von Grabanlagen aus Palmyra (Syrien).

Çinili Köşk Müzesi

Im ältesten islamischen Profanbau der Stadt, dem Fayencen-Pavillon (Çinili Köşk Müzesi), tauchen Besucher hinter einer Säulenhalle von 1737 in die farbenfrohe Welt der Fliesen, Mosaiken und Keramiken aus dem elften bis zum 20. Jahrhundert ein. Etwa 2000 Exponate repräsentieren das wichtige Kunsthandwerk des Osmanischen Reichs: durch Glasur geschützte, verzierte Kacheln zu produzieren.

Die ältesten Exponate, seldschukische Fayencen und Keramik aus dem elften bis zum 14. Jahrhundert, birgt der erste Raum links des Eingangs. Im kreuzförmigen Hauptraum zeigt die Sammlung der osmanischen Kunst Fayencen und Keramik aus dem 14. und 15. Jahrhundert sowie die bekannten Iznik-Fliesen aus dem 16. und 17. Jahrhundert. Besonders auffällig ist dort der mit Fayencen verzierte *mihrāb* (die Gebetsnische in Moscheen) aus dem 14. bzw. 15. Jahrhundert mit floralen und geometrischen Mustern. Bemerkenswert ist auch der in situ präsentierte Jungbrunnen in Raum 2.

Ganz anders als der Rest der Ausstellung ist die Sammlung der Çanakkale-Keramik im sechsten Raum. Die seit dem Ende des 17. Jahrhunderts hergestellte Keramik mit grünen, braunen und dunkelgelben Motiven, meist Tiere, Moscheen, Boote und Rosetten, wurde bis Anfang des 20. Jahrhunderts hergestellt.

Infos und Adressen

SEHENSWÜRDIGKEITEN

Arkeoloji Müzeleri. Museumskomplex der drei Archäologischen Museen. Wer ausführliche Informationen über das Museum und die einzelnen Exponate erhalten möchte und ausreichend Zeit mitbringt, kann am Eingang für 10 TL einen Audio-Guide leihen. Im kleinen Teegarten des Museums kann man die gesammelten Eindrücke bei einer Pause zwischen Bäumen, Skulpturen, Säulen, Sarkophagen und Statuen aus verschiedenen Jahrhunderten sacken lassen. Zwischen dem Nord- und Südtrakt des Archäologischen Museums (Hauptgebäude) wurde außerdem ein Museumsshop eingerichtet, in dem man Souvenirs und Bücher über einzelne Sehenswürdigkeiten, Istanbul und die Türkei erstehen kann. Di–So 9–19 Uhr, Eintritt 10 TL, Kinder unter 12 J. frei, Alemdar Cad./Osman Hamdi Bey Yokuşu Sok., Sultanahmet, Tel. 0212/520 77 40–41, www.istanbularkeoloji.gov.tr

Die Familie Atalay fertigt viele verschiedene Bilder für jeden Geschmack.

ÜBERNACHTEN

Erboy Hotel. Das Hotel mit schöner Dachterrasse hat 108 schlicht eingerichtete, teilweise etwas kleine Zimmer mit Klimaanlage und gutem Preis-Leistungs-Verhältnis. Das Frühstücksbuffet ist im Preis inbegriffen. Im hoteleigenen Restaurant »Paşade« werden osmanische Gerichte serviert. Ebusuud Cad. 32, Eminönü, Tel. 0212/513 37 50, www.erboyhotel.com

EINKAUFEN

Ilhami Atalay Art Gallery. Die Künstlerfamilie Atalay erzählt mit total unterschiedlichen Auffassungen und Farben viele Geschichten. Zwischen klassischen und modernen Werken findet jeder das passende Bild. Tagsüber geöffnet, Alemdar Cad. 22/2 (1. Etage), Sultanahmet, Tel. 0212/520 10 83, info@ilhamiatalay.com, www.ilhamiatalay.com

Die Sarkophage gehören zu den eindrucksvollsten Exponaten des Museums.

3 Gülhane-Park
Ruhepol der Altstadt

Hektik, Verkehrschaos und ein Geräusch-pegel mit zig Dezibel stehen – wie in allen Metropolen – auch in Istanbul auf dem Programm. Um dem Großstadt-Kollaps zu entgehen, verschnaufen Istanbuler gerne bei Tee im Grünen, am liebsten mit Aus-blick auf den Bosporus. Eine Ruheoase auf der geschäftigen Altstadt-Halbinsel ist der Gülhane-Park (Gülhane Parkı) mit dem Museum für Geschichte der Wissenschaft und Technik im Islam.

Der Gülhane-Park (»Rosenhaus«), einst Teil des äu-ßeren Gartens der Topkapı-Palast-Anlage, ist seit Anfang des 20. Jahrhunderts öffentlich zugäng-lich und bietet Ruhe vor dem Trubel der Altstadt. Als einer der weitläufigsten Parks der Metropole erstreckt er sich über etwa einen Kilometer an den Nordwesthängen des Hügels unterhalb des Palasts fast bis zum Bosporus.

Der Park früher und heute

Im Jahre 1912 öffnete Sultan Mehmet V. (1844–1918) die äußeren Pforten seiner Palastanlage für die Öffentlichkeit. Der Parkabschnitt, der bis zu diesem Zeitpunkt Austragungsort diverser Spiele bei Hofe war, ist eine recht friedvolle, bewaldete Anlage mit Brunnen, Tierskulpturen sowie kleinen Rosen- und Tulpenbeeten.

Alay Köşkü

Steht man am südlichen Durchgang Soğukçeşme Kapısı, dem »Tor des kalten Brunnens«, fällt gleich links der große, vieleckige Alay Köşkü (»Pavillon der Festaufzüge«) an der Außenmauer auf. Der

Oben: Wasser sorgt im Gülhane-Park für ein erfrischendes Gefühl.
Unten: Das Blätterdach der Bäume schafft schattige Abschnitte.

1819 restaurierte Pavillon diente dem Sultan zur Beobachtung von Militärparaden. Seit 2011 wird dort ein Museum für türkische Literatur mit kleinem Café beherbergt. Das eher für Interessierte sehenswerte Museum widmet sich dem türkischen Schriftsteller Ahmet Hamdi Tanpınar (1901–1962), der in seinen Werken die westliche mit der östlichen Kultur vereint hat.

Tor Bâb-ı Âli

Vom Alay Köşkü konnte der Sultan auch den Eingang des Amtssitzes des Großwesirs beobachten, der außerhalb des Gülhane-Parks, hinter dem markanten Tor Bâb-ı Âli, der sogenannten »Hohen Pforte«, lag. Heute sind in den Gebäuden hinter dem 1840 errichteten Tor mit Rokoko-Einflüssen die Büroräume der Verwaltung der Provinz Istanbul untergebracht.

Museum für Geschichte der Technik und Wissenschaft

Entlang hübscher Wasserspiele führt der Spaziergang durch den Gülhane-Park zu einem restaurierten Marstall an der Westseite. In dem Gebäudekomplex der ehemaligen Reitställe des Topkapı-Palasts wird seit 2008 das moderne Museum für Geschichte der Wissenschaft und Technik im Islam (İslam Bilim ve Teknoloji Tarihi Müzesi) beherbergt. Auf über 3500 Quadratmeter haben mehr als 500 originalgetreue Rekonstruktionen arabisch-islamischer Erfindungen aus dem neunten bis zum Ende des 16. Jahrhunderts Platz gefunden. Als Grundlage der Nachbildungen dienten hauptsächlich handschriftliche Zeugnisse, die der Gründungsvater des Museums Prof. Fuat Sezgin vom Institut der Arabisch-Islamischen Wissenschaften der Goethe Universität in Frankfurt während seiner 20-jährigen Forschungsarbeit rekonstruieren ließ.

AUTORENTIPP!

TEE MIT AUSBLICK

Den Höhepunkt des Erholungserlebnisses im Gülhane-Park bietet der Teegarten »Setüstü Çay Bahçesi«. Auf den acht terrassenartig angelegten Ebenen wird mit einzigartigem Blick auf den Bosporus der türkische Tee *çay* im *semaver* serviert. Diese kupferne Doppelkanne enthält im oberen Teil das starke Teekonzentrat und im unteren Kessel heißes Wasser. Üblicherweise mischt man den Tee eins zu drei mit dem Wasser. Der Vorteil des *semavers* ist, dass sich jeder seinen Tee beliebig stark oder schwach mischen kann.

Stundenlang kann man vom Teegarten aus das Gewusel auf dem Bosporus beobachten: Passagierschiffe, die Europa mit Asien verbinden, vollbeladene Frachter, riesige Container- und Kreuzfahrtschiffe, aber auch kleine Fischerboote und schnittige Motorjachten. Den Norden prägen die modernen Wolkenkratzer von Levent und der am Bosporus liegende Dolmabahçe-Palast. Im Osten liegt der Mädchenturm trotz Verkehrs friedlich vor Kadıköy, dahinter erheben sich die beiden Çamlıca-Hügel.

Setüstü Çay Bahçesi. Gülhane Parkı, tgl. 8.30–22 Uhr (je nach Wetterverhältnissen).

Die wissenschaftlichen Instrumente werden auf zwei Etagen in die Bereiche Astronomie, Zeitmessung, Kriegstechnik, Medizin, Physik, Mathematik und Geografie, Architektur und Stadtplanung, Mineralien, Optik und Chemie gegliedert. Schon vor dem Eingang des Museums macht ein Highlight auf die Exponate im Inneren neugierig: eine Weltkugel, die eine kugelförmige Projektion der im neunten Jahrhundert bekannten Welt zeigt. An der Erstellung dieser Karte haben 70 Astronomen und Geografen 30 Jahre lang gearbeitet.

Stolz ist man auch auf das Modell der wohl ältesten erhaltenen Wasseruhr aus dem Jahr 1362. Die Uhr, die dazu diente, die Gebetszeiten in der Qarawiyin-Moschee in Fès (Marokko) zu berechnen, arbeitete mit Wasserstrom. Sie unterteilte den Tag gleichmäßig in 24 Stunden. Ein Zeiger markierte jeweils vier Minuten. Für Minuten fielen kleine, für Stunden große Kugeln in eine der 24 Messingschalen.

Die Gotensäule

Am nördlichen Ende des Parks, nahe dem beliebten Teegarten (s. S. 47), erhebt sich zwischen den Bäumen die 15 Meter hohe Gotensäule, eine römische Siegessäule. Der zweistufige Sockel der monolithischen Marmorsäule ist mit der lateinischen Inschrift *FORTUNAE REDUCI OB DEVICTUS GOTHOS* versehen, die auf einen Sieg des Byzantinischen Reichs gegen die Goten verweist. Da sie nicht datiert ist, ist jedoch ungewiss, ob sich die Inschrift »Der Fortuna, die der besiegten Goten halber zurückkehrt« auf den Sieg gegen die Goten im Jahr 269 unter Claudius Gothicus oder auf den Sieg im Jahr 332 unter Konstantin dem Großen bezieht. Auf dem korinthischen Kapitell soll einst die Statue des sagenhaften Stadtgründers Byzas aus Megara gestanden haben.

Oben: Äußerst interessant: Wissenschaft und Technik im Islam
Mitte: Eine wichtige Funktion hat die Astronomie in der Wissenschaft.
Unten: Das Museum ist auch bei Einheimischen sehr beliebt.

Infos und Adressen

SEHENSWÜRDIGKEITEN

Ahmet Hamdi Tanpınar Literature Museum.
Literatur-Museum. Mo–Sa 10–19 Uhr, Eintritt frei,
Alemdar Cad., Alay Köşkü, Gülhane Parkı, Sirkeci,
Tel. 0212/520 20 81.

İslam Bilim ve Teknoloji Tarihi Müzesi. Museum
für Geschichte der Wissenschaft und Technik im
Islam. Mi–Mo 9–17 Uhr, Eintritt 5 TL, Has Ahırlar
Binaları, Gülhane Parkı, Sirkeci,
Tel. 0212/528 80 65, www.ibttm.org

ESSEN UND TRINKEN

Cafe Mese. Das moderne Café überrascht mit
einer umfangreichen Speisekarte, von lockeren
Salaten über Pasta bis zu traditionellen *mantı* und
leckeren Kaffeespezialitäten. Tgl. 8.30–23.30 Uhr,
Hüdavendigar Cad. 27, Sirkeci,
Tel. 0212/519 18 00, info@cafemese.com,
www.cafemese.com

Şöhret Köftecisi. Einfaches Lokal mit frischen
Grillgerichten und leckeren Köfte (auch im Fladen-
brot). Dazu schmecken Reis und Ayran.
Tgl. 10–19 Uhr, Darüssade Sok. 2, Sirkeci,
Tel. 0212/512 25 53.

1700 Jahre thront die Gotensäule im Gülhane-Park.

ÜBERNACHTEN

Hotel Yasmak Sultan. Das 4-Sterne Hotel erwartet seine Gäste mit Hamam, Sauna, Fitnessstudio,
Innenpool und 82 teilweise kleinen, aber komfortablen Zimmern. Frühstück wird im Dachterrassen-
Restaurant serviert. Ebusuud Cad. 14–20, Sirkeci,
Tel. 0212/528 13 43,
www.hotelyasmaksultan.com

Sirkeci Konak. Das Hotel im osmanischen Stil
bietet 52 Zimmer, ein hauseigenes Hamam, einen
kleinen Innenpool, eine schöne Dachterrasse und
äußerst zuvorkommenden Service. Taya Hatun
Cad. 5, Sirkeci, Tel. 0212/528 43 44,
www.sirkecikonak.com

AUSGEHEN

Port Shield. Nicht nur britische Touristen zieht es
trotz hoher Bierpreise zu einem Guinness oder
zum Fußballschauen allabendlich in den englischen Pub mit rot-grün kariertem Teppichboden.
So–Do 11–1 Uhr, Fr–Sa 11–2 Uhr, Ebusuud Cad. 2,
Sirkeci, Tel. 0212/444 93 32.

Im Museum begeistern Modelle islamischer Bauten.

4 Hagia Sophia
Ein göttliches Meisterwerk

Millionen Besucher lassen sich jährlich von dem fast 1500 Jahre alten Vorbild vieler Gotteshäuser in aller Welt faszinieren. Unerklärlich ist die Vollkommenheit, die sich vermutlich durch das jahrhundertelange, harmonische Zusammenfügen christlicher und islamischer Schätze in der Hagia Sophia (Ayasofya) entfaltet. Das ewig schöne Gotteshaus zieht heute wie damals gleichermaßen Christen und Muslime in seinen Bann.

Beim ersten Blick auf die Hagia Sophia mag man sich fragen, wie dieses verblasste, hellrote Bauwerk aus Mörtel und Stein weltweit solch eine Bekanntheit erlangen konnte. Wuchtig und wirr mit unzähligen Kuppeln, zwei Seitenschiffen, stützenden Mauern und vier Minaretten wirkt das UNESCO-Weltkulturerbe von außen. Kaum vorstellbar, dass sich genau diese Bauelemente in Kombination mit Bögen und Balustraden, Pfeilern und Kapitellen sowie bezaubernden Mosaiken und Kalligrafien im Inneren so harmonisch präsentieren.

Oben: Die Hagia Sophia prägt die Silhouette der Altstadt.
Unten: Das Gotteshaus ist eins der meistbesuchten Monumente der Stadt.

MAL EHRLICH

LANGE WARTESCHLANGEN

Die berühmtesten Sehenswürdigkeiten der Stadt möchte jeder sehen. Touristen werden in Scharen mit Bussen vorgefahren, die Wartezeit vor den Kassenhäuschen wird immer länger und vor den Eingängen herrscht Chaos. Eine Alternative zum Schlangestehen ist der Online-Ticketkauf für die Hagia Sophia, den Topkapı-Palast, die Archäologischen Museen und die Chora-Kirche. Für bis zu zehn Personen kann man per Kreditkarte im Internet (www.muze.gov.tr) Tickets kaufen und ausdrucken.

Hagia Sophia

Spärliches Sonnenlicht taucht den Hauptraum der Kuppelbasilika in ein mystisches Licht und macht Lust auf eine Entdeckungsreise in alte Zeiten. Bestaunen lassen sich prächtige Mosaiken, die durch in Gips gedrückte, bunte Steinwürfel Geschichten von Herrschern und Heiligen aus byzantinischer Zeit erzählen. Hinzu kommen die einwandfrei integrierten Vermächtnisse zahlreicher Sultane aus der islamischen Kultur, die aus der osmanischen Zeit stammen.

Das Rätsel der »heiligen Weisheit«

»Salomon, ich habe dich übertrotten!«, soll Kaiser Justinian (482–565) in Bezug auf den legendären salomonischen Tempel in Jerusalem voller Begeisterung bei der Einweihung des Sakralbaus im Jahr 537 gerufen haben. Ob er schon damals erahnen konnte, dass sein Prachtbau einmal eins der grandiosesten Werke der Kunstgeschichte wird? Jedenfalls boten sich dafür durch das Verschwinden der Baupläne kurz nach seinem Tod die besten Voraussetzungen. So dauerte es gut ein Jahrtausend, bis man mit dem Petersdom in Rom einen entsprechenden Nachfolger schuf. Bis heute gibt die Konstruktion der bedeutenden Kuppelbasilika in Anbetracht der damaligen technischen Mittel Rätsel auf.

Baugeschichte

Die Geschichte der Hagia Sophia, zumindest ihrer in situ errichteten Vorgänger, geht auf Kaiser Konstantin den Großen (ca. 272–337) zurück. Er ließ die erste der heiligen Weisheit geweihten Kirche dort errichten. In den folgenden zwei Jahrhunderten brannte sie jedoch mehrmals ab und musste immer wieder neu errichtet werden. Eine neue Ära im byzantinischen Sakralbau sollten jedoch die Flammen des blutrünstigen Nika-Aufstands im Januar 532 einleiten. Sie legten nämlich

FOTOGEN UND IDYLLISCH

Zwischen Hagia Sophia und der äußeren Palastmauer erstreckt sich die kopfsteingepflasterte, autofreie Soğukçeşme Sokağı, die »Straße des kalten Brunnens«. Gesäumt von hübschen osmanischen Holzhäusern mit bunten Blumen lädt sie zum Flanieren ein. Die pastellfarbenen Häuser dienten einst als Unterkünfte für das Personal des Topkapı-Palasts und der Hagia Sophia sowie als Winterresidenz osmanischer Prominenz. Neun der bunten, ab dem 18. Jahrhundert erbauten Häuser wurden in den 1980er-Jahren vom türkischen Automobilclub (TTOK) liebevoll restauriert und zu einem Hotelkomplex, den »Ayasofya Konakları«, umgestaltet. Zimmer und Suiten kombinieren elegant den osmanischen Stil mit Elementen des Westens aus dem 19. Jahrhundert. Im schattigen Garten wird unter einem Lindenbaum das Frühstück serviert. Nicht-Hotelgäste können in den Cafés und im Restaurant des Hotels einkehren.

Hotel Ayasofya Konakları.
Soğukçeşme Sokağı, Sultanahmet,
Tel. 0212/513 36 60,
info@ayasofyakonaklari.com,
www.ayasofyakonaklari.com

die größte Kirche des Byzantinischen Reiches in Schutt und Asche.

Den Grundstein für den heutigen Bau legte Justinian I. (ca. 482–565) nur sechs Wochen später. Mit der Errichtung eines prachtvolleren Gotteshauses wollte er seine Macht der ganzen Welt präsentieren und scheute weder Aufwand noch Kosten. Als Architekten engagierte er Isidoros von Milet und Anthemios von Tralleis, die den Sakralbau mithilfe von 100 Meistern und 10 000 Arbeitern in einer Rekordzeit von knapp sechs Jahren errichteten. Am 27. Dezember 537 fand die feierliche Weihe der Hagia Sophia statt. In den folgenden 916 Jahren diente sie als religiöses Zentrum des Byzantinischen Reichs. Sie war außerdem der Ort, an dem zahlreiche byzantinische Kaiser gekrönt wurden. Die Eroberung Konstantinopels im Jahr 1453 brachte dann die Veränderung mit sich. Fortan beteten in der zu einer Moschee umgewandelten Kirche islamische Gläubige und passten den Bau durch Minarette und weitere islamische Symbole an. 1934 ließ Kemal Atatürk die Hagia Sophia schließlich in ein Museum umwandeln.

Narthex der Hagia Sophia

Der zweite Eindruck, den man von der Hagia Sophia bekommt, bleibt im äußeren Narthex, der Vorhalle, noch recht schlicht. Verzierter ist der innere Narthex, den man durch die mittlere Tür erreicht. Die Wände sind mit weißem, schwarzem, grünem und rotem Marmor verkleidet. Besonders auffällig ist das Gewölbe mit Goldmosaiken und Ornamenten. Der innere Narthex wird durch neun Türen vom Hauptraum, dem Naos, der dreischiffigen Basilika getrennt. Die in Bronze gefasste, größte Tür in der Mitte, die »Kaisertür«, war einst den Kaisern vorbehalten und führt in das Mittelschiff. Auf dem aus dem zehnten Jahrhundert

Oben: Das einfallende Licht erzeugt ein magisches Ambiente.
Unten: Eindrucksvoll sind die bis zu 1100 Jahre alten Mosaiken.

stammenden Mosaik oberhalb dieser Tür ist der segnende Christus auf einem Thron abgebildet. In seiner linken Hand hält er ein aufgeschlagenes Buch mit den Worten »Friede sei mit euch. Ich bin das Licht der Welt«. Neben ihm kniet der Stifter Kaiser Leo VI. (866–912). Im linken Medaillon zeigt Maria auf Christus, im rechten wird der Erzengel Gabriel abgebildet.

Hauptraum und Kuppel

Mit dem Blick in den Hauptraum offenbart sich die vollkommene Pracht der Hagia Sophia – der ganze Stolz Justinians. Zum ersten Mal in der Architekturgeschichte konnte man eine Kuppel oberhalb eines rechteckigen Grundrisses errichten. Es scheint, als schwebe die tonnenschwere Rippenkuppel in 56 Meter Höhe über dem 69,5 mal 73,5 Meter großen Innenraum, was insbesondere durch die 40 Fenster am unteren Kuppelrand so wirkt. Das Kuppelquadrat wird durch vier gewaltige Pfeiler gebildet, die clever in die Seitenschiffe und Säulenarkaden eingebunden sind. Gestützt wird die riesige Kuppel mit einem Durchmesser von 31 Metern auch von zwei Halbkuppeln, die wiederum von je drei Halbkuppeln verstärkt werden. Sowohl in den Halbkuppeln als auch in den Schildbögen, die den Innenraum im Norden und Süden begrenzen, sichern weitere Fenster den Lichteinfall.

Den Übergang zwischen dem Runden der Kuppel zum Eckigen der Pfeiler bilden Hängezwickel, sogenannte Pendentifs. Obwohl das Abbilden von Lebewesen, Gott und Heiligen in Moscheen verboten ist, wurden sie bis ins 19. Jahrhundert von vier Engelswesen, den sechsflügeligen Seraphim, geschmückt. Erst im 19. Jahrhundert wurden ihre Gesichter mit Stuck abgedeckt. Bis ins 17. Jahrhundert rahmten sie Christus als Pantokrator, der

Osmanische Verzierungen

im Scheitelpunkt der Kuppel abgebildet war. Heute erstrahlt dort in goldener Kalligrafie der Koranvers »Gott ist das Licht der Himmel und der Erde«. In der Apsis hingegen ist das Mosaik aus dem neunten Jahrhundert noch gut erhalten. Das in der nachikonoklastischen Zeit, also kurz nach Ende des Bilderstreits (730–787 und 815–843), entstandene Mosaik zeigt Maria mit dem segnenden Jesuskind.

Reich an Verzierungen

Dass Kaiser Justinian für sein kolossales Vorhaben nichts zu teuer war, zeigt sich nicht nur an der schnellen Errichtung, sondern auch an vielen Bauteilen der Kirche, deren Bau 145 Tonnen Gold – nach heutigen Verhältnissen etwa drei Milliarden Euro – kosteten. Justinian ließ Bauteile alter Tempel aus dem gesamten Reich zusammentragen. Die acht grünen, monolithischen Säulen zwischen den Pfeilern stammen aus dem Artemis-Tempel in Ephesos. Die acht Porphyrsäulen in den Eckapsiden wurden aus dem Jupitertempel von Baalbek (Libanon) in die Hagia Sophia gebracht. Auch Sultan Murad III. (1546–1595) führte diese Tradition später fort und stiftete zwei große, hellenistische Alabastervasen aus Pergamon. Die je 1250 Liter fassenden Vasen dienten als Reinigungsbrunnen und sind neben der Kaisertür positioniert. Ganz in der Nähe fasziniert im linken Seitenschiff außerdem die wundersame »Schwitzende Säule«. Durch das Wasser, das die Säule aus einer Zisterne zieht, fühlt sie sich stets feucht an. So sagte man der Säule schon in byzantinischer Zeit heilende Kräfte zu. Sie soll bei Augenleiden und Impotenz helfen.

Veränderungen in osmanischer Zeit

Als die Kirche in eine Moschee verwandelt wurde, musste der Innenraum den islamischen Traditio-

nen angepasst werden. Der *mihrab*, die reich verzierte Gebetsnische in der Apsis, wurde von Sultan Süleyman I. (ca. 1495–1566) gestiftet. Da sie exakt nach Mekka ausgerichtet werden musste, ist sie leicht nach rechts verschoben. Der *minbar* (»Kanzel«) rechts der Apsis diente dem Imam für das Freitagsgebet und war eine Schenkung Murads III. Links der Apsis nahm auf der von Säulen getragenen Tribüne der Sultan Platz. Vom Thron unterhalb der Nordempore las der Imam aus dem Koran vor. Die acht prächtigen Rundschilde an den Pfeilern ließ Sultan Abdülmecid I. (1823–1861) anbringen. Dort sind in kunstvollen Kalligrafien Allah und Mohammed sowie die Namen der Kalifen Omar, Ali, Hasan, Husein, Othman und Abu Bakr verewigt. Außen zieren bis heute vier Minarette den Bau. Außerdem wurde in der osmanischen Zeit das Tragsystem verbessert und im Jahr 1573 durch den berühmten Baumeister Sinan die Stützpfeiler verstärkt.

Galerien und Mosaike

Eine Rampe im Norden des Hauptraums führt zu den Galerien, von denen sich ebenfalls ein faszinierender Einblick in den Innenraum eröffnet. An den freigelegten Wänden der Rampe lässt sich zunächst die schnelle Errichtung der Hagia Sophia

Oben: Gut erhalten – das Mosaik des Kaiserpaars Komnenos
Mitte: Die »Schwitzende Säule« soll Krankheiten heilen.
Unten: Byzantinisches Säulenkapitell auf den Galerien

Oben: Prächtige Mosaiken zieren das Gewölbe der inneren Vorhalle.
Unten: Der typische Fliesenschmuck stammt aus osmanischer Zeit.

nachvollziehen. Auffällig ist, dass die verarbeiteten Mörtelschichten oft dicker sind als die genutzten Ziegel. Laut einer Studie der Universität Princeton ähnelt die verwendete, dehnbare Mörtelmischung heutigen Zementsorten. Dass die Hagia Sophia bis auf drei Male in den Jahren 557, 989 und 1346 bei Erdbeben fast unbeschadet blieb, lässt sich auf die gute Absorption von Erschütterungen zurückführen.

Der Weg zur Südempore, die vermutlich feierlichen Versammlungen diente, führt durch eine marmorne Abgrenzung. Links und rechts des Durchgangs ist sie mit kunstvollen Marmorreliefs verziert. Sie deuten zwei Türen an, die mit Obst-, Pflanzen- und Fischmotiven geschmückt sind. Das beachtlichste Mosaik sieht man rechts der Marmorwand im Mittelraum. Entstanden ist das Deësis-Mosaik, von dem noch ein Teil der Oberkörper mit den Köpfen erhalten sind, im Jahr 1261. Auf goldenem Grund segnet Christus Johannes den Täufer und Maria. Gegenüber des Mosaiks ist im Boden die Grabplatte des Anführers des Vierten Kreuzzugs gegen Konstantinopel, des Dogen Enrico Dandolo (1107–1205), eingelassen.

Stiftermosaike

An der Ostwand der Südempore sieht man zwei Stiftermosaike. Das linke zeigt das Kaiserpaar Konstantin IX. Monomachos (1000–1055) und seine Frau Zoe (978–1050). In der Mitte thront Christus, der in der linken Hand das mit Gold und Edelsteinen geschmückte Evangelium hält und die rechte Hand segnend erhebt. Während der Kaiser ihm einen Beutel mit Gold reicht, hält Kaiserin Zoe die Schenkungsurkunde. Daneben zeigt das Komnenos-Mosaik eine ähnliche Abbildung. Kaiser Johannes II. Komnenos (1087–1143) und seine blonde Gemahlin Irene übergeben Maria mit dem Christuskind ebenfalls einen Goldbeutel und eine Urkunde. Das Mosaik auf dem rechten Wandpfeiler, das ihren ältesten Sohn, den Mitkaiser Alexios (1106–1142), abbildet, wird in das Hauptmosaik eingebunden.

Der Weg nach unten führt entlang der Nordempore zu ihrem östlichen Ende. Vorher beeindruckt am nordwestlichen Hauptpfeiler das Alexandros-Mosaik aus dem zehnten Jahrhundert. Das älteste Mosaik der Galerien zeigt Kaiser Alexandros (870–913) in einem langen Kaisergewand und einem mit Diamanten bestickten Überhang. Er trägt eine rote Krone und rote Stiefel.

Der Weg nach draußen führt Besucher wieder quer durch den Hauptraum zur »Schönen Tür« (Orea Porta) in der südlichen Ecke der inneren Vorhalle. Über dem Portal mit den messingbeschlagenen Flügeln ist ein weiteres meisterhaftes Mosaik aus dem zehnten Jahrhundert angebracht. Maria mit dem Jesuskind in der Mitte werden von Konstantin dem Großen von rechts ein Stadtmodell Konstantinopels und von Kaiser Justinian ein Modell von der Hagia Sophia von der linken Seite gereicht.

Der Garten und die Türben

Das sich im Südwesten anschließende Baptisterium aus justinianischer Zeit wurde unter osmanischer Herrschaft in ein Mausoleum der Sultane Mustafa I. (1592–1639) und İbrahim (1615–1648) verwandelt. Nach langer aufwendiger Restaurierung ist es seit April 2011 wieder zugänglich. Weitere Grabbauten, Türben, für die osmanischen Herrscher entstanden auch im Garten der Hagia Sophia. Darunter auch die Türbe der 19 Prinzen, die von ihrem Bruder Sultan Mehmet III. (1566–1603) bei seiner Thronbesteigung erdrosselt wurden.

SEHENSWÜRDIGKEITEN
Ayasofya Müzesi. Hagia Sophia. April–Sept. Di–So 9–19 Uhr (Ticketverkauf bis 18 Uhr), Okt.–März 9–17 Uhr (Ticketverkauf bis 16 Uhr), Eintritt 25 TL, Kinder bis 12 J. frei, Audio-Guide (auch deutschsprachig) 15 TL, Ayasofya Meydanı, Sultanahmet, Tel. 0212/522 17 50, www.ayasofyamuzesi.gov.tr

ESSEN UND TRINKEN
Sarnıç Lokantası. In einer 1500 Jahre alten Zisterne mit stilvoller Atmosphäre und vielen Kerzen werden zwischen sechs massiven Säulen unter einem hohen Backsteingewölbe türkische und europäische Gerichte serviert. Di–So 19–23.30 Uhr, Soğukçeşme Sokağı 38, Sultanahmet, Tel. 0212/512 42 91, www.sarnicrestaurant.com

ÜBERNACHTEN
Ottoman Hotel Imperial. Das mit dunklem Holzmobiliar und türkischen Teppichen eingerichtete Hotel mit 49 Zimmern (einige mit Balkon) pflegt traditionelle Gastfreundschaft und hat ein gutes Restaurant (s. S. 53). Caferiye Sok. 6, Sultanahmet, Tel. 0212/513 61 50, www.ottomanhotelimperial.com

EINKAUFEN
Sirri Gercin Chalcedony. Hübscher Schmuck und kleine Skulpturen aus dem in Eskişehir (Anatolien) gewonnenen, blauen Mineral Chalcedon. Tagsüber geöffnet, Caferiye Sok. 2, Sultanahmet, Tel. 0212/527 63 76, www.kalsedon.com.tr

5 Yerebatan-Zisterne
Der Versunkene Palast

Jeden Morgen wird die Schlange vor dem »Versunkenen Palast« länger und länger. Alle wollen einen Blick in die unterirdische Welt der Metropole erhaschen. Im eindrucksvollen Wasserspeicher aus byzantinischer Zeit, wo glitschige Holzstege durchs Dunkle führen, die Luft feucht, doch angenehm kühl ist und immer mal wieder ein Wassertropfen von der Decke fällt, fühlt man sich in eine andere Welt versetzt.

Stimmungsvolle Lichtinszenierung und klassische Musik begleiten die Besucher in der Yerebatan-Zisterne (Yerebatan Sarnıcı) mit ihrer von Wasser umgebenen Säulenlandschaft und den dort lebenden Goldfischen und Karpfen. Der Abstieg in die Zisterne, die oft auch »Versunkener Palast« (Yerebatan Sarayı) genannt wird, erfolgt über 52 Stufen. Für den etwa 30-minütigen Rundgang durch das weitläufige Gewölbe, in dem Szenen für den James-Bond-Film *Liebesgrüße aus Moskau* und den Film *Spion wider Willen* mit Jackie Chan gedreht wurden, sind geschlossene Schuhe empfehlenswert.

Die mystische Säulenlandschaft der Yerebatan-Zisterne war schon Kulisse vieler Hollywood-Filme.

MAL EHRLICH

ESSEN UND AUSGEHEN IN SULTANAHMET

Sultanahmet mag zwar Istanbuls historische Schätze bergen und eine immense Hotelauswahl bereitstellen, ist bezüglich kulinarischer Highlights und mitreißender Ausgehmöglichkeiten jedoch nicht die bestmögliche Wahl. Kleine, einfache Lokale, in die mittags die Einheimischen gehen, gibt es allerdings rund um die Divan Yolu Caddesi (s. S. 82). Für die Istanbuler Haute Cuisine zieht es einen vor allem nach Beyoğlu. Dort und entlang des Bosporus ist auch nachts mehr los.

Wasser für die Stadt

Die hügelige und felsige Halbinsel, auf der das alte Byzanz gegründet wurde, war schon immer ein wasserarmes Gebiet ohne Quellen und Bäche. Auch das Wasser des Goldenen Horns, in dem die Flüsse Kağithane und Alibey münden, war aufgrund des zufließenden Salzwassers aus dem Bosporus nicht für die Wasserversorgung geeignet. Daher musste das Trinkwasser mithilfe langer Kanäle aus den Bergen und Wäldern der Umgebung in die Wasserspeicher der Stadt geleitet werden.

Erste Maßnahmen im Kampf gegen den Wassermangel trat der römische Kaiser Hadrian (76–138) zwischen 117 und 138 n. Chr. Als die Stadt im Jahr 324 n. Chr. zur Hauptresidenz Kaisers Konstantins des Großen wurde, stieg die Bevölkerung jedoch immens an und das zugeführte Wasser wurde knapp. So ließ Konstantin der Große die bestehenden Anlagen ausbessern und erweitern. Später führte Kaiser Valens (328–378) diese Arbeiten weiter und ließ neue Leitungen und Anlagen wie das sogenannte Valens-Aquädukt (s. S. 126) bauen.

Geschichte der Zisterne

In der zu Zeiten Konstantins des Großen erbauten Yerebatan-Zisterne können sich Besucher ein Bild der jahrhundertealten Wasserspeicherung machen. Überdeckte Zisternen wie die ehemals Cisterna Basilica genannte Yerebatan-Zisterne waren meist Substruktionen öffentlicher Gebäude, von Palästen und von Kirchen, denen sie in Grundriss und Größe entsprachen. Die Yerebatan-Zisterne lag unter einer Basilika, einer Säulenhalle mit verschiedenen Funktionen, die beim Nika-Aufstand im Jahr 532 zerstört wurde. Um die Wasserversorgung des Kaiserpalasts und der Hagia Sophia zu gewährleisten, erneuerte Kaiser Justinian I. mit der Wiedererrichtung des Oberbaus auch die alte Zisterne.

Während der osmanischen Zeit wurde das Wasser der Zisterne zunächst für die Palastgärten des Topkapı-Palasts verwendet. Später nutzte man die Yerebatan-Zisterne mit einem einstigen Fassungsvermögen von 80 000 Kubikmetern kaum noch und sie geriet in Vergessenheit. Erst 1545 entdeckte sie der Reisende und Humanist Petrus Gyllius auf seiner Suche nach byzantinischen Denkmälern wieder. Bei seinen Nachforschungen erfuhr er, dass die Bewohner rund um die Hagia Sophia aus Löchern im Boden Wasser schöpften und sogar dort angelten.

Heute ein Museum

Eine umfassende Restaurierung der 138 mal 64,6 Meter großen Zisterne erfolgte im 20. Jahrhundert, als man beschloss, sie zum Museum umzufunktionieren. Recht gut erhalten war schon damals das 336 n. Chr. erbaute, von etwa acht Meter hohen Säulen gestützte Ziegelgewölbe. In zwölf Reihen ordnen sich jeweils 28 Säulen mit vier Metern Abstand aneinander. Dass die Säulen aus diversen älteren Bauwerken stammen, zeigt sich an der unterschiedlichen Beschaffenheit. Einige Schäfte wurden aus Marmor, andere aus Granit gefertigt. Ein beeindruckender Säulenschaft mit einem Pfauenaugen- oder Tränenmuster ist in der Mitte der Zisterne zu sehen. Laut Überlieferung soll sie an die Sklaven erinnern, die bei der Errichtung der Zisterne umgekommen sind.

Oben: Auffällig sind in vielen Straßen die zahlreichen türkischen Fahnen.
Unten: Die Medusenköpfe stammen von einem älteren Bauwerk.

Auch bei den Kapitellen lassen sich Unterschiede feststellen. Man sieht sowohl solche dorischer als auch korinthischer Art. Die bekanntesten Sockel der Zisterne tragen zwei Säulen im Nordwesten. Dort dienen zwei Medusenkopfreliefs, eines kopfüber und das andere quer, als Säulensockel. Die Herkunft dieser Bauteile, die den Bau vermutlich vor dem Bösen schützen sollten, ist ungewiss.

Infos und Adressen

SEHENSWÜRDIGKEITEN

Yerebatan-Zisterne (Yerebatan Sarnıcı).
Tgl. 9–18.30 Uhr, Eintritt 10 TL, Audio-Guide (auch deutschsprachig) 5 TL. Im kleinen »Cistern Café« in der Zisterne kann man die Atmosphäre bei einem frisch gepressten Saft, Kaffee, Tee oder Snack ein wenig länger genießen. Yerebatan Cad. 13, Sultanahmet, Tel. 0212/522 12 59, info@yerebatan.com, www.yerebatan.com (nur türkisch)

Textilien gehören zu den üblichen Mitbringseln.

ESSEN UND TRINKEN

Dubb Indian. Eine Alternative zu türkischen Gerichten bietet das Restaurant mit indischer und asiatischer Küche in hübscher Atmosphäre. Von der Terrasse hat man einen schönen Blick auf die Hagia Sophia. Tgl. 12–24 Uhr, İncili Çavus Sok. 10, Sultanahmet, Tel. 0212/513 73 08, www.dubbindian.com

House of Medusa. Der wunderschöne, schattige Garten des Restaurants lädt nach einem anstrengenden Sightseeing-Tag zum Verweilen ein. Die türkischen Gerichte werden auch im gemütlichen Innenbereich serviert. Tgl. 9–24 Uhr, Yerebatan Cad. 9, Sultanahmet, Tel. 0212/511 41 16, www.medusarestaurant.com

EINKAUFEN

Mar de Seda. Im Jahr 2012 eröffnete Abdullah İyilik das hübsche Souvenirgeschäft, in dem man exklusive Andenken und Mitbringsel wie Keramik- und Glasobjekte, Kissenbezüge und luxuriöse Schals kaufen kann. Tgl. 10–20 Uhr, Şeftali Sok. 10, Sultanahmet, Tel. 0212/527 23 90, www.mardeseda.com

Maya's Corner. Schon von außen verspricht das pinkfarbene Lädchen viele verspielte, handgemachte Accessoires, hübsche Mitbringsel wie Mobiles, Textilien und einige Antiquitäten. Tgl. 10–20 Uhr, Yerebatan Cad. 35/1, Sultanahmet, Tel. 0212/528 89 91, www.mayascorneristanbul.com

Bunte Häuser prägen auch einige Straßen in Sultanahmet.

6 Blaue Moschee
Das Wahrzeichen der Stadt

Der prominenteste osmanische Bau Istanbuls und einer der eindrucksvollsten Sakralbauten der Welt ist ohne Zweifel die Sultan-Ahmet-Moschee (Sultanahmet Camii), die aufgrund der einst dominierenden blauen Farbtöne in ihrem Inneren den Beinamen »Blaue Moschee« trägt. Seit ihrer Erbauung zu Beginn des 17. Jahrhunderts als Hauptmoschee des Osmanischen Reichs prägt sie nicht nur die Silhouette Sultanahmets, sondern der ganzen Stadt.

Der Besuch der sogenannten Blauen Moschee, die diesen Beinamen im Übrigen nur außerhalb der Türkei trägt, ist ein Muss jeder Istanbul-Reise. Ihren offiziellen Namen Sultan-Ahmet-Moschee hat sie angelehnt an ihren Stifter Sultan Ahmet I. (1590–1617) erhalten. Dieser beauftragte im Jahr 1606 den Schüler des weltberühmten Architekten Sinan und Architekten des Hofes Mehmet Ağa mit dem Bau einer neuen Hauptmoschee. Die wichtigste Bauvorgabe des Sultans: Die neue Moschee sollte imposanter und prachtvoller sein

Blautöne dominieren nicht nur die Kuppel der Blauen Moschee.

MAL EHRLICH

KLEIDER-KNIGGE IN MOSCHEEN

Es gibt wohl kaum einen Istanbul-Besucher, der nicht mindestens eine Moschee besichtigt. Bei der Planung sollte man an angemessene Kleidung (keine Shorts, kurze Röcke, Trägerhemdchen etc.) denken. Frauen, die lieber etwas Eigenes anziehen, sollten, obwohl von nahezu jeder viel besuchten Moschee Kopftücher zur Verfügung gestellt werden, einen Schal oder ein Tuch bei sich tragen. Außerdem muss man am Eingang jeder Moschee die Schuhe ausziehen.

als die bisher als Hauptmoschee genutzte byzantinische Hagia Sophia.

Grundsteinlegung

Mit Bedacht wählte Sultan Ahmet I. auch den Standort für die neue Moschee. Nur 500 Meter trennen die Sultan-Ahmet-Moschee von der Hagia Sophia, die durch ihren Glanz das neue Bild Istanbuls prägen sollte. Die Wahl des Areals für die Erbauung hatte jedoch zur Folge, dass die dort liegenden Paläste, der große Kaiserpalast und Teile des Hippodroms abgetragen und überbaut werden mussten. Die Grundsteinlegung er folgte drei Jahre nach Erteilung des Auftrags. Doch konnte Sultan Ahmet I. das prächtige Bauwerk nur kurz genießen, da er nur ein Jahr nach der Weihe verstarb.

Als erstes Oberhaupt der römisch-katholischen Kirche besuchte im November 2006 Papst Benedikt XVI. im Rahmen seines Pastoralbesuchs in der Türkei die Sultan-Ahmet-Moschee. Damals mahnten der Papst und die muslimischen Geistlichen zu mehr Toleranz und Respekt vor den Religionen.

Imposante Architektur

Während die Beleuchtung der Sultan-Ahmet-Moschee besonders am Abend ein zauberhaftes Bild des Bauwerks erzeugt, fasziniert tagsüber – trotz unzähliger architektonischer Einzelelemente – vor allem der in sich geschlossene und harmonische Baustil. Oberhalb des Gebetshauses erheben sich die sorgfältig und gleichmäßig angeordneten Kuppeln, deren stufenartige Anordnung auch im Arrangement der Fenster widergespiegelt wird. Zunächst werden die Leibungen der Fenster auf der untersten Ebene recht schlicht gehalten. Wei-

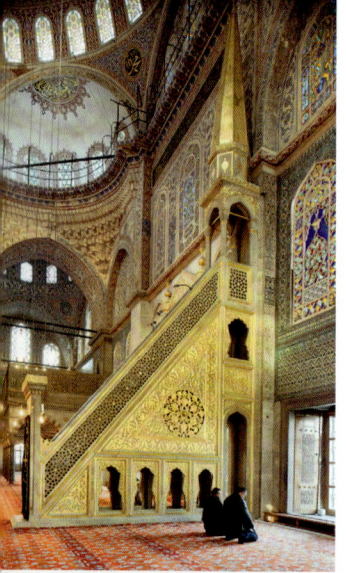

ter oben bilden sie durch ihre Tiefenabstufung Schlagschatten, bis sie letztlich im oberen Bereich durch schräg gestellte Fensterumrandungen optische Vergrößerungen bewirken.

Repräsentative Minarette

Markant sind die sechs schlanken Minarette mit drei bzw. zwei Balkonen, von denen sich vier an den Ecken des Gebetshauses und zwei an den äußeren Ecken des Vorhofs erheben.

Warum sechs und nicht wie üblich vier Minarette die Sultansmoschee krönen, erklärt eine Legende: Für die Minarette der neuen Moschee wünschte sich Sultan Ahmet I. eine Blattgold-Verkleidung. Da das Budget des Architekten jedoch nicht ausreichte und er sein Leben schützen wollte, berief sich Mehmet Ağa auf die im Türkischen ähnlich klingenden Wörter für golden (*altın*) und sechs (*altı*). Somit baute der Architekt einfach sechs steinerne Minarette, die trotz ihres Materials für ein repräsentatives und monumentales Bauwerk sorgten. Die einzige Moschee mit sechs Minaretten war bis zu diesem Zeitpunkt das Zentralheiligtum des Islams, die Kaaba in Mekka.

Oben: Imposant erheben sich die Minarette der Blauen Moschee über Sultanahmet.
Unten: Im Inneren begeistert die vergoldete und reich verzierte Predigerkanzel.

Blaue Moschee

Der rechteckige, von Säulenhallen gesäumte Vorhof ist auf drei Seiten über große Treppen erreichbar. Die Arkaden mit 26 Säulen und restaurierten Deckenmalereien werden von 30 spitz zusammenlaufenden Hauben bekrönt, die sich perfekt in das Gesamtbild der Moschee einfügen. Ein harmonisches Ganzes erzeugen auch die Grundflächen des Vorhofs und des Gebetshauses, die beide etwa 52 mal 54 Meter groß sind. Der sechseckige Reinigungsbrunnen (Şardivan) steht in der Mitte des Hofes nur noch zur Zierde. Hände und Füße reinigen die Gläubigen heute an den Brunnen entlang der Außenmauern des Hofs.

Im Inneren der Blauen Moschee

Der Eingang, der vom Vorhof in die Moschee führt, ist Muslimen vorbehalten. Für Nicht-Muslime ist das äußerst weiträumig wirkende Gebetshaus vom rechten Seiteneingang über den Außenhof zugänglich. Von der 43 Meter hohen Kuppel mit einem Durchmesser von 23,5 Metern hängt ein großer Leuchter. Die Kuppel wird von vier fünf Meter dicken Pfeilern getragen, die kanneliert sind, also von senkrecht verlaufenden Furchen geziert werden. Außerdem wird sie von vier Halbkuppeln gestützt, die ihrerseits von je drei bzw. vier Konchen gestützt werden. Geschmückt sind die Kuppeln größtenteils mit eindrucksvollen roten, blauen und grünen Arabesken, einem Ornament, das aus der islamischen Kunst stammt und ineinander verschlungene Linien stilisierter Pflanzenranken zeigt.

Der Name »Blaue Mosche« geht auf die einst im Inneren dominierende Farbe des heute noch größtenteils erhaltenen blau-grünen Fliesenschmucks aus dem 17. Jahrhundert zurück. Bemalt sind die Fliesen im unteren Bereich der Moschee mit stilisierten Nelken, Tulpen, Weinreben und Zypressen. Besonders schöne Fayencen-Arrangements

schmücken die Galerien. Vasen, Weinranken, Zypressen und Früchte symbolisieren dort das Paradies. Die 21 000 Fliesen, die für das Ausschmücken der Innenwände notwendig waren, wurden in den Fliesenwerkstätten von İznik, dem antiken Nikaia, bestellt. Um sicherzustellen, dass die benötigte Anzahl der Fliesen fertiggestellt wurde, untersagte Sultan Ahmet I. den Werkstätten andere Aufträge anzunehmen. Die immense Bestellung hatte trotz des Verbots für andere Aufträge einen großen Qualitätsverlust zur Folge, der heute noch an einigen Kacheln der Moschee erkennbar ist.

Der Lichteinfall in der Moschee ist durch 260 Fenster gesichert, die einst mit buntem, venezianischem Glas aus dem 17. Jahrhundert gefüllt waren. Mittlerweile wurden viele Glasscheiben jedoch durch moderne farbige Nachbildungen, andere durch Klarglas ersetzt. Der marmorne *minbar*, die »Predigtkanzel«, von der aus der Imam das Freitagsgebet hält, wurde der Kanzel aus Mekka nachgeahmt. In den *mihrab*, die »Gebetsnische«, die ebenfalls aus fein gemeißeltem Marmor gefertigt wurde, ist ein Stück des schwarzen Steines der Kaaba in Mekka eingelassen.

Der Stiftungskomplex

Wie allen großen Moscheen war auch die Sultan-Ahmet-Moschee von einem Stiftungskomplex (*külliye*) umgeben. Die Gebäude, zu denen meist eine Koranschule (sog. Medrese), eine Bibliothek, ein Hospital, eine Karawanserei und eine Armenküche gehörten, waren größtenteils in den Außenhof integriert. Heute kann man nur noch das angeschlossene Grabmal, die Türbe, Sultan Ahmets I. besuchen. Dort wurden nicht nur der Sultan, sondern auch seine Frau Kösem und seine drei Söhne, die späteren Sultane Osman II. und Murad IV. sowie Prinz Beyazıt, bestattet.

Infos und Adressen

SEHENSWÜRDIGKEITEN

Sultanahmet Camii. Sa–Do 9–12, 14–15.30 und 16.30–17.45 Uhr, Fr 9–11 und 14.15–17.45 Uhr (Die Moschee ist während der Gebetszeiten für Nicht-Muslime geschlossen.), Eintritt frei, Sultanahmet Parkı, Sultanahmet.

ESSEN UND TRINKEN

Rami. Den schönsten Blick auf die beleuchtete Blaue Mosche hat man am Abend von der Dachterrasse des preislich gehobenen Restaurants, in dem türkisch-osmanische Gerichte serviert werden. Tgl. 12–23 Uhr, Utangaç Sok. 6, Sultanahmet, Tel. 0212/517 65 93, info@ramirestaurant.com, www.ramirestaurant.com

EINKAUFEN

Istanbul Handicraft Center. In den hübsch restaurierten Zellen der Cedid Mehmet Efendi Medrese wird türkisches Kunsthandwerk wie Keramik- und Glasobjekte, Kalligrafien, Miniaturen und Schmuck angeboten. Tgl. 9–18.30 Uhr, Kabasakal Cad. 5, Sultanahmet, Tel. 0212/517 67 84.

VERANSTALTUNGEN

Sound and Light Show. In den Sommermonaten findet an bestimmten Tagen vor der Blauen Moschee eine interessante Show statt. Begleitet von Lichteffekten und orientalischer Musik wird auf Deutsch, Englisch oder Französisch die Geschichte der Stadt, der Moschee und ihres Architekten Mehmet Ağa erzählt. Mai–Okt. nach Sonnenuntergang (genaue Zeiten auf Schautafeln), Eintritt frei.

AKTIVITÄTEN

Bosphorus Sightseeing Tours. Busse mit Open-Air-Deck und Audio-Guide (auch deutschsprachig) für eine Rundfahrt nutzen. Tgl. ab 10 Uhr, 24-Stunden-Ticket 50 TL, Startpunkt: Sultanahmet Meydanı, Sultanahmet, Tel. 0212/283 13 96, www.citywindows.com.tr

Harmonisch verbinden sich die Farben mit dem Lichteinfall.

7 Hippodrom
Arena der Spiele und Aufstände

Das Hippodrom (At Meydanı) war Austragungsort für Sportveranstaltungen der Byzantiner, Schauplatz für Feierlichkeiten zu Ehren ihrer Kaiser und eine ideale Kulisse für prächtige Zeremonien der osmanischen Sultane. In den 1300 Jahren ihrer Nutzung war die Arena aber auch Startpunkt vieler blutrünstiger Aufstände. Heute erinnern nur noch wenige Elemente an den gigantischen Bau im Herzen der Altstadt.

Die Erbauung des Hippodroms geht auf das Ende des zweiten Jahrhunderts zurück. Obwohl Kaiser Septimius Severus (146–211) nach der Eroberung von Byzanz im Jahr 196 die Stadt zunächst zerstören ließ, überredete ihn sein zehnjähriger Sohn Bassianus sie wieder aufzubauen. Das neue Byzanz sollte prächtiger werden als je zuvor. Er ließ einen von Säulenhallen umgebenen Markt, die bis zum siebten Jahrhundert betriebene kaiserliche Thermenanlage Zeuxippos und im Jahr 203 das Hippodrom errichten, um die Stimmung des Vol-

Oben: Der »Deutsche Brunnen« ist das jüngste Denkmal am Hippodrom.
Unten: Der aus Deutschland stammende Brunnen wurde in Teilen nach Istanbul befördert.

kes zu verbessern. Dort konnten die Byzantiner einer ihrer Lieblingsbeschäftigungen, den Wagen- und Pferderennen, nachgehen.

Änderungen von Konstantin dem Großen

Konstantin der Große (ca. 272–337) ließ die elliptische Bahn vor der Gründungsfeier der neuen Hauptstadt am 11. Mai 330 ausbauen, um die Pracht Roms zu übertreffen. Das dem Circus Maximus in Rom ähnelnde Hippodrom wurde etwa 480 Meter lang, 117 Meter breit und bot auf zweistöckigen, 30 Meter hohen Tribünen Platz für gut 100 000 Zuschauer. Die Versorgung der Zuschauer stellten Speiselokale, Läden und Stände an den Längsseiten des Bauwerks mit massigen Substruktionen und Tonnengewölben sicher. In den Unterbauten der zum Meer zugeneigten Tribüne und unter der Sphendone, dem halbkreisförmigen Abschluss im Südwesten, waren Ställe und Schuppen für die Wagen untergebracht. Wenige Mauerreste des Unterbaus der Sphendone sind noch auf dem Weg vom Hippodrom zur Küçük Ayasofya (s. S. 77) erkennbar. In der Mitte der Rennbahn erstreckte sich ein niedriges Podest, die Spina, das die Siegerdenkmäler miteinander verband.

Im Nordosten markierte das monumentale Triumphtor, die Porta triumphalis, das Ende des Baus. Dort waren die Lager der Rennparteien und die Räume der Reiter, Trainer und Wagenlenker untergebracht.

Aus den zunächst sportlich rivalisierenden Gruppen, die nach Farben benannt waren, bildeten sich politisch orientierte Gruppierungen. Sie lieferten sich erbitterte Wettkämpfe, ihre Anhänger trugen die jeweilige Farbe und auch einige Kaiser offenbarten, mit welcher Gruppe sie sympathi-

sierten. Im Laufe der Zeit war das Hippodrom somit nicht nur ein Ort des Vergnügens, sondern auch der Aufstände.

Die Blauen und Grünen stifteten immer mehr Revolutionen an. Als Kaiser Justinian I. (ca. 482–565) versuchte, die beiden Gruppen zu verbieten, verbündeten sie sich. Die Aufstände wurden massiver und beim Nika-Aufstand im Jahr 532 zogen sie mit dem Kampfruf *Nika!* (»Siege!«) durch die Straßen, randalierten und töteten. Obwohl Kaiser Justinian I. sich ihrem Willen beugen wollte, beauftragte seine Frau Theodora den Feldherrn Belisar, die Aufständischen niederzumetzeln. Der Versuch der Gruppen, einen neuen Kaiser auszurufen, scheiterte. 30 000 Menschen wurden von den Truppen des Kaisers getötet und Justinian regierte weiter.

Das Hippodrom der Osmanen

In der osmanischen Zeit nannte man das Hippodrom »At Meydanı« (»Pferdeplatz«). Es diente als Marktplatz, Ort für prächtige Hochzeitsfeiern und andere gesellschaftliche Ereignisse wie Beschneidungsfeiern und für die Kampfspiele der Janitscharen, den Elitetruppen des Sultans. Außerdem nutzten Rebellen die Arena weiterhin als Aufstandsplatz. Im Laufe der Zeit wurde das Hippodrom jedoch auseinandergebaut. Die Tribünen und die Prunktore verschwanden. Einzelne Bauteile und Steine wurden für den Bau der Blauen Moschee und den Topkapı-Palast gebraucht.

Am 14. und 15. Juni 1826, als Sultan Mahmud II. (1785–1839) beschloss, die Janitscharen aufzulösen und eine neue Armee bildete, wurde der Platz erneut zum Schauplatz von Aufständen und Hinrichtungen. Die Janitscharen duldeten dies nicht und versammelten sich, wie von Sul-

Oben: Der Ägyptische Obelisk ist das älteste Siegerdenkmal am Hippodrom.
Unten: Schöne Bauten umgeben den länglichen Platz.

tan Mahmud II. erwartet, im Hippodrom. Sie wollten den Palast stürmen und forderten den Tod des Sultans. Die neuen und loyalen Truppen des Sultans hatten jedoch die gesamte Umgebung in ihrer Gewalt. Mit einer großen Anzahl moderner Waffen töteten sie den Großteil der Janitscharen. Die wenigen Überlebenden wurden im Nachhinein hingerichtet.

Der heutige At Meydanı

Heute ist von dem Ausmaß des ursprünglich 3,5 Meter tiefer liegenden Hippodroms nicht mehr viel zu spüren. Zu sehen sind noch ein Denkmal aus dem 19. Jahrhundert und die drei Siegerdenkmäler aus byzantinischer Zeit. Das Nordende ziert ein Geschenk Kaiser Wilhelms II. an Sultan Abdülhamit II. Da der Sultan deutschen Wissenschaftlern erlaubte, die Hagia Sophia zu erforschen, be-

Oben: Zwischen den Dächern der Altstadt erhebt sich auch die Sokullu-Mehmet-Paşa-Moschee.
Unten: Pferderennen-Relief auf dem Ägyptischen Obelisk

AUTORENTIPP!

MIMAR SINANS KLEINES SCHMUCKSTÜCK

Die Şehit Mehmet Paşa Yokuşu führt von der Südwestecke des Hippodroms zur Sokullu-Mehmet-Paşa-Moschee. Man betritt den Moscheekomplex durch den Torbogen mit Kuppeldach an der Özbekler Sokak. Aufgrund der steilen Lage mussten die nördlichen Teile der von Großwesir Sokullu Mehmet Paşa und seiner Frau Esmahane Sultan gestifteten Moschee dem Boden angepasst und erhöht werden. Baumeister Sinan errichtete die Moschee 1571–1572 auf den Ruinen einer byzantinischen Kirche und verarbeitete in den Mauern einzelne ihrer Säulen. Auf dem hexagonalen Grundriss hat Sinan die 22 Meter hohe Kuppel mithilfe von Strebepfeilern und Strebebögen gestützt.

Sokullu-Mehmet-Paşa-Moschee. Özbekler Sokak, Kadırga.

dankte sich der Kaiser bei seinem Staatsbesuch 1895 mit einem achteckigen, mosaikengeschmückten Brunnen, dem Alman Çeşmesi (»Deutscher Brunnen«).

Unter schwierigsten Bedingungen ließ Kaiser Theodosius I. schon im Jahr 390 den sich südlich des Brunnens erhebenden ägyptischen Obelisken aus dem Tempel des Amun-Re in Karnak (Theben) anliefern. Für den Transport mit dem Schiff musste er von 32 Meter auf 20 Meter gekürzt werden. Der Aufbau der rosafarbenen Granitsäule im Hippodrom dauerte 32 Tage.

Schlangensäule und Obelisk

Dem Obelisken folgt die bronzene Schlangensäule, die Konstantin der Große ins Hippodrom liefern ließ. Die im fünften Jahrhundert v. Chr. hergestellte Säule stammt aus dem Apollon-Heiligtum in Delphi und wurde von den 31 griechischen Städten, die im Jahr 480 v. Chr. gegen die Perser siegten, gestiftet. Die einst acht Meter hohe, aus drei Schlangen gebildete Säule sollte die Stadt mit ihren magischen Kräften vor Schlangen und Ungeziefer schützen. Heute sind von der Säule nur noch 5,5 Meter übrig. Der einzige Schlangenkopf, der gefunden wurde, wird im Archäologischen Museum ausgestellt.

Das dritte Denkmal des Hippodroms ist der Gemauerte Obelisk aus Kalksteinen. Errichten ließ ihn Kaiser Konstantin VII. (905–959) zu Ehren seines Großvaters Basileios I. Seine Spitze schmückte einst eine Bronzekugel. In einem neoklassischen Gebäude am südwestlichen Ende des At Meydanı ist heute das Kunst-Museum der Marmara-Universität untergebracht, in dem Werke türkischer und internationaler Künstler ausgestellt werden.

Infos und Adressen

SEHENSWÜRDIGKEITEN

Kunstmuseum der Marmara-Universität – Museum & Art Gallery. Di–So 10–18 Uhr, Eintritt frei, Üçler Sok. 2, Sultanahmet, Tel. 0212/518 16 00.

ESSEN UND TRINKEN

Vaha. Eine tolle Aussicht über die Sokullu-Mehmet- Paşa-Moschee bis hin zum Marmarameer hat man von dem eher abseits des Massentourismus gelegenen Café-Restaurant mit mehreren Etagen und kleiner Dachterrasse. Serviert werden türkische Gerichte. Tgl. ab 10 Uhr. Şehit Mehmet Paşa Ykş. 9, Sultanahmet, Tel. 0212/517 34 24.

ÜBERNACHTEN

Alzer Hotel. Das über 100 Jahre alte Stadthaus am Hippodrom wurde liebevoll restauriert und bietet 22 saubere und zweckmäßig eingerichtete Zimmer. Frühstück wird auf der schönen Dachterrasse mit Blick auf die Blaue Moschee serviert. At Meydanı 72, Sultanahmet, Tel. 0212/516 62 62, www.alzerhotel.com

Hotel Ibrahim Pasha. Geschmackvoll eingerichtetes und ruhig, aber dennoch zentral gelegenes Hotel mit zwölf kleinen Standard- und zwölf großen

In den Straßen unterwegs: die Marktpolizei

Deluxe-Zimmern mit Sitzecke. Alle Zimmer haben moderne Badezimmer und Fußbodenheizung. Terzihane Sok. 7, Sultanahmet, Tel. 0212/518 03 94, contact@ibrahimpasha.com, www.ibrahimpasha.com

EINKAUFEN

Chez Galip. Einer der bekanntesten Töpfer der Türkei, Galip Körükçü, arbeitet, lebt und unterrichtet in Avanos (Kappadokien). In der sechsten Generation stellt er traditionelle Keramikobjekte her, die auch in Istanbul verkauft werden. Tgl. 9–21 Uhr, At Meydanı 78, Sultanahmet, Tel. 0212/638 51 80, www.chezgalip.com

INFORMATION

Sultanahmet Turizm Danışma. Informationskiosk. Tgl. 9–17.30 Uhr, Divanyolu Cad. 5/At Meydanı, Sultanahmet, Tel. 0212/518 18 02–03.

Der Deutsche Brunnen und die Blaue Moschee

73

8 Unterhalb der Blauen Moschee
Das Areal der Kaiserpaläste

Die Straßen und Gassen unterhalb der Blauen Moschee sind zwar recht touristisch, gewähren aber mit dem Arasta-Basar, dem Mosaikenmuseum, einer zur Moschee umgewandelten byzantinischen Kirche und den einzigen Überresten des Großen Palasts jahrhundertealte Einblicke in die Geschichte Istanbuls. An der Seemauer angekommen, reicht der Blick über das Marmarameer, am asiatischen Ufer vorbei bis zu den Prinzeninseln.

Der Spaziergang unterhalb der Blauen Moschee verläuft entlang neuer touristischer Einrichtungen sowie hübsch restaurierter, aber auch verlassener und baufälliger osmanischer Holzhäuser durch das einstige Areal der Kaiserpaläste. Nachdem Byzanz im vierten Jahrhundert Hauptstadt des Oströmischen Reichs wurde, erbaute man auf einer mehrstufigen Fläche von etwa 100 000 Quadratmeter

Oben: Das Gebiet unterhalb der Blauen Moschee führt zum Marmarameer.
Unten: Gerne spielt man in Istanbul mit den Straßenkatzen.

MAL EHRLICH

FRAUEN ALLEIN UNTERWEGS

Eigentlich können allein reisende Frauen in Istanbul unbesorgt durch die Straßen bummeln. Zudringlichkeiten von Männern kann man durch sittsame Kleidung und wenig Blickkontakt recht gut ausweichen. Vorsichtig sollte man mit freizügiger Kleidung in untouristischen Gegenden oder religiösen Vierteln wie Fatih und Eyüp sein. Teehäuser sind Männern und Frauen in Männergesellschaft vorbehalten. Nahe der Kleinen Hagia Sophia bilden die Zuggleise oft Sackgassen. Solche Ecken sollten nachts vermieden werden!

Unterhalb der Blauen Moschee

einen großen Palastkomplex, der in den folgenden Jahrhunderten von vielen Kaisern erweitert wurde. Zwischen Hagia Sophia, Hippodrom und Marmarameer entstanden kaiserliche Gemächer, Kirchen, prächtige Tore, Säulenhallen, Gärten und Höfe.

Während des Nika-Aufstands im Jahr 532 erlitt der Palastkomplex gravierende Schäden. Den Wiederaufbau begleiteten zahlreiche Ausbauten wie im neunten Jahrhundert unter Kaiser Theophilos (ca. 813–842) und später unter Basileios I. (ca. 812–886). Die Erweiterung des Großen Palasts hat erst Kaiser Alexios I. Komnenos (1048–1118) zum Stillstand gebracht. Er ließ im Norden der Stadt den Blachernen-Palast bauen und der Palastkomplex verfiel. Auf den Ruinen der alten Kaiserpaläste bauten später die Osmanen ihre Wohnhäuser, so dass heute von der Pracht nichts mehr zu spüren ist.

Klein, aber fein: der Arasta-Basar

Als Teil des Stiftungskomplexes der Blauen Moschee entstand im 17. Jahrhundert parallel zur Moschee ein angeschlossener Markt, dessen Bauten nach einem Brand wieder errichtet und später als Ställe der osmanischen Kavallerie, den Sipahi, genutzt wurden. Erst seit den 1980er-Jahren hat die autofreie, von zwei Ladenzeilen gesäumte Straße wieder ihre ursprüngliche Funktion und bietet eine ruhigere und beschaulichere Alternative zum Großen Basar (s. S. 108). In rund 70 kleinen Geschäften werden Ledertaschen, Teppiche, Souvenirs, Kunsthandwerk und Schmuck angeboten.

Mosaiken des Großen Palasts

Im Mosaiken-Museum des Großen Palasts (Büyuk Saray Mozaikleri Müzesi), das durch eine Passage des Arasta-Basars erreichbar ist, wird eins der besterhaltenen Fußbodenmosaiken Europas ge-

Oben: Im Arasta-Basar herrscht keine Hektik.
Mitte: Das blaue Auge soll vor bösen Blicken schützen.
Unten: Üblicher Zeitvertreib: das Brettspiel *tavla*

AUTORENTIPP!

STILVOLL UND LUXURIÖS IM EHEMALIGEN GEFÄNGNIS

Anfang des 20. Jahrhunderts wurde östlich der Blauen Moschee ein Gefängnis erbaut, in dem bis 1969 viele Journalisten, Künstler und Schriftsteller, Frauen und Jugendliche inhaftiert waren. 27 Jahre später wurde das neoklassizistische Gebäude in eine Luxusherberge verwandelt. Mit der stilvollen und eleganten Restaurierung hat man ein ungewöhnliches Hotel mit 65 luxuriösen Zimmern und Suiten geschaffen, die alle über ein Marmorbad und zum Teil über einen Balkon verfügen. Für Entspannung sorgt außer den angebotenen Massagen auch der reich bepflanzte Innenhof, der von den gelben Gebäudeteilen und vier oktogonalen Türmen umschlossen wird. Auf der Dachterrasse lässt sich der einzigartige Blick auf die Hagia Sophia und das Marmarameer genießen. Das Hotel für höchste Ansprüche hat mit Doppelzimmern ab 340 €/Nacht natürlich seinen Preis.

Four Seasons Hotel – Istanbul at Sultanahmet. Tevkifhane Sok. 1, Sultanahmet, Tel. 0212/402 30 00, www.fourseasons.com/istanbul

Eindrucksvolle Reste des Großen Palasts: die Mosaiken

zeigt. Die Mosaiken, die einst den nördlichen Teil des von Säulen umgebenen Hofes (Peristylhof) des Großen Palasts schmückten, werden heute an ihrem ursprünglichen Ort präsentiert. Das sehenswerte, im fünften und sechsten Jahrhundert in Auftrag gegebene Werk, bedeckte einst eine Fläche von etwa 1870 Quadratmetern. Freigelegt wurden von dem prächtigen, farbenfrohen Mosaikfußboden aus etwa 75 bis 80 Millionen Glas-, Kalkstein- und Terrakotta-Würfeln etwa 250 Quadratmeter.

In den 1930er- und 1950er-Jahren begannen britische Forscher von der St. Andrews University in Edinburgh mit den Ausgrabungen am gefundenen Peristylhof und gossen zunächst die Mosaiken aus der Nordwest- und Südwesthalle in Betonplatten ein. Das Fußbodenmosaik der Nordosthalle blieb in situ liegen, war jedoch nur unzureichend vor den Umweltbedingungen der Großstadt geschützt. Helfen sollte die Österreichische Akademie der

Unterhalb der Blauen Moschee

Wissenschaften im Jahr 1983 in einer Kooperation mit der Generaldirektion der Monumente und Museen der Türkei. 14 Jahre später hatte man das Mosaik abgenommen und auf einem geeigneten Trägermaterial neu appliziert.

Das etwa 45 Meter lange restaurierte Bodenmosaik und die schönen Mosaiken aus der Nordwest- und Südwesthalle zeigen Szenen aus dem Alltagsleben, der Mythologie und der Natur. Man sieht über 150 Tiere, Menschen und mythologische Wesen in Kampfszenen wie zwischen einem Elefanten und einem Löwen, in Abbildungen des Weingottes Dionysos oder des Dionysoskindes auf den Schultern des Hirtengottes Pan sowie in Darstellungen von Jägern und Kindern.

Die Kleine Hagia Sophia

Südwestlich des Arasta-Basars führt die Küçük Ayasofya Caddesi hinab zur kleinen byzantinischen Kirche Hagioi Sergios kai Bakchos, die seit ihrer Umwandlung zu einer Moschee Küçük Ayasofya, also »Kleine Hagia Sophia« genannt wird. Der Sakralbau war einst Teil des Palastkomplexes und diente als Vorbild für das karolingische Oktogon (Pfalzkapelle) des Aachener Doms, das Karl der Große gegen Ende des achten Jahrhunderts errichten ließ.

Gestiftet wurde die Sergios- und Bakchos-Kirche im Jahr 527, nur wenige Jahre vor dem Bau der Hagia Sophia, von Kaiser Justinian I. und seiner Frau Theodora. Sie wurde auf dem Gelände des Hormisdas-Palasts errichtet und teilte sich mit der älteren Petrus und Paulus geweihten Kirche die Vorhalle und das Atrium. Justinian I. weihte die Kirche den zwei Märtyrern, da sie ihm im Traum erschienen waren. Unter Sultan Bayezit II. (ca. 1447–1512) wurde die Kirche dann in eine Mo-

Oben: Vorbild der Hagia Sophia – die kleine, gleichnamige Schwester
Mitte: Die touristisch nicht überlaufene Kleine Hagia Sophia ist Ort der Ruhe.
Unten: Im Inneren ist die Küçük Ayasofya schlicht, aber elegant.

EINBLICKE IN DIE WELT DES KUNSTHANDWERKS

Der kleine Kunsthandwerkermarkt mit idyllischem Innenhof und Teegarten lädt gegenüber der Kleinen Hagia Sophia zum Verweilen, Tee trinken oder Wasserpfeife rauchen ein. In den kleinen Steinbauten, die sich rund um den Innenhof mit Reinigungsbrunnen gruppieren, haben einige Künstler in den letzten Jahren ihre Werkstätten eingerichtet. Man erhält Einblicke in die Arbeiten von Miniaturmalern, Kalligrafen, Herstellern von Marmorpapier, Flötenbauern, Holzschnitzern, Künstlern für Fayencen, Perlmuttintarsien und Blockdruck. Während Enten, Kaninchen und Katzen auf der Wiese gefüttert werden und die Flötenbauer ihre neuen Instrumente testen, kann man z.B. Ahmet Sezen, der mit Perlmutt Möbel verziert und hübschen Schmück und Mitbringsel herstellt, bei der Arbeit zusehen. Nebenan fertigt Tahsin İstengel täglich neue Motive, die er mit seinem Messer in Holz-, Styropor- oder Gummiblöcke schnitzt, um sie auf Stoffe und Kleidung zu drucken.

Hüseyin Ağa Medresesi. Tgl. 10 Uhr bis Sonnenuntergang, Küçükayasofya Cad., Sultanahmet.

schee verwandelt. Zu Beginn des 16. Jahrhunderts ließ der Oberste der weißen Eunuchen Hüseyinağa eine Vorhalle und die Medrese errichten, in der heute einige Kunsthandwerker arbeiten und sich über Besucher freuen (s. Autorentipp). Jegliche christlichen Symbole wurden entfernt, der *mihrab* und der *minbar* aufgestellt. Im Jahr 1740 stiftete der Großwesir Ahmet Paşa den Reinigungsbrunnen. Ein von Mustafa Paşa beauftragtes Minarett, das nach seiner Zerstörung Anfang des 20. Jahrhunderts neu errichtet wurde, folgte etwa 20 Jahre später.

Seine Eleganz enthüllt das kleine Schmuckstück byzantinischer Baukunst erst in seinem Inneren. Da die Kirche in die Mauern der anderen Bauten integriert wurde, präsentiert sie sich von außen recht unscheinbar. Seine weiß getünchten Wände erhielt das Bauwerk erst in osmanischer Zeit, nur an wenigen freigelegten Stellen ist das ursprüngliche Mauerwerk erkennbar.

Ruinen der Kaiserpaläste

Läuft man von der Kleinen Hagia Sophia rechts die Aksakal Caddesi hinunter und dann entlang der Kennedy Caddesi etwa 400 Meter nach links, sieht man an einer kleinen Grünanlage die einzige erhaltene, überwucherte Fassade des Bukoleon-Palasts. Der im Jahr 842 erbaute Palast war Teil der byzantinischen Kaiserpaläste. Den Namen »Bukoleon« erhielt er aufgrund der einst den anliegenden Hafen schmückenden Löwen- und Stier-Skulpturen. An der Fassade sind besonders die erhaltenen Marmorrahmen der drei mittleren, überwölbten Fenster auffällig. Auf einen Balkon, der sich unterhalb der Fenster erstreckte, weisen Tragsteine hin. Im westlichen Teil sind Marmorsäulen sichtbar, die wie die dorischen Kapitelle in die Fassade eingearbeitet wurden.

Infos und Adressen

SEHENSWÜRDIGKEITEN

Arasta-Basar. Tgl. 10–19 Uhr, Sultanahmet, www.arastabazaar.com

Büyuk Saray Mosaikleri Müzesi. Mosaikenmuseum. Di–So Sommer 9–19 Uhr, Winter 9–17 Uhr, Eintritt 8 TL, Torun Sokak (Arasta Bazaar), Sultanahmet, Tel. 0212/518 12 05.

Moschee Küçük Ayasofya. »Kleine Hagia Sophia«. Küçük Ayasofya Caddesi/ Yabacı Sokak, Sultanahmet.

ÜBERNACHTEN

Hotel Empress Zoe. 25 Zimmer und Suiten mit Holz- und Steinausstattung, Maloroion und türkischen Textilien sind durch verschachtelte Treppenhäuser miteinander verbunden und rund um einen idyllischen, von einer über 500 Jahre alten Mauer umschlossenen Innenhof angeordnet. Akbıyık Cad. 10, Sultanahmet, Tel. 0212/518 25 04, www.emzoe.com

EINKAUFEN

Ata Ceramic. Die farbenfrohen Fliesen, Schalen, Teller und Vasen werden von lokalen Künstlern nach traditionellen Techniken hergestellt. Außerdem gibt es Keramikobjekte aus Uşak (Westtürkei) und Iznik-Ware. Tgl. 10–19 Uhr. Arasta Bazaar 57, Sultanahmet, Tel. 0212/516 30 22.

Prachtbauten sind in Istanbul allgegenwärtig.

Geschenkartikel findet man in der Dubb Gallery.

Cocoon. Hüte, Mützen und Schmuck aus Filz, Gehäkeltes, Pantoffeln und Ledertaschen mit aufgesetzten Filzmotiven füllen das Sortiment des kleinen Ladens. Geführt werden auch Textilien aus Zentralasien und Persien. Tgl. 10–19 Uhr. Arasta Bazaar 93, Sultanahmet, Tel. 0212/518 03 38, cocoon@cocoontr.com, www.cocoontr.com

Dubb Gallery. Hübscher Laden mit vielen Geschenkartikeln, Schmuck, Tüchern und Wohnaccessoires. Mimar Mehmet Ağa Cad. 33, Sultanahmet, Tel. 0212/517 45 55.

AKTIVITÄTEN

Kochkurs im Sarniç Hotel. Beim vierstündigen Kochkurs mit dem Hotelkoch lernt man viel über die türkische Küche und bereitet ein 5-Gänge-Menü zu, dass man später zusammen genießen kann. Tgl. 11–15 Uhr (Mindestteilnehmer: 4 Pers.), Küçük Ayasofya Cad. 26, Sultanahmet, Tel. 0212/518 23 23, info@sarnichotel.com, www.sarnichotel.com

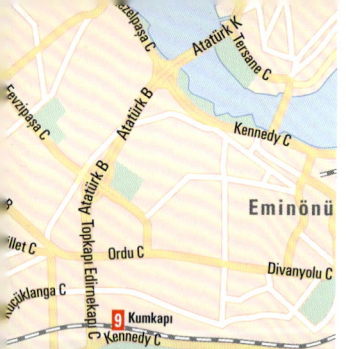

9 Kumkapı
Fress- und Ausgehmeile der Altstadt

Eine von vielen Kulturen geprägte Nachbarschaft mit jahrhundertealter Geschichte am Marmarameer hat sich in den letzten Jahren zur Vergnügungsmeile der Istanbuler Altstadt entwickelt. Während die Abende rund um die Sehenswürdigkeiten in Sultanahmet eher beschaulich und ruhig zugehen, verwandelt sich das Fischerviertel Kumkapı zu einer einzigen, stimmungsvollen Taverne mit Musik, Tanz und frischem Fisch.

Ein Bummel entlang der zahlreichen Fischrestaurants kann in einer Sommernacht zu einem Erlebnis werden. In den Straßen rund um den Hauptplatz, dem Kumkapı Meydanı, wird die Nacht zum Tag gemacht. Lichterketten und Reklameschilder erleuchten die Straßen, penetrant buhlen die Kellner in der Ördekli Bakkal Sokağı, der Fressmeile des Viertels, um Kundschaft. Zwischen den Stühlen streifen musizierende Sinti und Roma umher und bleiben dort länger stehen, wo das Trinkgeld stimmt. Zu späterer Stunde hält es weder Einheimische noch Touristen auf den Stühlen. Bauch- und Volkstanz stehen auf dem Programm. Vor dem Bestellen sollte man nach den Preisen fragen. Sie können sich bei viel Fisch schnell summieren.

Das multikulturelle Kumkapı

Oben: Zahlreiche Tavernen säumen den Hauptplatz von Kumkapı.
Unten: Frischer Fisch ist in Kumkapı üblich, aber oft recht teuer.

Von einer anderen Seite zeigt sich Kumkapı am Tag. In den frühen Morgenstunden laden Fischer ihren Fang am kleinen Hafen aus und ziehen die Fische mit Handkarren zu den Ständen des Fischmarkts, wo sie köstlich arrangiert werden.

Kumkapı

Bummeln in Kumkapı

Ein wichtiger Hafen für die Fischer war Kumkapı schon vor 1500 Jahren, als es noch Kontoskali, »kurzer Anleger«, hieß. Der Name Kumkapı, auf Deutsch »Sandtor«, setzte sich erst richtig durch, als die meisten dort wohnenden Griechen und Armenier in den 1950er-Jahren das Viertel verließen. Heute zeugen nur noch die vielen griechisch-orthodoxen sowie armenisch-apostolischen Kirchen von der einstigen Bevölkerung.

Um den Orthodoxen entgegenzuwirken, ließ Sultan Mehmet II. Fatih 1461 das Armenische Patriarchat in Kumkapı für alle nicht griechisch-orthodoxen Christen errichten. Mit 60 000 Mitgliedern bildet die armenisch-apostolische Kirche heute als kleinste Gemeinschaft der Orientalisch-Orthodoxen Kirche eine der größten christlichen Gemeinden der Türkei. Die Patriarchatskirche Surp Asdvadzadzin mit einem auffälligen Glockenturm von 1870 liegt gleich gegenüber dem Patriarchat und ist der Heiligen Mutter Gottes geweiht. Rechts schließt sich die aufwendig restaurierte Kirche der »Kinder des Donners« (Surp Vortvots Vorodman) an. Der aus einer Kathedrale und zwei Kapellen bestehende Sakralbau wird seit 2011 wieder für Gottesdienste sowie als Kunst- und Kulturzentrum genutzt.

Heute wohnen nur noch wenige Armenier in Kumkapı. Auffällig sind besonders die verfallenden, einst prächtigen Bürgerhäuser mit den typischen Holzerkern, in denen jetzt viele Zuwanderer aus aller Welt leben. In den Kellern, Hinterhöfen und Wohnungen haben sich aufgrund der billigen Mieten zahlreiche kleine Betriebe angesiedelt. In den nächsten Jahren ist eine Sanierung des historischen Viertels geplant. Fischmarkt, Textil- und Lederbetriebe sollen umgesiedelt werden. Man kann nur hoffen, dass das Flair, das sich Kumkapı trotz Touristenströmen bewahrt hat, nicht verloren geht.

Infos und Adressen

SEHENSWÜRDIGKEITEN

Ermeni Patrikhanesi. Armenisches Patriarchat. Mo–Fr 10–16 Uhr (nur mit vorheriger Anmeldung), Sevgi Sok. 20, Kumkapı, Tel. 0212/517 09 70.

ESSEN UND TRINKEN

Doyuran. Kleines Lokal mit vier bis fünf täglich wechselnden Gerichten türkischer Hausmannskost. Mo–Sa 7–20 Uhr, Ördekli Bakkal Sok. 10, Kumkapı, Tel. 0212/458 26 37.
Ege. Eckrestaurant mit einer umfassenden Fisch- und Meeresfrüchteauswahl. Schöner Ausblick von der 1. Etage. Tgl. ab 11 Uhr, Çapariz Sok. 1, Kumkapı, Tel. 0212/458 38 73, www.egerestoran.com
Kör Agop. Seit den 1930er-Jahren, begleitet von der klassisch-osmanischen Musik serviert die Fischtaverne Fisch, *meze* und Fleischgerichte. Tgl. ab 11 Uhr, Ördekli Bakkal Sok. 7, Kumkapı Meydanı, Kumkapı, Tel. 0212/517 23 34.

ÜBERNACHTEN

Sayeban Hotel İstanbul. Kleines, schlichtes Hotel in einem Werkstätten-Viertel zwischen Sultanahmet und Kumkapı. Meerblick. Gedikpaşa Cad./Çadırcı Camii Sok. 25, Kadırga, Tel. 0212/517 30 30, www.sayebanhotel.com.tr

10 Hauptstraße Divan Yolu Caddesi
Von Sultanahmet nach Aksaray

Eine Straße vom historischen Zentrum gen Westen war als imposanter »Mittelweg« der Byzantiner die Kulisse triumphaler Kaiser-Prozessionen und als »Straße des Rates« der Weg von Sultanen und Großwesiren zum Palast. Heute ist die Divan Yolu Caddesi Hauptverkehrsstraße der Istanbuler Altstadt und präsentiert auf gut zwei Kilometern touristisches und einheimisches Leben, byzantinische und osmanische Monumente.

Schon in byzantinischer Zeit verlief die Mese, also »Mitte« genannte Prachtstraße vom öffentlichen Forum Augusteum bei den Kaiserpalästen bis zur Landmauer der Stadt im Westen. Bis ins elfte Jahrhundert diente die 25 Meter breite, mit Säulenhallen gerahmte Straße für imposante Einzüge des Kaisers und seiner Armee. Heute markieren die Plätze Çemberlitaş und Beyazıt die berühmtesten Foren, die sie durchquerte. Bei der Kreuzung des

Oben: Die Divan Yolu Caddesi wird von vielen Prachtbauten gesäumt.
Unten: Auch viele Snackbars finden sich für den kleinen Hunger.

MAL EHRLICH

TAXI FAHREN IN ISTANBUL!

Wenn Taxifahrer keine langen Umwege fahren, um den Preis in die Höhe zu treiben, kommt man mit dem Taxi außerhalb der Hauptverkehrszeiten recht günstig und schnell vorwärts. Zur Orientierung kann man die Kosten einer Fahrt im Voraus auf der Webseite www.taksiyle.com berechnen. Erscheint der Preis im Taxi zu hoch, unbedingt protestieren! Die meist vollgestopfte Altstadt und besonders die Divan Yolu Caddesi kann man zu Fuß oder mit der Tram jedoch besser erkunden.

Hauptstraße Divan Yolu Caddesi

Viertels Aksaray teilte sich die Mese und verlief nordwestlich bis zum jetzigen Tor Edirnekapı (s. S. 145), das auf die Römerstraße Richtung Adrianopel führte. Südwestlich endete der Straßenverlauf beim Goldenen Tor (s. S. 153), wo die Via Egnatia, die Straße nach Thrakien und Makedonien, begann.

Die Osmanen bauten die Straße aus, errichteten an ihren Seiten Moscheen und Türben (Mausoleen und Grabstätten) und gaben ihr angelehnt an den Ministerrat (Divan-ı Hümayun) den Namen Divan Yolu, den sie bis heute an ihrem Anfang trägt. Später benannte man zwei Teilabschnitte der Straße, die durch die wichtigsten Wohnviertel der Stadt verlief, um. Jetzt wird die ehemalige Prachtstraße von zahlreichen Geschäften für die Einheimischen, aber auch von vielen touristischen Einrichtungen gesäumt. In einigen der nördlich abgehenden Gassen haben sich außer touristischen Restaurants auch einige Lokale für die einheimischen Arbeiter und Studenten etabliert. Ein buntes und interessantes Gebiet, das sich zu erkunden lohnt.

Startpunkt der Mese

Ende der 1960er-Jahre entdeckte man nordwestlich des Sultanahmet-Parks die Überreste des Milliarium Aureum, dem monumentalen Triumphbogen am Forum Augusteum aus dem vierten Jahrhundert. Heute wie damals markiert das Monument, das den Byzantinern als Meilenstein diente, den Anfang der einstigen Prachtstraße. Zu sehen ist heute ein kurz nur »Milion« genannter Marmorblock. Als zentraler Punkt Konstantinopels diente das Milliarium Aureum als Ausgangspunkt für das Messen jeglicher Entfernung innerhalb des Reiches. Auffällig ist auch der sich dahinter erhebende Wasserturm von 1745, der mit seinem Brunnen die Wasserversorgung der Bevölkerung sicherstellte.

ENTSPANNT IN DER ZISTERNE

Dass die Binbirdirek-Zisterne nicht mit der geheimnisvollen Yerebatan-Zisterne (s. S. 58) vergleichbar ist, steht außer Frage. Der zweitgrößte unterirdische Wasserspeicher der Stadt kann jedoch für alle, die ein wenig besuchtes Plätzchen suchen, genau das Richtige sein. Die ursprüngliche Tiefe der »Zisterne der 1001 Säulen« aus dem vierten Jahrhundert ist nur noch in einem Becken erkennbar. Getragen wird das Ziegelgewölbe tatsächlich nur von 224 Säulen mit zweiteiligen Schäften und schönen Kapitellen. Zwischen dem 17. und 19. Jahrhundert wurde die Zisterne als Spinnerei genutzt, heute ist sie Eventlocation und tagsüber mit dem kleinen Café ein netter Ort, um sich zurückzuziehen, zu lesen oder um Postkarten zu schreiben.

Tarihi Binbirdirek Sarnıcı. Mo–So 9–20 Uhr (wenn keine Veranstaltungen stattfinden), Eintritt 10 TL (inkl. Getränk), İmran Öktem Cad. 4, Sultanahmet, Tel. 0212/518 10 01, www.binbirdirek.com

Kleine Moschee und Palastreste

Gute 100 Meter weiter auf der linken Seite der Divan Yolu Caddesi fällt die Firuz Ağa Camii auf. Die kleine Moschee mit einem Minarett wurde 1491 vom Schatzmeister Sultans Beyazit II., Firuz Ağa, gestiftet. In dem Parkgelände hinter der Moschee sind noch die Ruinen von zwei byzantinischen Palästen erkennbar. Die Grundmauern des Antiochos- und des Lausos-Palasts stammen aus dem fünften Jahrhundert.

Friedhof und Türben

Westlich trifft man nach etwa 400 Metern auf der rechten Straßenseite auf einen schönen osmanischen Friedhof und die Grabtürbe von Sultan Mahmud II. (1785–1839), die sein Sohn Abdülmecid I. (1823–1861) errichten ließ. Außer Mahmud II., der 1826 das Niedermetzeln der Janitscharen auf dem At Meydanı befahl, wurden in der oktogonalen Türbe auch sein Sohn Abdülaziz und sein Enkel Abdülhamid II. bestattet. Eindrucksvoller als die Türbe ist jedoch der Friedhof osmanischer Staatsmänner und Adliger mit kunstvoll verzierten Grabsteinen und Stelen und gemütlichem Teegarten.

Bibliothek

Auf der anderen Straßenseite fällt die von Bäumen umgebene Köprülü-Bibliothek auf, eine der ersten öffentlichen Bibliotheken der Stadt. Der albanischstämmige Großwesir Köprülü Fâzıl Ahmet Paşa ließ sie 1678 als einen der letzten Wünsche seines Vaters, dem Großwesir Köprülü Mehmet Paşa, errichten. Ein Stück weiter liegt die von der gleichen Familie gebaute Stiftung mit kleiner Moschee, einem blumenreichen Innenhof und der Türbe von Köprülü Mehmet Paşa. Hier kann man entspannen.

Das Pressemuseum

Gegenüber der Köprülü-Stiftung ist in einem stattlichen Wohnhaus aus dem 19. Jahrhundert das Pressemuseum (Basın Müzesi) untergebracht, das an die vielen Zeitungsredaktionen und Verlage erinnert, die in diesem Viertel ihren Sitz hatten. Das vom türkischen Journalistenverband gegründete Museum dokumentiert – leider nur auf Türkisch – das türkische Zeitungswesen seit dem 16. Jahrhundert. Die Sammlung umfasst alte Zeitungen, eine Kamera-Sammlung und eine große Lithografiemaschine von 1870.

Die Konstantins-Säule

Hinter der kreuzenden Verzirhan Caddesi eröffnet sich der Çemberlitaş Meydanı, auf dem eins der ältesten Monumente Istanbuls steht. Die im Jahr 330 aufgestellte Konstantins-Säule war mit einer Höhe von 50 Metern die Attraktion des konstantinischen Forums. Am von Säulenhallen gesäumten, mit großen Platten gepflasterten, runden Platz, der sowohl im Osten als auch im Westen durch imposante Torbauten erreichbar war, lagen Geschäfte, Kirchen und ein Senatsgebäude.

Die Säule setzte sich aus neun großen Porphyrtrommeln zusammen und trug auf dem Kapitell ein Standbild Konstantins des Großen als Sonnengott Helios. Ihr türkischer Name Çemberlitaş

Oben: Straße mit Blick auf das Mausoleum
Mitte: In einem Teil der Çorlulu Ali Paşa Medresesi werden Textilien verkauft.
Unten: Der osmanische Friedhof mit dem Mausoleum des Sultans Mahmud II.

(»umreifter Stein«) geht auf die sichernden Eisenringe zurück, die Sultan Abdülhamit I. 1779 anbringen ließ.

Weitere Türben und Moscheen

Am westlichen Ende des Platzes steht die im Jahr 1496 vom Großwesir Hadim Ali Paşa gestiftete Moschee Gazi Atikali Paşa Camii. Der Moscheekomplex besteht aus der im frühosmanischen Baustil errichteten Moschee, einer Medrese und der Grabtürbe. Durch die große Kuppel und den weiten Hauptraum zeugt sie bereits vom Gedanken des Einheitsraums wie bei den später errichteten Moscheen. Etwa 100 Meter weiter westlich lohnt der beschauliche Hof der 1593 errichteten Koca Sinan Paşa Medrese einen kurzen Besuch für einen Tee. Den Hof der zwischenzeitlich von Schuhhandwerkern genutzten Medrese betritt man durch das Tor, das zur Türbe des Großwesirs Koca Sinan Paşa führt. Von den abzweigenden Gassen auf der gegenüberliegenden Straßenseite mit der Medrese des Großwesirs Kara Mustafa Paşa, dem Oberbefehlshaber bei der zweiten Belagerung Wiens 1683, eröffnet sich ein schöner Blick zum Marmarameer.

Das Theodosius-Forum

An der Çorlulu Ali Paşa Medresesi vorbei erreicht man ein Stück weiter den Beyazıt-Platz (s. S. 114) mit der großen Beyazıt-Moschee, dem Kalligrafie-Museum und der Zentralbibliothek der Universität Istanbul. Auf Höhe der Bibliothek sieht man linker Hand die Säulenreste eines dreitorigen Triumphbogens des im Jahr 393 entstandenen Theodosius-Forums, dem ehemaligen Forum Tauri. Außergewöhnlich sind besonders die Säulenfragmente mit dem Muster der augenförmigen Flecken auf den Federn eines Pfauenschwanzes. Wie beim Konstantinischen Forum kennzeichnete eine große Eh-

Oben: Die Universität Istanbul ist eine der renommiertesten der Türkei.
Mitte: Die meisten osmanischen Brunnen sind nicht mehr in Betrieb.
Unten: Die Reinigungsbrunnen der Moscheen stehen meist in den Vorhöfen.

rensäule den Mittelpunkt des Forums. Nachdem die Säule im Jahr 1517 umstürzte, verbaute man einzelne Teile im Beyazıt Hamamı neben der Bibliothek. Einige freigelegte Reliefstücke im Hamam zeigen bewaffnete Soldaten.

Die Tulpenmoschee

Eine der interessantesten Moscheen im osmanischen Barockstil ist die Laleli Camii (türk. *lâle* = »Tulpe«) nach etwa 400 Metern auf der rechten Straßenseite. Die im Auftrag von Sultan Mustafa III. im 18. Jahrhundert hoch über der Ordu Caddesi erbaute Moschee konnte der Sultan über eine Rampe mit seinem Pferd erreichen. In den unterirdischen Galerien liegt heute ein Basar.

Aksaray und Yenikapı

Der Spaziergang entlang der Mese endet in Aksaray. An der großen Kreuzung, an der die Ordu Caddesi auf den Atatürk Bulvarı trifft und sich die Aksaray Valide Sultan Camii erhebt, kann man an der Haltestelle Aksaray die Tram zurück nach Sultanahmet nehmen. Aufgrund der verkehrstechnisch günstigen Lage hat sich Aksaray seit den 1970er-Jahren als Hotelviertel etabliert. Bekannt ist es auch wegen des lebhaften Marktes, der seit der Öffnung des Ostblocks fest in russischer Hand ist. Doch Aksaray ist auch negativ behaftet: Es gilt als Rotlichtbezirk und weist erhöhte Kleinkriminalität auf.

Möchte man ein bisschen Meeresluft schnuppern, folgt man dem Atatürk Bulvarı südlich zum Marmarameer. Dort entdeckten Archäologen beim Ausbau des Yenikapı-Bahnhofs im Jahr 2004 einen von Kaiser Theodosius I. (347–395) erbauten Hafen, alte Mauern und zahlreiche Schiffswracks. In dem Gebiet des antiken Hafens soll ein archäologischer Park entstehen.

Infos und Adressen

SEHENSWÜRDIGKEITEN

Basın Müzesi. Pressemuseum. Mo–Sa 9–18 Uhr, Eintritt frei, Divan Yolu Cad. 84, Çemberlitaş, Tel. 0212/513 84 58.

Beyazıt Hamamı. Bei Redaktionsschluss wegen Renovierung geschlossen. Ordu Caddesi, Beyazıt. Osmanischer Friedhof. Divan Yolu Caddesi/Ecke Bab-ı Ali Caddesi, Çemberlitas.

Die Ordu Caddesi, die Verlängerung der Divan Yolu

ESSEN UND TRINKEN

Çiğdem Pastanesi. Ein Paradies für Süßmäuler ist die kleine Patisserie mit einer großen Auswahl an frischen, auch herzhaften Backwaren, türkischen Süßspeisen wie *baklava* oder *lokum*, Obsttörtchen, Kuchen und vielem mehr. Tgl. 7–23 Uhr, Divan Yolu Cad. 62/a, Sultanahmet, Tel. 0212/526 88 59.

Karadeniz Aile Pide ve Kebap Salonu. Das einfache Lokal ist ideal für ein Mittagessen mit nettem Service und gutem Preis-Leistungs-Verhältnis. Serviert werden seit 1985 leckere *pide*, Grill- und Kebap-Gerichte. Tgl. 11–23 Uhr, Haci Tahsinbey Sok. 1, Sultanahmet, Tel. 0212/522 91 91, www.karadenizpide.net

Kenger Lokantası. Das kleine Lokal ist nicht nur für das Mittagessen der Einheimischen ideal, die in der Gegend arbeiten, sondern auch für alle, die leckere türkische Hausmannskost mögen. Kein Al-

kohol. Tgl.10–19 Uhr, Hoca Rüstem Sok. – Kader Han 9, Sultanahmet, Tel. 0212/526 51 71.

Khorasani. Ein Dorado für Fleischgerichte ist das Restaurant mit schönem Ambiente und leckeren auf dem Holzkohlegrill zubereiteten Grillgerichten, Steaks und verschiedenen Kebab-Arten. Empfehlenswert auch die *meze*. Tgl. 9–23.30 Uhr, Ticarethane Sok. 31/41, Sultanahmet, Tel. 0212/519 59 59, www.khorasanirestaurant.com

Mozaik. Trotz vieler Touristen verspricht das Restaurant in einem hübsch restaurierten und gemütlichen osmanischen Eckhaus und an den Tischen in der quirligen Fußgängerzone ein nettes Ambiente. Serviert werden türkische und internationale Gerichte. Tgl. 9–24 Uhr, İncili Çavuş Sok. 1, Sultanahmet, Tel. 0212/512 41 77, www.mozaikrestaurant.com

Pudding Shop. Offiziell heißt der legendäre Treffpunkt der Hippies aus den 1960er-Jahren »Lale Restaurant«. Heute suchen die Gäste in dem Schnellimbiss eher nach den »guten alten Zeiten«, als man sich hier traf, um eine Mitfahrgelegenheit nach Indien zu finden, anstatt nach feinem Essen. Tgl. 7–23 Uhr, Divan Yolu Cad. 6, Sultanahmet, Tel. 0212/522 29 70, www.puddingshop.com

Das »Kenger Lokantası« – ideal für ein Mittagessen

ÜBERNACHTEN

Crowne Plaza Istanbul – Old City. Eins der teureren und exklusiveren Hotels der Istanbuler Altstadt ist in einem stilvollen Gebäudekomplex aus dem Jahr 1922 untergebracht. Das auffällige 5-Sterne-Haus bietet 265 Zimmer und Suiten, Wellnessbereich und kleinen Innenpool. Ordu Cad. 226, Laleli, Tel. 0212/444 93 33, info@cpoldcity.com, www.cpoldcity.com

Double Tree by Hilton – Old Town. Das im Jahr 2010 eröffnete 5-Sterne Hotel erwartet seine Gäste mit 171 modern eingerichteten, geräumigen und schallisolierten Zimmern (teilweise mit Terrasse), einem hübschen Wellnessbereich mit türkischem Bad, Fitness-Center und freundlichem Service. Ordu Cad. 31, Beyazıt, Tel. 0212/453 58 00, www.hilton.de

Nena. Ruhig gelegenes, sauberes kleines Hotel mit türkischem Design, einer schönen Dachterrasse, einem vielseitigen Frühstücksbuffet und besonders hilfsbereitem Service. In allen Zimmern steht ein Wasserkocher mit Tee und Kaffee zur Verfügung. Gutes Preis-Leistungs-Verhältnis. Klodfarer Cad. 8/10, Sultanahmet, Tel. 0212/516 52 64, www.istanbulhotelnena.com

Sura Hotel Design & Suites. Das durchgestylte Hotel mit orientalischem Touch und 60 in vier Farbthemen unterteilten, elegant und modern ausgestatteten Zimmern liegt mitten in der Altstadt und ist trotzdem ruhig. Umfangreiches Frühstücksbuffet. Ticarethane Sok. 45, Sultanahmet, Tel. 0212/513 66 66, info@surahotels.com, www.surahotels.com

EINKAUFEN

Galeri Kayseri – English Bookshop. Ein umfangreiches Angebot englischsprachiger Bücher über Istanbul und die Türkei von der byzantinischen Zeit bis heute. Das Angebot der zwei gegenüberliegenden Geschäfte umfasst auch Kochbücher, Romane oder Bildbände. Tgl. 9–21 Uhr, Divan Yolu Cad. 11 und 58, Sultanahmet, Tel. 0212/516 33 66, www.galerikayseri.com

»Pudding Shop«: einst weltbekannter Hippie-Treff

Sasanna. Seit 2004 kreieren die beiden Designerinnen Hülya Çolik Papuççuoğlu und Elif Gönenç Camcıgil handgearbeitete, hochwertige Wohnaccessoires, Geschenkartikel und Schmuck, indem sie den osmanischen Stil mit der Moderne verbinden. Mo–Sa 9.30–18 Uhr, Piyer Loti Caddesi – Ayberk Apt. 3/1, Çemberlitaş, Tel. 0212/516 67 03, www.sasanna.net

VERANSTALTUNGEN

Istanbul Sufi Ensemble. Dreimal wöchentlich tritt das Istanbuler Sufi Ensemble in der Kızlarağası Medresesi (Writers Union of Turkey) auf und präsentiert bei einem einstündigen Auftritt das ekstatische Ritual der tanzenden Derwische. Di, Do, So 20 Uhr, Eintritt 50 TL, Hoca Rüstem Sok. 6, Sultanahmet, Tel. 0531/425 60 95 (mobil), istanbulsufiensemble@gmail.com

AKTIVITÄTEN

Çemberlitaş Hamamı. Das 1584 von Nurbanu Sultan, der Frau von Sultan Selim II., gestiftete und vom großen Baumeister Sinan erbaute Hamam fasziniert mit einem über 400 Jahre alten Marmorpodest und der ebenso alten Kuppel des Heißluftraums. Zum üblichen Hamam-Besuch (Self-Service 45 TL, inkl. Ganzkörper-Peeling und Schaummassage 69 TL) können Massagen hinzugebucht werden. Tgl. 6–23.30 Uhr, Vezirhan Cad. 8, Çemberlitaş, Tel. 0212/522 79 74, www.cemberlitashamami.com

11 Cağaloğlu-Hamam
Entspannen im türkischen Bad

Das altbewährte orientalische Dampfbad-Erlebnis liegt bei Istanbulbesuchern auch im 21. Jahrhundert noch total im Trend. Die jahrhundertealte Tradition verspricht nämlich nicht nur Erholung für den Körper, sondern auch für die Seele. Schwitzen auf dem heißen Marmor, kräftige Massagen, Wassergüsse und zum Abschluss ein Glas heißer çay sorgen für den absoluten Belebungseffekt.

Nach dem Grundsatz »Reinheit ist der halbe Glaube« müssen sich die Gläubigen vor dem Gebet waschen und vor dem Freitagsgebet ein Vollbad nehmen. Dabei geht es nicht nur um die äußerliche Reinigung, sondern auch um den symbolischen Akt der Reue. Und da früher nur die reichen Haushalte über ein eigenes Bad verfügten, waren die Hamams weit verbreitet. Istanbul zählte vor gut einem Jahrhundert rund 2500 Bäder. Heute sind nur noch etwa hundert in Betrieb.

Mit der Zunahme der modernen Bäder in den Haushalten hat auch die Funktion der Hamams als Nachbarschaftstreff abgenommen. Dort, wo Frauen einst auf Brautschau für ihre Söhne gingen oder die Zukunft ihrer Töchter sicherstellten, wickelten Männer wichtige Geschäfte ab – selbstverständlich getrennt voneinander. Heute sehnen sich vor allem Touristen das jahrhundertealte und erholsame Wohlfühlerlebnis in den prächtigen historischen Bädern herbei.

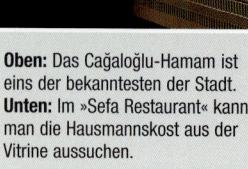

Oben: Das Cağaloğlu-Hamam ist eins der bekanntesten der Stadt.
Unten: Im »Sefa Restaurant« kann man die Hausmannskost aus der Vitrine aussuchen.

Das historische Cağaloğlu Hamamı

Eins der berühmtesten Bäder Istanbuls ist das im Jahr 1741 von Sultan Mahmud I. gestiftete

Cağaloğlu-Hamam

Cağaloğlu-Hamam. Mit der Kombination aus osmanischem Baustil und Barockelementen gilt es als das Schönste der Stadt und hat schon als Kulisse für Filme und Werbespots gedient. Bekannt wurde es aber insbesondere durch die prominenten Gäste wie dem englischen König Edward VIII., Kaiser Wilhelm I., Franz Liszt und Hollywood-Größen wie Tony Curtis. Obwohl die Meinungen aufgrund der unumgänglichen touristischen Atmosphäre und des leider oft recht zügigen Ablaufs auseinandergehen, lohnt das Hamam wegen seiner Architektur einen Besuch. Entscheidet man sich für eine Behandlung, macht man dem *tellak*, dem »Wäscher«, am besten schnell klar, dass man erst einmal in Ruhe ankommen möchte.

Die Prozedur

Männer tragen bei der gesamten Prozedur ihre Badehose oder das gestellte Baumwolltuch (*peştemal*) um die Hüfte. Frauen können unter dem Tuch ein Bikini-Höschen oder den Slip anbehalten.

Aufgeteilt ist das traditionelle Hamam in drei Räume: In den Umkleidekabinen rund um den Marmorbrunnen des Empfangsraums (*camekan*) schlüpft man in die Holzsandaletten (*galenci*) und in das Tuch. Weiter geht es im Vorbereitungsraum *soğukluk*), in dem die Haut durch die Luftfeuchtigkeit und die Wassergüsse geschmeidig wird. Danach ist man bereit für die Waschung im Hauptraum. Dort schafft das Licht, das durch die vielen kleinen Fenster der Kuppel in den Heißluftraum (*hararet*) scheint, eine wohlige Atmosphäre. Auf der beheizten Marmor-Plattform (*göbektaş*) in der Mitte lässt sich die angenehme Wärme genießen. Wer das »Schrubben« gebucht hat, wird eingeschäumt, mit dem Rubbelhandschuh (*kese*) von Kopf bis Fuß abgerieben und mit unterschiedlich temperierten Aufgüssen behandelt.

SEHENSWÜRDIGKEITEN
Cağaloğlu Hamamı. Tgl. 8–22 Uhr (Männer), 8–20 Uhr (Frauen), Selbstbedienung 30 €, Schrubben 35 €, Schrubben und Massage 50 € (Ein kleines Trinkgeld wird erwartet.), Prof. Kazım İsmail Gürkan Cad. 24 (Yerebatan Cad.), Cağaloğlu, Tel. 0212/522 24 24, www.cagaloglubamami.com.tr

ESSEN UND TRINKEN
Sefa Restaurant. Die türkische Hausmannskost wie bei Muttern ist vor allem bei den einheimischen Arbeitnehmern der Umgebung beliebt. Wer viel probieren möchte, bestellt einen gemischten Teller (*karişik*) oder viele kleine Portionen (*az*). Tgl. 7–17 Uhr, Nuruosmaniye Cad. 17, Cağaloğlu, Tel. 0212/520 06 70, sefa@sefarestaurant.com.tr, www.sefarestaurant.com.tr

ÜBERNACHTEN
Kybele Hotel. Im türkisfarbenen Altstadthaus mit 16 Zimmern voller Antiquitäten, engen Treppen und einzigartiger Atmosphäre hat der ehemalige Teppichhändler Mike Akbayrak nicht nur über 4000 bunte Lampen, sondern viele kleine Schätze untergebracht. Yerebatan Cad. 35, Sultanahmet, Tel. 0212/511 77 66, www.kybelehotel.com

EINKAUFEN
Çınar Halı. In der Teppich-Galerie findet man eine umfassende Auswahl an traditionellen und modernen Teppichen, Kilims und Kissen aus Wolle und Seide. Tgl. 9–19 Uhr, Nuruosmaniye Cad. 83, Cağaloğlu, Tel. 0212/513 83 17, info@cinarhali.com.tr www.cinarhali.com.tr

SIRKECI BIS SÜLEYMANIYE

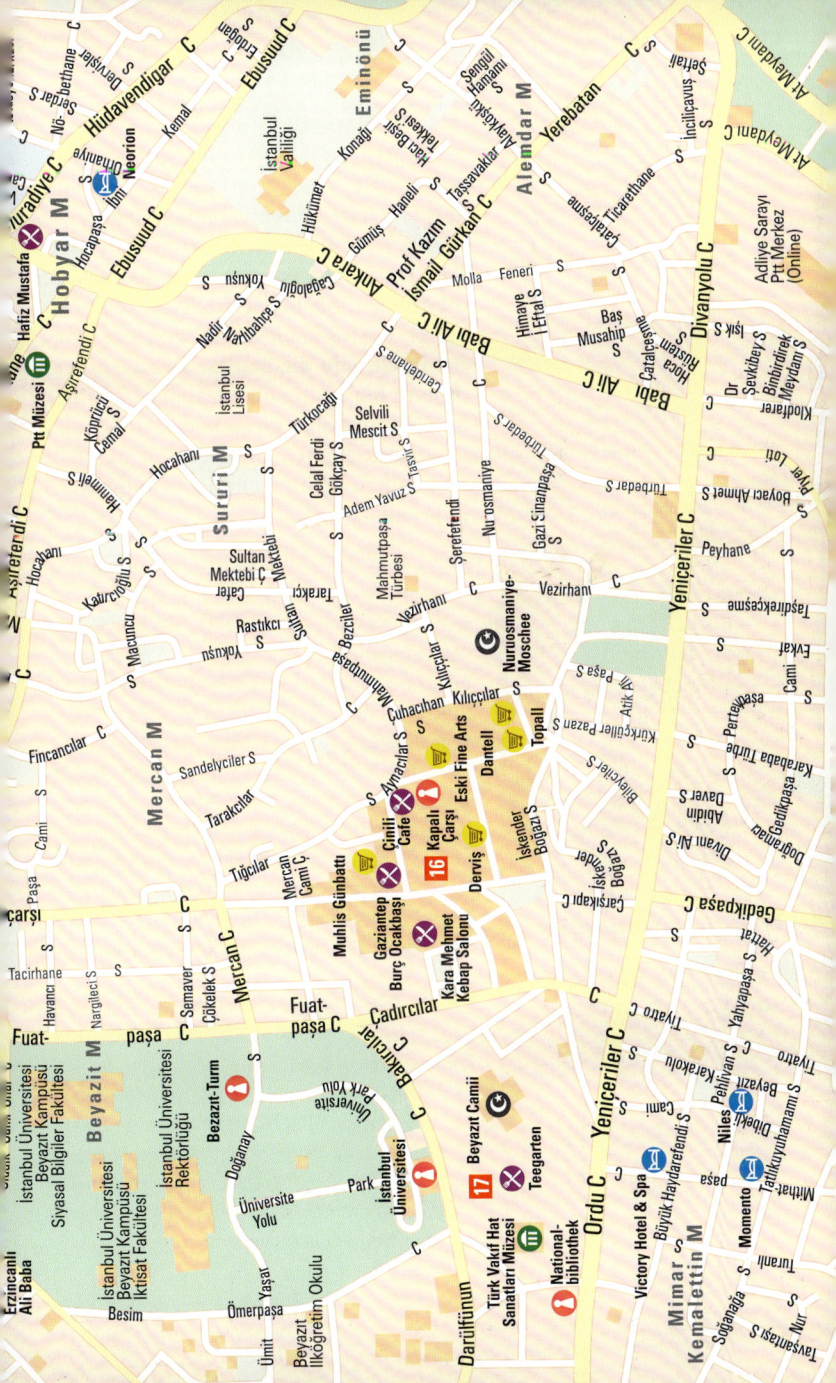

12 Galata-Brücke
Zwischen Orient und Okzident

Seit fast 170 Jahren verbinden immer wieder neu errichtete Brücken die historische Landzunge Istanbuls mit den neueren Stadtteilen. Als Flaniermeile, Aussichtspunkt, Gastronomie-Dschungel und eine Art Basar wird die heutige Galata-Brücke (Galata Köprüsü) von unzähligen Touristen besucht und überquert. Einige sind froh, die Brücke schnell mit der Tram zu passieren, andere verbringen hier Stunden oder sogar ganze Tage.

Die zweistöckige Galata-Brücke überspannt das Goldene Horn und wird von jedem Touristen passiert, der Istanbul auch über das historische Zentrum hinaus erforschen will. Etwa zehn Minuten braucht man zu Fuß über die 484 Meter lange Brücke von Eminönü nach Karaköy (s. S. 168). Schneller geht es mit der Tram, länger braucht man oft mit dem Auto – vor allem in der Hauptverkehrszeit. Wer das Leben auf der Brücke erleben will, geht zu Fuß, macht ab und zu einen Halt und schlängelt sich vorbei an den dicht an dicht stehenden Anglern, die durch ihre schwungvoll ins Wasser geworfenen Angelschnüre die Touristen hier und da zu einem kleinen Slalom zwingen.

Die Menschen auf der Galata-Brücke sind fasziniert von dem Blick auf die asiatische Seite, der Sonnenuntergang hinter den Moscheen der sieben Altstadt-Hügel und der Ruf des Muezzins von der Yeni Camii (s. S. 102) mit den sie umkreisenden Möwen. Zu dieser Zeit zieht es Besucher auch vorbei an den Ramschläden im kleinen Tunnel auf das Unterdeck mit den durch Leuchtreklamen und von Kellnern lautstark angepriesenen Cafés und Restaurants.

Seite 92/93: Blick vom Galata-Turm auf die Galata Brücke und die Yeni Moschee
Oben: Eine Kostprobe wert: die Fischbrötchen (*balık ekmek*)
Unten: Die Galata-Brücke ist beliebter Angler-Treff.

Da Vinci und Michelangelo

Schon während der Wende vom 15. ins 16. Jahrhundert sprach sich bis ins ferne Florenz herum, dass Sultan Beyazıt II. (1447–1512) eine Brücke über den etwa 500 Meter weiten Meeresarm plante. 1502 griff der geniale Techniker Leonardo da Vinci zu Stift und Papier und skizzierte eine Brücke, von der man bis heute nicht weiß, ob sie der Sultan für nicht realisierbar hielt oder ob die Pläne einfach nie ankamen. Jedenfalls versuchte Beyazıt II., einen anderen florentinischen Baumeister für den Bau zu engagieren. Aber Michelangelo Buonarroti hatte religiöse Vorbehalte und schlug das Angebot aus.

Beliebteste Brücke der Stadt

Fast 350 Jahre später weckte der nördliche, modernere Teil der Stadt das Interesse des jugendlichen Sultans Abdülmecid I. (1823–1861). Er ließ am Bosporus den Dolmabahçe-Palast und 1845 die erste Ponton-Holzbrücke errichten. Trotz des Auszugs aus dem Topkapı-Palast konnte er durch diese Brücke den Kontakt zum Volk, das größtenteils auf der Altstadt-Halbinsel wohnen blieb, aufrechterhalten. Doch erforderte der ansteigende Verkehr schon 1863 eine neue Brücke, die ihrerseits nur zwölf Jahre später einer Stahlbrücke weichen musste. Die in vielen literarischen Werken erwähnte Lieblingsbrücke der Istanbuler war jedoch die vierte Ponton-Brücke der deutschen MAN AG von 1912. Mit einer Breite von 42 Metern, nächtlicher Beleuchtung und drei getrennten Fahrbahnen für Autos und die Tram war sie Ausdruck der Moderne, aber auch Treffpunkt von Künstlern und Scharlatanen und bald bei vielen Besuchern sehr beliebt. Dass die Brücke dem Verkehr erneut nicht gerecht wurde, erkannte man Ende des 20. Jahrhunderts. 1992 wurde eine Klappbrücke gebaut. Heute verbindet sie die zwei wichtigen Teile der Stadt.

13 Rund um den Bahnhof Sirkeci
Treffpunkt von Ost und West

Früher war der orientalisch anmutende Sirkeci-Bahnhof die Endstation des legendären Orient Express. Heute herrscht in der Gegend bis nach Eminönü den ganzen Tag geschäftiges Treiben. Im alten Geschäftsviertel bilden Touristen, Einheimische und Geschäftsmänner aus aller Welt eine bunte Mischung. Von den alten Zeiten zeugen zwischen Geschäften, Hotels, Zuckerbäckern und Fressbuden drei eintrittsfreie Museen.

Nachdem der berühmte Orient Express Ende des 19. Jahrhunderts zum ersten Mal im Sirkeci Garı einlief, wurde das Bahnhofsviertel immer bedeutsamer. Im wichtigsten Geschäftsbezirk der Stadt wurde zunächst die Hauptpost und dann in der ersten Hälfte des 20. Jahrhunderts die erste Bank der Türkei gegründet. Ein Bummel lohnt westlich des Bahnhofs in den Straßen mit Geschäften für den alltäglichen Bedarf der Einheimischen, kleinen Werkstätten, Süßwarenläden und einfachen Lokalen für den Mittagstisch der Geschäftsleute und Arbeiter.

Der Bahnhof Sirkeci

Als die Bahnverbindung Richtung Europa im 19. Jahrhundert zunehmend wichtiger wurde, baute man die Bahnstrecke von Yenikapı nach Westen aus. Damit das wichtige Viertel am Ausgang des Goldenen Horns und somit die Stadtteile auf der gegenüberliegenden Seite der Stadt besser erreicht werden konnten, erlaubte Sultan Abdülaziz (1830–1876) im Jahr 1872, einige Abschnitte

Oben: Das Istanbuler Hauptpostamt wurde 1909 errichtet.
Unten: In der Hoca Paşa Sokak laden kleine Lokale zum Verweilen ein.

der Palastgärten und der Stadtmauer abzureißen und die Gleise bis ins Viertel Sirkeci zu erweitern. Die Grundsteinlegung für den Sirkeci Garı erfolgte am 11. Februar 1888. Denn Sultan Abdülhamid II. (1842–1918) hatte den deutschen Architekten und Ingenieur August Jasmund beauftragt, den provisorischen Bahnhof auszutauschen.

Als Treffpunkt von West und Ost sollte der Kopfbahnhof orientalische und westliche Elemente vereinigen, die man heute noch an der Nordseite erkennen kann. Als besonders modern galt der Bahnhof aufgrund der Kachelöfen aus Österreich in den Wartesälen und der Beleuchtung durch 300 Gaslaternen. Die Restaurants und die damals bis zum Meer verlaufenden Terrassen waren in den 1950er- und 1960er-Jahren Treffpunkt von Journalisten, Schriftstellern, Dolmetschern und Adeligen.

Der Orient Express

Berühmtheit erlangte Sirkeci aber besonders wegen des Luxuszugs aus Schlaf- und Speisewagen, der über 100 Jahre lang auf einer dreitägigen Reise Paris mit Deutschland, Österreich, Ungarn, Rumänien und Bulgarien verband und in Istanbul endete. Während seiner ruhmvollen Tage beförderte der Orient Express Könige, europäischen Hochadel, Staatsmänner, indische Maharadschas, Industrielle, Bankiers und Künstler. Der in der Literatur oft als »Zug der Könige« bezeichnete Langstreckenzug diente auch vielen Romanen und Filmen als Kulisse, wie z.B. Agatha Christies Kriminalroman *Mord im Orient Express*.

Das Zug-Museum

Eine kleine nostalgische Reise kann man im Einraummuseum der Türkischen Staatsbahn (TCDD) auf der Nordseite machen. Über 300 Exponate er-

zählen von der türkischen Zuggeschichte. Schon von außen fällt ein großer beige-roter Triebwagen aus dem Jahr 1955 auf. Zu den Ausstellungsstücken zählen auch Silberbesteck und Geschirr aus dem Orient Express, ein Kachelofen von 1890 und eine Bahnhofsuhr aus dem Sirkeci-Bahnhof, alte Schreibmaschinen, Telefone und Warnschilder.

İş-Bank-Museum

Schräg gegenüber dem jetzigen Haupteingang des Bahnhofs führt die Hamidiye Caddesi auf die »Bankiersstraße« (Bankalar Caddesi). Linker Hand ist in einem denkmalgeschützten Gebäude das Museum der 1924 gegründeten İş Bank, der ersten Bank der Türkei, untergebracht. Das moderne Museum thematisiert die Geschichte der Bank und der türkischen Wirtschaft (vieles nur auf Türkisch). Ausgestellt werden Dokumente, Fotos und Werbematerial, Spardosen, Schreib- und Zählmaschinen, alte Schalter und im Keller der große Banktresor.

Post-Museum

Auf der parallel liegenden Büyük Postane Caddesi, der »Hauptpost-Straße«, wird in der alten Hauptpost die Geschichte der osmanischen und türkischen Post präsentiert. Mit Exponaten aus dem 19. und 20. Jahrhundert gliedert sich das Museum auf drei Etagen in die Bereiche Post, Briefmarken, Telegrafen und Telefon.

Oben: Der Bahnhof Sirkeci ist bis heute wichtiger Kopfbahnhof.
Mitte: Kostenlos ist der Besuch im Zug-Museum.
Unten: Trotz türkischer Beschriftungen ist das Bank-Museum einen Besuch wert.

Infos und Adressen

SEHENSWÜRDIGKEITEN

Türkiye İş Bankası Müzesi. İş-Bank-Museum.
Di–So 10–18 Uhr, Eintritt frei, Bankacılar Cad. 2,
Eminönü, Tel. 0212/511 13 31,
www.muze.isbank.com.tr

Ptt Müzesi. Post-Museum. Mo–Fr 9–17 Uhr, Eintritt frei (Personalausweis als Pfand), Büyük Postane Cad. 1/25, Sirkeci, Tel. 0212/520 90 37.

İstanbul Demiryolu Müzesi. Zug-Museum. Di–Sa
9–12.30 und 13–17 Uhr, Eintritt frei, Sirkeci-Bahnhof, Sirkeci, Tel. 0212/520 65 75.

ESSEN UND TRINKEN

Hafiz Mustafa. Seit 1864 werden in der viel besuchten Konditorci unzählige leckere türkische
Süßigkeiten, Süßspeisen und Torten serviert. Tgl.
ab 9 Uhr, Muradiye Cad. 51, Sirkeci,
Tel. 0212/527 66 54, www.hafizmustafa.com

Kral Kokoreç. *Kokoreç*, ein gern gegessenes türkisches Fast-Food-Gericht, ist ein würzig gegrillter
Spieß aus Lammdärmen, den Mutige in dem
bekannten Imbiss probieren können. Tagsüber
geöffnet, Büyük Postane Cad. 54, Sirkeci,
Tel. 0212/513 64 93.

Riesige Auswahl für Süßmäuler bei »Hafiz Mustafa«

ÜBERNACHTEN

Neorion. Eines der beliebtesten Hotels des Viertels
greift in der Einrichtung die verschiedenen Kulturen Istanbuls auf. Das moderne Hotel mit persönlichem Charme bietet auch ein Hamam, ein kleines
Hallenbad, Sauna und Whirlpool. Orhaniye Cad. 14,
Sirkeci, Tel. 0212/527 90 90,
www.neorionhotel.com

EINKAUFEN

Ali Muhiddin Hacı Bekir. Die Zuckerbäckerei ist
seit über 200 Jahren ein Familienbetrieb und der
beste Ort der Stadt, um verschiedene Sorten des
Geleekonfekts *lokum* zu kaufen. Tgl. 8–20 Uhr,
Hamidiye Cad. 83, Eminönü, Tel. 0212/522 06 66,
www.hacibekir.com.tr

AKTIVITÄTEN

Tanzende Derwische. In der alten Eingangshalle
des Bahnhofs wird viermal die Woche der rituelle
Derwisch-Tanz *sema* vorgeführt. Mi–Fr und So
19.30 Uhr, Eintritt 40 TL, Kinder 30 TL, Sirkeci-
Bahnhof, Sirkeci, Tel. 0541/271 30 84 (mobil).

INFORMATION

Sirkeci Turizm Danışma (Touristen-Information).
Tgl. 10–18 Uhr, Sirkeci-Bahnhof (links des Haupteingangs), Sirkeci, Tel. 0212/511 58 88.

Zuckerbäckerei: »Ali Muhiddin Hacı Bekir«

14 Yeni-Valide-Moschee
Moschee der neuen Sultansmutter

Seit dem 17. Jahrhundert beherrscht der markante Kuppelbau der Yeni-Valide-Moschee, die kurz nur Yeni Camii (»Neue Moschee«) genannt wird, auf Höhe der Galata-Brücke das südliche Ufer des Goldenen Horns. Mit 66 pyramidenförmig angelegten, unterschiedlich großen Kuppeln faszinierte die Moschee nahe des Ägyptischen Basars gleich nach ihrer langwierigen Errichtung Reisende aus aller Welt.

Das Viertel Eminönü ist nicht nur als Abfahrtshafen vieler Fähren und der beliebten Bosporus-Touren (s. S. 190) bekannt, sondern zeigt sich mit der markanten Yeni Camii auch auf zahllosen Istanbul-Fotos. Die von Safiye Sultan, der Mutter Sultan Mehmets III. (1566–1603), gestiftete Moschee ist jedoch nicht nur von außen fotogen. In ihrem Inneren begeistert sie mit kostbarem Fliesenschmuck.

Stückweise Erbauung

Als Sultan Mehmet III. 1595 den Thron übernahm, regierte er gemeinsam mit seiner Mutter Safiye Sultan (1550–1605), die als eine der einflussreichsten Sultansmütter des Osmanischen Reiches galt. Da sie ihre Moschee am Ufer des Goldenen Horns errichten lassen wollte, ergaben sich schon bei der Umsiedelung der dort lebenden jüdischen Bevölkerung Probleme. Erst 1597 begann Davut Ağa, Schüler des Baumeisters Sinan, mit dem Bau der Moschee, der von weiteren Hindernissen geprägt sein sollte. Der an der Pest erkrankte Architekt hatte mit dem hohen Grundwasserspiegel zu kämpfen und schaffte es bis zu seinem Tod im

Die Minarette der Yeni-Valide-Moschee erheben sich in 52 Meter Höhe.

Yeni-Valide-Moschee

Jahr 1599 nicht einmal, das Fundament zu erbauen. Erst sein Bruder Dalgıç Ahmet Ağa, der die Aufgabe übernommen hatte, fand eine Lösung. Durch Pfeiler und Brücken konnte der »Taucher« *(dalgıç)* das Wasserstandsproblem überwinden und erhielt daher auch seinen Beinamen. Als Sultan Mehmet III. im Jahr 1603 verstarb, stoppte sein Nachfolger Sultan Ahmet I. (1590–1617) den Bau der zu dieser Zeit nur bis zum Erdgeschoss errichteten Moschee, da er das Geld für seine eigene Moschee brauchte. Vollendet wurde die Yeni Camii schließlich 60 Jahre später durch den Architekten Mustafa Ağa, der im Jahr 1660 von Turhan Hadice, der Mutter Mehmets IV. (1642–1693), beauftragt wurde. So entstand auch der eigenartige Name: »Moschee der neuen Sultansmutter«. Mustafa Ağa nutzte die ersten Baupläne und ließ Steine von der Insel Rhodos anliefern.

Äußere und Innere der Moschee

Das Äußere der Yeni Camii prägen vor allem die zahlreichen Kuppeln. Rund um die 36 Meter hohe Hauptkuppel sind vier Türmchen und viele kleine Kuppeln angeordnet. 24 Kuppeln bekrönen auch die Arkaden um den Hof, dessen Mittelpunkt der kunstvolle achteckige Reinigungsbrunnen markiert. Da der Brunnen nur noch der Zierde dient, reinigen sich die Gläubigen heute an den Brunnen außerhalb der Moschee-Mauern.

Vier massive Pfeiler stützen im 41 mal 41 Meter großen Gebetsraum die Hauptkuppel mit einem Durchmesser von 17,5 Metern. In den Pendentifs zwischen Kuppel und Pfeiler wurden Kalligrafieplatten mit den Namen der vier Kalifen Abu Bakr, Umar, Uthman und Ali eingesetzt. Besonders begeistern aber die blumengemusterten roten, blauen, türkisfarbenen und weißen Iznik-Fliesen, die Wände und Pfeiler zieren.

Infos und Adressen

ESSEN UND TRINKEN

Borsa. Das Selbstbedienungslokal wurde schon 1927 gegründet, hat mittlerweile drei Filialen und ist ideal für ein günstiges schnelles Mittagessen. Beliebt sind sowohl türkische Hausmannskost wie Bohnen und Reis als auch Fleischgerichte wie Kebab oder Döner. Tgl. 10–24 Uhr, Yalıköşkü Cad. 60–62, Eminönü, Tel. 0212/511 80 79, www.borsaselfservis.com

Brew Coffee Works. Wer nach mitteleuropäischen Kaffeespezialitäten sucht und mal einen Kakao oder anstelle eines *çay* einen Rooibostee trinken möchte, wird in dem modernen Café neben dem großen »Legacy Ottoman Hotel« fündig. Tgl. 8.30–20.30 Uhr, Hamidiye Cad. 64, Sirkeci, Tel. 0212/512 19 86, www.brewcoffeeworks.com

Hamdi. Das von vielen Touristengruppen besuchte Restaurant auf fünf Etagen bietet einen fantastischen Blick über die Yeni Camii und die Galata-Brücke bis zum Bosporus. Serviert werden leckere *meze* und viele Fleischgerichte, darunter auch diverse Kebab-Sorten vom Holzkohle-Grill. Reservierung empfehlenswert. Tgl. 12–1 Uhr, Kalçın Sok. 17, Eminönü, Tel. 0212/528 03 90, www.hamdi.com.tr

ÜBERNACHTEN

Legacy Ottoman. Das alteingesessene 5-Sterne-Hotel in einem historischen Gebäude mit stilvollem Ambiente hat einen kleinen Spa- und Poolbereich und 157 komfortable Zimmer. Hamidiye Cad. 64, Sirkeci, Tel. 0212/527 67 67, www.legacyottomanhotel.com

15 Ägyptischer Basar
Ein Hauch von Orient

Obwohl die Händler längst nicht mehr nur Gewürze anbieten, breitet sich im Ägyptischen Basar (Mısır Çarşısı) ein Meer von dekorativ arrangierten Gewürzbergen in knalligen Farben aus. Die Luft ist erfüllt von den Düften des Orients und Händler begrüßen Besucher laut in jeglichen Sprachen. Ähnlich ist das bunte Treiben rund um den Basar – nur, dass dort auch Einheimische kaufen. Ein Ort der Ruhe ist die kleine Rüstem-Paşa-Moschee.

Auf dem alten Marktplatz, der bereits in byzantinischer Zeit Venezianern und Genuesen für den Verkauf von Gewürzen und Parfüm und in frühosmanischer Zeit für das Feilbieten von Gewürzen und Stoffen diente, hat 1664 der Architekt Mustafa Ağa die große L-förmige Markthalle des Ägyptischen Basars errichtet. Gebaut ist die Halle mit zwei überdeckten Basar-Straßen im klassischen osmanischen Stil, gekrönt von zahlreichen Kuppeln. Als Gebetsplatz, an dem jeden Morgen ein Geistlicher das Gebet für die Händler vorlas, diente die Kreuzung der beiden Straßen. Den Namen *mısır* (»ägyptisch«) erhielt der Basar, der Teil des Stiftungskomplexes der Yeni Valide Camii war, aufgrund der überwiegend aus Ägypten stammenden Waren, die dort verkauft wurden.

Ein Fest für die Sinne

Auch wenn sich zwischen den Gewürzständen einzelne Händler mit typischen Souvenirs, Tüchern und Schmuck, Haushalts- und Keramikwaren angesiedelt haben, dominieren im Ägyptischen Basar die duftenden Gewürze und viele andere kulinarische Köstlichkeiten. In den meisten der fast hun-

Oben: Im Ägyptischen Basar ist immer viel los.
Unten: In den Geschäften des Ägyptischen Basars findet man jegliches Gewürz.

dert Geschäfte werden ein riesiges Sortiment gemahlener und ganzer Gewürze, etwa Safran, Zimt, Nelkenpfeffer oder Muskat sowie diverse orientalische Gewürzmischungen angeboten.

Die farbenfrohen Produktpaletten bergen außerdem die unterschiedlichsten Teesorten wie den türkischen schwarzen Tee, Rosen- und Granatapfel-Tee, türkischen Mokka (s. Autorentipp), Messing- und verzinnte Kupferkännchen für dessen Zubereitung und allerlei Kräuter und Nüsse. Feste Bestandteile sind auch getrocknete Obstsorten und abgepackte türkische Süßigkeiten wie das Geleekonfekt *lokum* oder verschiedene Sorten der Süßspeise *helva*. Weitere kulinarische Köstlichkeiten sind Käse- und Wurstsorten oder die sauer eingelegten Gemüsesorten im Glas *(turşu)*.

Noch mehr Basar

Nicht nur innerhalb der Markthallen finden Besucher zahlreiche Geschäfte, sondern auch im Gassengewirr der Basar-Viertel drumherum. Die Marktstände und winzigen vollgestopften Geschäfte, die mit ihren Waren größtenteils die Bedürfnisse der Einheimischen decken, lohnen für Touristen zumindest einen Bummel abseits des Mainstreams. Angeboten werden Lebensmittel, Haushaltswaren und vieles mehr.

Östlich des Basars schließt sich zum Beispiel der nicht nur für Gartenfreunde interessante Blumenmarkt an. Auf der Tahmis Sokak westlich des Basars kaufen Einheimische an den Ständen vorwiegend Gemüse, Fisch und Fleisch. Töpfe, Pfannen und andere Dinge für den täglichen Gebrauch findet man in den kleinen skurrilen Läden in den abzweigenden Gassen und auf der Hasırcılar Caddesi. Auf billige Kleider, Stoffe, diverse China-Importe und auffällig viel Unterwäsche

AUTORENTIPP!

TÜRKISCHER MOKKA ZUM MITNEHMEN

Ein recht unscheinbarer Eckladen am Anfang der Tahmis Sokak beherbergt die bekannteste Kaffeerösterei der Stadt. Im kleinen Traditionsgeschäft »Kurukahveci Mehmet Efendi« wird der heißgeliebte Kaffee der Istanbuler zum Selbstaufbrühen in hellbraunem Packpapier abgepackt und verkauft. Die Geheimnisse, Erfahrungen und Kenntnisse der perfekten Kaffeebohnen-Röstung werden in dem Familienbetrieb mittlerweile in der dritten Generation von Vater zu Sohn weitergegeben. Gegründet wurde die Rösterei im Jahr 1871 von Mehmet Efendi, dessen Vater in seinem Laden ursprünglich Gewürze und unreife grüne Kaffeebohnen verkaufte. Wer den aromatischen Kaffee etwas länger genießen möchte, kauft das Kaffeepulver am besten in einer der aromadichten 250- oder 500-Gramm-Dosen.

Kurukahveci Mehmet Efendi.
Mo–Sa 8–19 Uhr, Tahmis Sok. 66,
Eminönü, Tel. 0212/511 42 62,
www.mehmetefendi.com

kann man sich in den Läden der großen Uzun Çarşı Caddesi freuen, die hinauf zum Großen Basar (s. S. 108) führt.

Rüstem Paşa Camii

Bevor man sich auf den Weg zum Großen Basar macht, sollte man noch einen Abstecher zur atmosphärischen Rüstem Paşa Camii an der Hasırcılar Caddesi westlich des Ägyptischen Basars machen. Man erreicht die Moschee über Stufen, die aus den geschäftigen Gassen auf eine ruhige Terrasse oberhalb der Unterbauten mit Geschäften hinaufführen. Rüstem Paşa, Großwesir und Schwiegersohn von Süleyman dem Prächtigen, ließ die Moschee 1561 vom Hofarchitekten Sinan erbauen.

Nach dem Tod des Stifters im selben Jahr übernahm seine Frau Mihrimah die Aufsicht und gab den einzigartigen Fliesenschmuck mit stilisierten Blüten und Rosetten, Amphoren mit Blumensträußen und geometrischen Mustern, der bis heute in der Vorhalle und an Wänden und Pfeilern des Gebetsraums die Besucher begeistert, in Auftrag.

Oben: Neben Gewürzen findet man im Basar auch viele türkische Käsesorten.
Unten: Die Außenwand der Rüstem-Paşa-Moschee wird von Iznik-Fliesen geschmückt.

Infos und Adressen

SEHENSWÜRDIGKEITEN

Mısır Çarşısı (Ägyptischer Basar). Mo–Sa 9–19 Uhr, Eminönü Meydanı (südwestlich der Yeni-Moschee), Eminönü.
Rüstem Paşa Camii. Rüstem-Paşa-Moschee. Hasırcılar Caddesi, Eminönü.

ESSEN UND TRINKEN

Lezzet-i Şark. Eine gute Wahl für ein günstiges Mittagessen mit traditionellen Gerichten wie die mit Hackfleisch gefüllten Bulgur-Bällchen (*içli köfte*), den scharfen in dünnes Fladenbrot gerollten Hackfleischspieß *(adana kebap dürüm)* und zum Nachtisch die Spezialität *künefe*. Tagsüber geöffnet, Hasırcılar Cad. 52, Eminönü, Tel. 02 12/514 27 63.
Pandeli. Seit 1956 werden im bereits 1901 gegründeten, fliesengeschmückten Restaurant vom griechischen Koch Pandeli altosmanische und türkische Gerichte im höheren Preissegment serviert, die schon Staatsmänner und Hollywoodgrößen genossen haben. Tgl. 11.30–19 Uhr, Mısır Çarşısı İçi 1 (erste Etage über dem Basar-Eingang), Eminönü, Tel. 0212/527 39 09, www.pandeli.com.tr
Virginia Angus. Ein bisschen Abwechslung zur türkischen Küche mit einer großen Auswahl an Fleischgerichten und Burgern in verschiedenen Größen. Tgl. 11–21 Uhr, Uzun Çarşı Cad. 212, Eminönü, Tel. 0212/528 38 08, www.virginiaangus.com.tr

Im »Pandeli« isst man schon seit über 50 Jahren.

EINKAUFEN

Arifoğlu. Obwohl die Gewürzhändler recht ähnliche Produkte anbieten, ist dieser Laden mit acht weiteren Filialen einer der beliebtesten der Istanbuler. Geführt werden qualitative Gewürze und Kräuter, aber auch Honig und Kosmetika. Mo–Sa 9–19 Uhr Mısır Çarşısı İçi 31, Eminönü, Tel. 0212/522 66 12, www.arifoglu.com
Has-Er. Der Kurzwarenhändler veräußert ein riesiges Sortiment an Zwirnen und Garnen, Bändern, Knöpfen, Reißverschlüssen, textilen Bordüren und vielem mehr. Mo–Sa 9–19 Uhr, Uzun Çarşı Cad./ Ecke Vasıfçınar Cad. 104/256, Eminönü, Tel. 0212/527 57 67, www.hasertuhafiye.com
Sufi Art. Hübsche Keramik-, Kupfer- und Messingwaren, Silberschmuck und Textilien füllen hier seit 1989 das Sortiment. Mo–Sa 9–19 Uhr. Mısır Çarşısı İçi 45, Eminönü, Tel. 0212/527 44 37, www.sufiart.net

Ein Paradies für Kurzwaren: das »Has-Er«

16 Großer Basar
Das älteste Einkaufszentrum der Stadt

Wer gerne in Ruhe und zielstrebig einkaufen geht und sich ungern von Verkäufern beschwatzen lässt, kann inmitten des unüberschaubaren Warenangebots schnell an seine Grenzen stoßen. Dennoch zieht es alltäglich etwa eine halbe Million Menschen in das Gassengewirr des Großen Basars (Kapalı Çarşı), nicht nur, um stundenlang im Rausch des Stöberns, Handelns und Kaufens zu versinken, sondern auch nur kurz, um etwas Basarluft zu schnuppern.

Für alle, die auf der Jagd nach Andenken und Mitbringseln, Kitsch und Kulturgütern sind, nach den besten und günstigsten Schnäppchen suchen oder einfach nur ihr Handelstalent testen wollen, gleichen die orientalischen Markthallen einem Schlaraffenland. Der größte und älteste Basar Istanbuls, dessen Dächer zuletzt als Kulisse für den oscarprämierten James-Bond-Film *Skyfall* dienten,

Oben: Nur selten ist auf den Straßen des Großen Basars wenig los.
Unten: Besonders beliebt: Lampen im orientalischen Stil

MAL EHRLICH

RICHTIG FEILSCHEN

Gewiss darf und soll man mit den Händlern auf dem Basar feilschen. Wer es noch nie gemacht hat, lernt es spätestens hier. Denn ohne Handeln zahlt man oft hohe Preise. Generell gilt, dass man beim Feilschen immer freundlich bleiben sollte. Männern wird oft ein besserer Preis gemacht. Einigt man sich, geht der Händler davon aus, dass der Kunde die Ware auch kaufen will. Dann erst weiterzuziehen, um den Preis mit Produkten in anderen Geschäften zu vergleichen, gilt als unhöflich.

Großer Basar

heißt eigentlich »Gedeckter Basar« (Kapalı Çarşı) und wirkt mit seinen 61 Straßen und Gassen auf über 31 000 Quadratmetern wie eine ganze Stadt unter einem Dach. Fast 4000 Geschäfte, eine Post, eine Moschee, eine Polizeistation, Brunnen, Teehäuser und Restaurants erstrecken sich zwischen Beyazıt und der Nuruosmaniye-Moschee. Hinzu kommen rund 20 000 Menschen, die auf dem Basar arbeiten, und unzählige Besucher, die in den Geschäften fast alles finden, was das Herz begehrt.

Entstehung und Funktion

Als Sultan Mehmet II. (um 1430–1481) im 15. Jahrhundert das wirtschaftliche Leben der Hauptstadt des Osmanischen Reiches bereichern wollte, ließ er die große Halle Eski Bedesten (»Alte Tuchhalle«) mit acht Pfeilern und 15 Kuppeln errichten, die heute das Zentrum des Großen Basars markiert. Zunächst wurden dort nur kostbare Güter und Stoffe deponiert und verkauft. Später diente die fest verschließbare Halle auch als Aufbewahrungsort für privaten Schmuck und Geld.

Als Anfang des 16. Jahrhunderts mehr Raum für den Handel benötigt wurde, ließ Süleyman der Prächtige (um 1495–1566) eine zweite überkuppelte Pfeilerhalle, die Yeni Bedesten (»Neue Tuchhalle«) errichten. Doch wurde mit der Zeit auch dieser Platz knapp und man verband die beiden Hallen mit den umliegenden Straßen und den städtischen Karawansereien, den sogenannten *hans*. Das Konglomerat aus Straßen, Gassen, Hallen und Höfen wurde überdacht und diente als Handelsplatz, Werkstatt, Bank, Schatzkammer und Börse.

Nachdem die meisten Holzbauten des Basars immer wieder durch Brände und Erdbeben zerstört wurden, ließ Mustafa II. (1664–1704) im Jahr

Auch Goldhändler findet man.

1701 das gesamte nach Zünften aufgeteilte Basar-Viertel aus Stein wieder aufbauen. Seit Ende des 19. Jahrhunderts hat das einstige Zentrum des urbanen Wirtschaftslebens seine heutige Form. Wie alle Basare im Osmanischen Reich hatte auch der Große Basar eine wichtige wirtschaftliche Funktion. Durch Steuer- und Pachtabgaben der Händler konnten Moscheen, Stiftungen, Armenküchen, Krankenhäuser, Karawansereien und Hamams errichtet und unterhalten werden. Die Einnahmen des Großen Basars deckten die laufenden Kosten der Hagia Sophia.

Die Menschen des Basars

Anders als man meinen könnte, wurde die Produktion und der Verkauf während des Sultanats streng vom Staat kontrolliert. Das heutige Bild vom raffiniert feilschenden Basar-Händler ist erst durch Erzählungen westlicher Reisender und der modernen Wirtschaftsentwicklung entstanden. Auf den Basaren wurden die Händler und Handwerker von einem Marktaufseher, bei großen Inspektionen auch vom Großwesir überprüft. Die Händler mussten strenge Qualitätsstandards und festgesetzte Preise einhalten. Kontrolliert wurden auch Maße, Gewichte und Instrumente zum Abwiegen und Abmessen der Produkte. Wer sich nicht an die Vorschriften hielt oder der Konkurrenz durch Preisbetrug Schaden zufügte, musste mit enormen und entehrenden Strafen rechnen.

Oben: Viele Geschäfte findet man auch in der Nuruosmaniye Caddesi.
Mitte: Einen guten Teppich erkennt man an der Garn-Qualität und der Knüpfdichte.
Unten: Händler verbringen ihre Pause mit Kartenspielen.

Ein Bummel durch die orientalische Handelswelt

A **Nuruosmaniye-Tor** – Haupttor zum Basar, eins von 21 Toren, die abends verschlossen werden.

B **Sandal Bedesten (Yeni Bedesten)** – Im zweitältesten Teil des Basars findet man fast alles, vom günstigen Souvenir bis zu Antiquitäten.

C **Sandal Bedesten Sokak** – Schmuckgeschäfte.

D **Polizeistation** – Rund um die Polizeistation (zwischen Muhafazacılar Sokak und Aynacılar Sokak) liegen die meisten Gold- und Silbergeschäfte.

E **Cevahir Bedesteni (Eski Bedesten)** – Im Herzstück des Basars gibt es antike Schätze, Ikonen, Kalligrafien und Gravuren; etwas außerhalb Teppiche, Cafés in der nördlichen Sarraflar Caddesi.

F **Çukur Muhallebici** – Das Holzhäuschen mit

Kuppel diente Sultan Mahmut II. als Ruheort bei Basar-Besuchen. Danach war es Wachturm, Polizeistation, Süßwaren- und jetzt Schmuckgeschäft.

G **Zincirli Han** – Im Hof des alten han (Karawanserei) werden hochwertige Teppiche verkauft.

H **Yağlıkçılar Sokak** – Die Läden sind voll von Souvenirs, Stoffen, Textilien und Tüchern.

I **Cebeci Han** – Links der Yağlıkçılar Sokak führt ein Durchgang zu zwei Höfen. In der dahinter liegenden Lütfullah Efendi Sokak gibt es Schmieden.

J **Kalpakçılar Caddesi** – Man findet Juweliere und neue exklusivere Geschäfte anderer Sparten.

K **Kürkçüler Sokak** – Viele Lederjacken- und Taschengeschäfte mit den üblichen Markenkopien.

AUTORENTIPP!

OSMANISCHER BAROCK

Gleich gegenüber dem Nuruosmaniye-Tor erhebt sich die erste Moschee Istanbuls, die nicht an den Baustil des Baumeisters Sinan erinnert, sondern im Stil des osmanischen Barock erbaut wurde. Die Nuruosmaniye-Moschee wurde Mitte des 18. Jahrhunderts von Sultan Mahmut I. (1696–1754) in Auftrag gegeben und unter Sultan Osman III. (1699–1757) fertiggestellt. Schon beim Betreten des Vorhofs beeindrucken die halbrunde Form des Hofs und das kunstvolle stalaktitenartige Stilelement *muqarna* oberhalb der Eingangstür. Die aufwendige Innenarchitektur der Moschee mit dem Namen »Licht des Osmans« prägen insbesondere die vielen Fenster in den Seitenwänden, die Eckpavillons und Loggien. Wer nach dem Besuch der Moschee weiter bummeln gehen möchte, kann auf der östlich abgehenden Nuruosmaniye Caddesi edle Schmuck-, Antiquitäten- und Teppichgeschäfte besuchen.

Nuruosmaniye-Moschee. Zwischen Ç. Nuruosmaniye Caddesi und Vezirhan Caddesi.

Heute demonstrieren nur noch wenige Basar-Händler der »alten Schule« und Verkäufer in modernen Geschäften die alte zurückhaltende Art und warten darauf, dass Kunden von selbst ihr Interesse demonstrieren. Eine weitere Änderung sind die ausgestorbenen traditionellen Berufe wie Turbanmacher oder Perlenhändler. Viele Kunsthandwerker sind in kleine Medresen umgesiedelt. Mit der zunehmenden Verwestlichung und den vielen Reisenden änderten sich jedoch nicht nur die Geschäftsarten, sondern auch das Klientel. Die wohlhabende Oberschicht zog es in moderne Geschäfte, die sich auf der İstiklal Caddesi (s. S. 176) ansiedelten, und der Basar diente hauptsächlich der einfachen Bevölkerung als Einkaufszentrum. Heute ist der Große Basar größtenteils Touristenattraktion.

Ein Meer aus Geschäften

Im labyrinthischen Gassengewirr mit den hübsch restaurierten bemalten Decken wird jeder fündig, auch, wenn der ursprüngliche Umschlagplatz von edlen Stoffen, kostbaren Edelsteinen und wertvollen Antiquitäten heute ein qualitativ sehr unterschiedliches kunterbuntes Warensortiment umfasst.

Der Basar ist geprägt von Souvenirs und Ramsch, Kleidung und Schals, Stoffen und Teppichen, Lederwaren und orientalischen Wohnaccessoires, Süßigkeiten und traditionellen Süßspeisen, Kunst- und Handwerksobjekten, hübschen Antiquitäten, Schmuck und vielem mehr. Traditionell sind die Geschäfte immer noch anhand der Gewerbeart gebündelt, die sich für Türkisch sprechende Besucher an den Namen der Straßen erkennen lassen. Mittlerweile siedeln sich auch wieder Geschäfte mit modernen und gehobenen Produkten an.

Infos und Adressen

SEHENSWÜRDIGKEITEN

Kapalı Çarşı. Großer Basar. Mo–Sa 9–19 Uhr, Haupteingang Nuruosmaniye Kapısı Sokak (Tram-Haltestelle Çemberlitaş), Kapalıçarşı, Eminönü, www.kapalicarsi.org.tr

ESSEN UND TRINKEN

Çinili Cafe. Dass man sogar die Pause mit Shopping verbinden kann, zeigt das kleine, mit viel Liebe zum Detail geführte »Fliesen-Café«, in dem man auch Modeschmuck und Accessoires kaufen kann. Mo–Sa 9–19 Uhr. Halıcılar Cad. 97, Kapalıçarşı, Tel. 0212/520 95 04.

Gaziantep Burç Ocakbaşı. An wenigen Tischen werden Spezialitäten aus der südöstlichen Türkei wie Rindfleischstückchen auf Auberginen-Joghurt-Püree (ali nazik) und vegetarisch gefüllte getrocknete Auberginen und Paprika (dolma) serviert. Mo–Sa 9–19 Uhr. Parçacılar Sok. 12, Kapalıçarşı, Tel. 0212/527 15 16.

Kara Mehmet Kebap Salonu. Das winzige Lokal mit freundlichem Service, besonders leckerem adana kebap und süßem künefe liegt abseits des Trubels in einem gut versteckten Innenhof. Mo–Sa 9–19 Uhr. İç Cebeci Han 92, Kapalıçarşı, Tel. 0212/513 55 20.

Essen bei »Şeyhmuz Kebap« in der Medrese Sokak

EINKAUFEN

Dantell. Romantische handgewebte Textilien mit viel Spitze zum Wohnen, Schlafen und Baden. Mo–Sa 9–19 Uhr. Kalpakçılar Cad. 67, Kapalıçarşı, Tel. 0212/224 08 67, www.dantell.com

Derviş. Alles für Bad und Hamam, Naturseifen, handgewebte Heimtextilien, Kleidung und Mohair-Decken aus Anatolien. Mo–Sa 9–19 Uhr. Kesecıler Cad. 33-35, Kapalıçarşı, Tel. 0212/ 514 45 25, www.dervis.com

Eski Fine Arts. Drei Läden mit osmanischen und anderen Antiquitäten, Kalligrafien, Ikonen, Wasserpfeifen, Meerschaum-Pfeifen, Backgammon-Spielen und vielem mehr. Mo–Sa 9–19 Uhr. Cevahir Bedesten 152–153 (9–10), Kapalıçarşı, Tel. 0212/512 52 38.

Muhlis Günbattı. Farbenfrohe Textilien wie Kaftane aus Wolle und Seide, Gürtel, Jacken, Beutel, Bettüberwürfe und Dekorationsartikel. Mo–Sa 9–19 Uhr. Perdahçılar Cad. 48, Kapalıçarşı, Tel. 0212/511 65 62, www.muhlisgunbatti.com.tr

Topall. Hochwertige moderne und orientalische Schmuckstücke und dekorative Figuren mit vielen Edelsteinen und Diamanten. Mo–Sa 9–19 Uhr. Kalpakçılar Cad. 69–71, Kapalıçarşı, Tel. 0212/520 18 59, www.topall.com.tr

Kupfer- und Antiquitätenhändler

17 Beyazıt-Platz
An der ältesten Sultans-Moschee

Am Beyazıt-Platz (Beyazıt Meydanı) erhebt sich die älteste erhaltene Sultansmoschee Istanbuls. Die markante Beyazıt Camii wurde zu Beginn des 16. Jahrhunderts errichtet und lag gleich neben dem Eski Sarayı, dem alten Sultanspalast. An dessen Stelle erstreckt sich seit 1924 das Gelände der Universität Istanbul mit dem monumentalen Haupttor. Büchernarren kommen auf dem Büchermarkt an der Moschee voll und ganz auf ihre Kosten.

Der Beyazıt Meydanı ist einer der viel besuchten Plätze der Istanbuler Altstadt, der von sehenswerten historischen Bauten beherrscht wird: Im Osten liegt die Beyazıt-Moschee, im Norden der Uni-Campus und im Westen das sehenswerte Kalligrafie-Museum (Türk Vakıf Hat Sanatları Müzesi), das in der alten Medrese der Beyazıt-Moschee untergebracht ist. Als eine der edelsten Künste im Osmanischen Reich wurde die Kalligrafie von Lehrer zu Schüler weitergegeben und genutzt, um Schriftstücke, Gebäude und die Monogramme der Sultane *(tuğra)*, die in Holz geschnitzt als Siegel dienten, zu verzieren. Ausgestellt werden in dem Museum Schreibutensilien sowie Sammlungen von Korantexten, Diplome, Gedichte und Befehle, die sich bis ins 13. Jahrhundert zurückdatieren lassen. Südlich wird der Platz von der Ordu Caddesi, der Verlängerung der interessanten Divan Yolu Caddesi (s. S. 82) begrenzt.

Täglich tummeln sich auf dem Beyazıt Meydanı viele Studenten, Einheimische und Touristen zwischen Schuhputzern, fliegenden Händlern, Münz-

Oben: Weitläufig ist die Anlage der Universität Istanbul.
Unten: Das Verwaltungsgebäude der Universität stammt aus dem 19. Jahrhundert.

verkäufern und unzählbaren Tauben. Die Tauben sollen Nachfahren eines Taubenpaars sein, das Sultan Beyazıt II. (um 1447–1512) einst einer armen Frau abgekauft und dann freigelassen hat.

Die Moschee des Sultans Beyazıt

Die Beyazıt Camii ließ Sultan Beyazıt II. zwischen 1500 und 1506 errichten. In ihrer Architektur hat man frühosmanische Traditionen mit byzantinischen Elementen verbunden. Der Vorhof mit dem Reinigungsbrunnen, dessen Baldachin aus der Zeit Murads IV. (1623–1640) stammt, und das gestaffelt überkuppelte Gebetshaus bilden zwei eigenständige Einheiten. Auffällig sind die 20 Säulen der Hofarkaden aus Granit sowie rotem und grünem Porphyr, die vermutlich von antiken Bauten stammen. Seitlich sind überkuppelte Gästehäuser (*tabhane)* angeschlossen, von denen die zwei unüblich weit auseinanderliegenden Minarette emporragen.

Im südlich angrenzenden ummauerten Garten liegen drei Türben, in denen Sultan Beyazıt, seine Tochter Selçuk Hatun und der 1857 verstorbene Großwesir Reşit Paşa bestattet wurden. Die zur Moschee gehörende Armenküche *(imaret)* nordöstlich der Moschee wurde 1882 zur Nationalbibliothek umgewandelt.

Die Universität Istanbul

Das markanteste Bauwerk am Platz ist das prächtige im maurischen Stil erbaute Tor der İstanbul Üniversitesi aus der zweiten Hälfte des 19. Jahrhunderts. Auf dem Gelände hinter dem dreiteiligen Haupttor bis zur Süleymaniye-Moschee (s. S. 118) erstreckte sich einst der Palast Sultans Mehmet II. Heute sieht man gegenüber dem Tor das dreistöckige Verwaltungs- und Veranstaltungsge-

(s. S. 118)

AUTORENTIPP!

BÜCHER, BÜCHER, BÜCHER

Zwischen Moschee und Nationalbibliothek findet man auf der östlichen Seite des Beyazıt-Platzes bei den Teegärten den nördlichen Zugang zum beschaulichen Sahaflar Çarşısı (»Antiquariats-/Bücher-Basar«). Um einen kleinen Hof und entlang der hinabführenden Gasse reihen sich zahlreiche kleine Läden, vor denen sich unzählige Bücher stapeln. Bücherwürmer können dort in uriger Atmosphäre stundenlang zwischen türkischen und internationalen, modernen und antiquarischen Büchern, Reiseführern und Bildbänden, Fach- und Geschichtsbüchern, Romanen und Manuskripten stöbern. Außerdem findet man dort auch Miniaturmalereien, Stiche mit alten Ansichten der Stadt und Kalligrafien zu angemessenen Preisen.

Sahaflar Çarşısı. Antiquariats-/Bücher-Basar. Tgl. 9–20 Uhr, Çadırcılar Caddesi (südlicher Eingang) oder östlich der Beyazıt Camii (nördlicher Eingang), Beyazıt.

bäude der ältesten Universität der Stadt, das zwischen 1866 und 1870 vom französischen Architekten Auguste Bourgeois errichtet wurde. Der Bau, der in seinem Inneren mit Stuckarbeiten, Marmorsäulen sowie Decken- und Wandmalereien imponiert, diente ursprünglich als Kriegsministerium und ist erst seit 1933 Universitätseinrichtung.

Der Wetterturm

Südöstlich des Verwaltungsgebäudes erhebt sich auf dem Campus der auffällige steinerne Beyazıt-Turm, der 1828 als Feuerwachturm einen früheren Holzturm ablöste. Der weithin sichtbare, 85 Meter hohe Turm prägt die Silhouette der Altstadt, wenn man sie von der Galata-Brücke (s. S. 96) betrachtet. Nach umfangreichen Restaurierungsarbeiten dürfen seit 2012 wieder Studenten den Blick von der über 180 Stufen zugänglichen Aussichtsplattform über die Altstadt genießen. Geplant ist auch, den Turm als Museum für die Öffentlichkeit zugänglich zu machen. Indessen ist abends aber für jeden das Ergebnis des installierten Lichtsystems sichtbar, das durch verschiedene Farben das Wetter für den nächsten Tag anzeigt: Blau steht für Sonne, grün für Regen, gelb für Nebel und rot für Schnee.

Oben: Blick in die Kuppel der Beyazıt-Moschee
Unten: Markant thront der Wetterturm über dem Campus.

Infos und Adressen

SEHENSWÜRDIGKEITEN

Türk Vakıf Hat Sanatları Müzesi. Di–Sa 9–16 Uhr (Bei Redaktionsschluss wegen Renovierung geschlossen.), Eintritt 5 TL, Beyazıt Meydanı, Beyazıt, Tel. 0212/527 58 51.

ESSEN UND TRINKEN

Teegarten. Der Teegarten zwischen der Beyazıt Camii und dem Kalligrafie-Museum lädt bei einem Tee oder Mokka zu einer Rast unter schattigen Bäumen ein. Tagsüber geöffnet, Beyazıt Meydanı.

ÜBERNACHTEN

Momento. Das 2010 eröffnete gemütliche Hotel bietet 45 komfortable und saubere Zimmer, ein leckeres Frühstücksbuffet und freundlichen Service. Gutes Preis-Leistungs-Verhältnis. Küçük Haydar Efendi Sok. 14, Beyazıt, Tel. 0212/518 60 00, www.hotelmomento.com

Niles. Familiengeführtes kürzlich renoviertes Hotel mit freundlichem Service und 26 liebevoll eingerichteten Zimmern und Suiten. Die Junior- und Duplex-Suiten verfügen über türkische Bäder, die Penthouse-Suite über einen Balkon mit Meerblick.

Stöbern auf dem Antiquariats- und Bücherbasar

Toller Blick auch von der blumenreichen Dachterrasse. Dibekli Cami Sok. 19 (unterhalb der Ordu Cad.), Beyazıt, Tel. 0212/517 32 39, www.hotelniles.com

Victory Hotel & Spa. Recht neues, modernes und geschmackvoll eingerichtetes Hotel mit 56 klimatisierten Zimmern direkt an der großen Ordu Caddesi. Im Wellness-Bereich kann man sich mit Massagen verwöhnen lassen und den Innenpool, die Sauna oder das Hamam besuchen. Mithatpasa Cad. 1/ Ecke Ordu Cad., Beyazıt, Tel. 0212/458 28 28, www.victoryhotelistanbul.com

Die wichtigste Kunst der Osmanen ist die Kalligrafie.

18 Süleymaniye-Moschee
Die schönste Sultans-Moschee der Stadt

Obwohl die Süleymaniye-Moschee nicht so berühmt ist wie die Blaue Moschee, gilt sie als überragendes Beispiel osmanischer Sakralarchitektur. Weithin sichtbar thront das größte und schönste Meisterwerk des berühmten Architekten Mimar Sinan auf dem dritten Stadthügel über der Istanbuler Altstadt. Die Moschee Süleymans des Prächtigen bildet gemeinsam mit ihren Stiftungsbauten einen imposanten Komplex.

Die exponierte Lage des 1540/41 abgebrannten »Alten Palasts« (Eski Sarayı) wählte Süleyman der Prächtige (um 1495–1566) für die Errichtung der Moschee, die den Reichtum und die Macht des Sultans widerspiegeln sollte. Den Auftrag erteilte er dem namhaften Hofarchitekten Koca Mimar Sinan, der zwischen 1551 und 1557 mit mehr als 3000 Spezialisten, Handwerkern und Janitscharen, der osmanischen Elitetruppe, an dem großen Stiftungskomplex arbeitete. Schwierigkeiten mit der Terrassierung des schrägen Baugrunds und mit den Fundamenten löste er mithilfe von meisterlich angelegten Stützmauern, die eine vollkommene Symmetrie des Sakralbaus mit seinem Garten bildeten.

Garten und Vorhof

Die quadratische Moschee platzierte Sinan in einem 140 mal 200 Meter großen ummauerten Garten mit schönem Ausblick auf das Goldene Horn. Im südöstlichen Teil des Gartens stehen die mit verzierten Fliesen und Buntglasfenstern ge-

Oben: Die Süleymaniye-Moschee thront auf dem dritten Stadthügel.
Unten: Baumeister Sinan bezeichnet die Moschee als sein Gesellenwerk.
Rechts oben: Schon der Vorhof beeindruckt mit seinen Arkaden.

schmückten Türben des Sultans und seiner Frau Haseki Hürrem (Roxelane). Markant erheben sich die vier Minarette an den äußeren Ecken des Vorhofs. Laut Überlieferung soll die Anzahl der Minarette und Galerien darauf zurückgehen, dass Süleyman I. der vierte Sultan Istanbuls und der zehnte des Osmanischen Reiches war.

Ein hervorspringender Torbau führt von der Nordwestseite des Gartens auf den erhöht liegenden Vorhof mit dem kleinen rechteckigen Reinigungsbrunnen. Seitlich des Tores beherbergen die dreistöckigen Anbauten das Institut für die astronomische Bestimmung der Gebetszeiten und des Ramadans (Muvakkithane). Der Vorhof wird von Arkaden mit 24 unterschiedlich hohen Marmor- und Porphyr-Säulen gesäumt.

Lichtdurchflutete Moschee

Der Innenraum des Gebetshauses begeistert besonders durch seine Schlichtheit und die scheinbar schwebende Kuppel, die von vier mächtigen, aus Alexandria und dem libanesischen Baalbek stammenden Pfeilern gestützt wird. Aufgrund der Anordnung der Pfeiler, der 48,5 Meter hohen Kuppel mit einem Durchmesser von 27 Metern und der 130 Buntglasfenster wird eine bemer-

kenswerte Geräumigkeit erzeugt. 64 in die Hauptkuppel eingebaute Tongefäße erzeugen eine aus-
gesprochen gute Akustik.

Im Zentrum der Moschee steht in kunstvollen Kalligrafien der Koranvers »Gott ist das Licht des
Himmels und der Erde«. Auch die kleineren Kuppeln und die zwei Halbkuppeln sind mit Kalligrafien geschmückt. Die marmorne Predigerkanzel
mit dem fein gemeißelten Geländer und einigen
goldenen Akzenten zeigt sich eher schlicht.

Der Stiftungskomplex

Im Karree rund um den Moschee-Garten reihen
sich die restlichen Gebäude des Stiftungskomplexes aneinander. Gegenüber der Westecke des Gartens führen Stufen in einen Teegarten, der einst
Teil des medizinischen Komplexes der Stiftung
war. In dem sich nördlich anschließenden »Darüzziyafe Lokanta« lag einst die Armenküche. In den
überkuppelten Gebäuden rund um den schönen
Innenhof gruppierten sich die Küchen. Im folgenden Haus, der Karawanserei, wurden Pilger und
ihre Tiere beherbergt.

Hinter dem auffälligen Tor an der Nordecke liegen
heute nicht nur Fakultäten der Universität Istanbul, der Botanische Garten und theologische
Schulen, sondern auch der Sitz des Muftis von Istanbul. Gegenüber erhebt sich die Grabtürbe Mimar Sinans, der diese noch zu Lebzeiten an seinem wichtigsten Bauwerk errichtete. Folgt man
der Ladenzeile an der Mimar Sinan Caddesi entlang der Stützmauer, kommt man zum Süleyma-
niye-Hamam (s. S. 119). Rechts führt die Straße
hinauf zur südlichen Ecke des Areals mit einem
Brunnen. Hinter den vielen Lokalen der nördlich
abzweigenden Straße waren weitere theologische
Schulen untergebracht.

Oben: Das Mausoleum Mimar Sinans neben seinem Meisterwerk
Mitte: Hübsch renovierte osmanische Holzhäuser an der Süleymaniye Caddesi
Unten: Bis heute sind unterhalb
der Süleymaniye-Moschee einige
Antiquitäten-Händler angesiedelt.

Infos und Adressen

ESSEN UND TRINKEN

Kurufasulyeci Erzincanlı Ali Baba. Seit 1924 werden in dem Lokal im Schatten der Moschee Bohnengerichte, die von den Einheimischen bevorzugt mit Reis und *caçık* (Joghurt mit Gurke und Knoblauch) gegessen werden, und andere traditionelle Gerichte serviert. Tgl. 4–20 Uhr, Prof. Sıddık Sami Onar Cad. 11, Süleymaniye, Tel. 0212/513 62 19, www.kurufasulyeci.com

Darüzziyafe Lokanta. Im von Arkaden gesäumten Hof der einstigen Armenküche mit kleinem plätscherndem Brunnen und schönem Ambiente wird eine umfangreiche Auswahl osmanischer und türkischer Gerichte serviert. Kein Alkohol. Tgl. 12–15 und 18–23 Uhr, Şifahane Sok. 6, Süleymaniye, Tel. 0212/511 84 14, www.daruzziyafe.com.tr

Lale Çay Bahçesi. Über eine lange Treppe steigt man hinab in den Garten des ehemaligen Hospizes, in dem ein besonders bei Studenten beliebter Teegarten liegt. Auf der Karte stehen günstige kleine Snacks, natürlich Tee und Wasserpfeife. Tgl. 10–23.45 Uhr, Şifahane Sok. (links des Darüzziyafe), Süleymaniye.

EINKAUFEN

Altan Şekerleme. Seit fast 150 Jahren werden in der familiengeführten Zuckerbäckerei köstliche farbenfrohe Bonbons (*şeker*) sowie verschiedene

Beliebte Bohnengerichte mit Reis

lokum- und *helva*-Arten nach alten Rezepten hergestellt. Tgl. 8.30–19 Uhr, Kibleçeşme Cad. 96, Eminönü, Tel. 02 12/522 59 09, http://.altansekerleme.com

AKTIVITÄTEN

Botanik Bahçesi. Botanischer Garten. Eine Oase der Ruhe ist der Botanische Garten mit über 5000 Pflanzenarten. Im 1934 vom emigrierten Botaniker Alfred Heilbronn aus Münster eröffneten Garten findet man etwa 400 verschiedene Bäume und Sträucher, 3500 Kräuter und viele andere Pflanzen in sieben Gewächshäusern. Mo–Fr 9–16.30 Uhr, Eintritt frei, Fetva Yokuşu 4 (İstanbul Üniversitesi, Biyoloji Bölümü), Süleymaniye.

Üppiges Grün findet man im Botanischen Garten.

FATIH BIS EYÜP

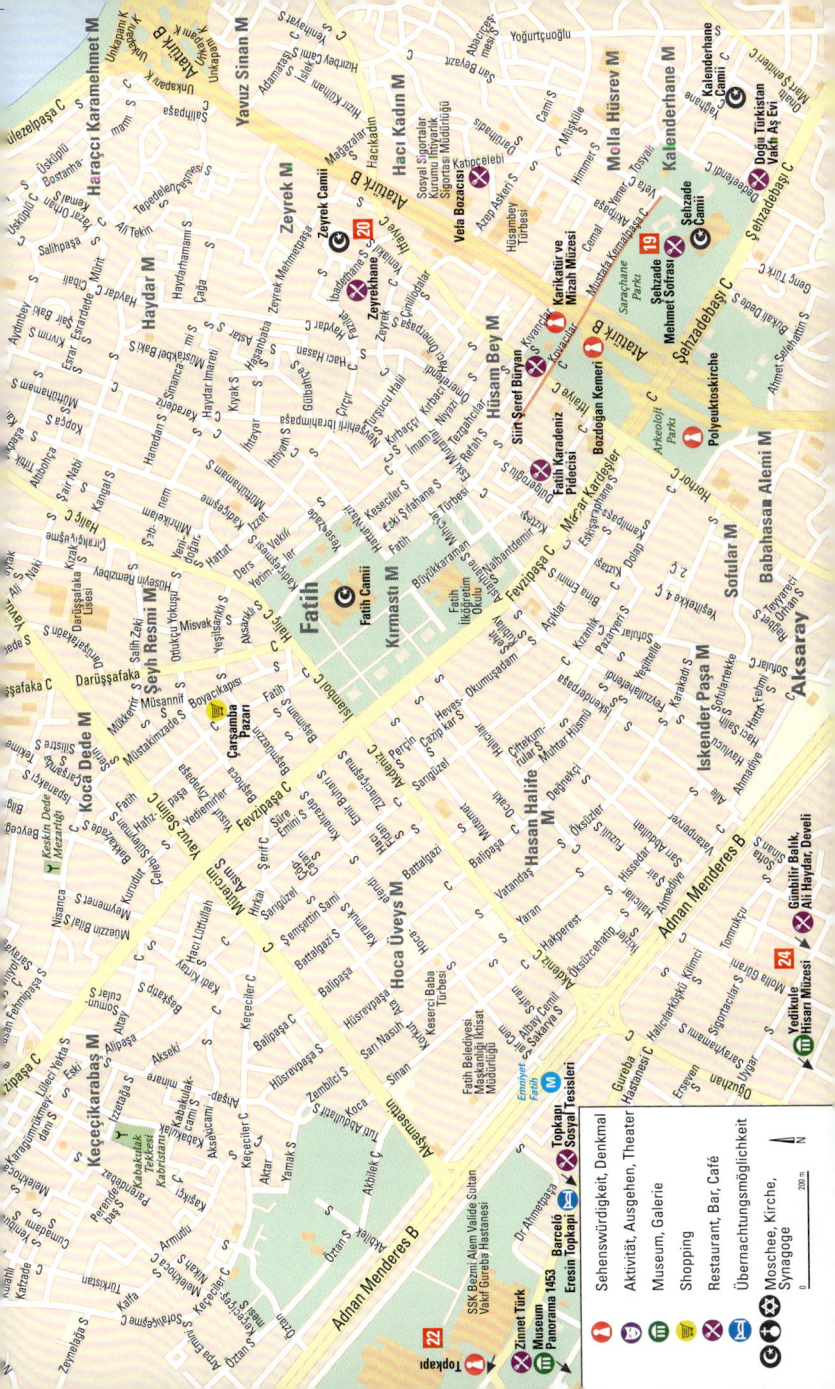

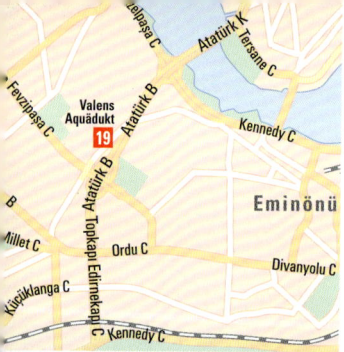

19 Rund um das Valens-Aquädukt
Zwischen zwei Welten

Der Atatürk-Boulevard teilt den Altstadtbereich in Ost und West, in die geschäftigen touristischen und die ruhigen konservativen Viertel. In der Nähe der riesigen Straße, die durch das Valens-Aquädukt verläuft, lohnt aber nicht nur der Einblick in die islamisch geprägte Welt rund um die große Fatih Camii, sondern auch der Besuch zweier weiterer historischer Moscheen und einer byzantinischen Ausgrabung.

Je tiefer man in die westlich liegenden Viertel der Altstadt eindringt, desto deutlicher offenbart sich die konservativere islamische Lebensart der dort lebenden Bevölkerung. In den Straßen zwischen der Kalenderhane Camii und der Fatih-Moschee trifft man immer öfter auf Kopftuch und lange Mäntel tragende Frauen, streng gläubige Muslima, die sich mit dem schwarzen *çarşaf* bis auf die Augen verschleiern, und auf Männer mit Gebetsmüt-

Seite 122/123: Die Prinzenmoschee ist eine der schönsten historischen Moscheen der Altstadt.
Oben: Zahlreiche Moscheen prägen das Viertel Fatih.
Unten: In Fatih sieht man die meisten verschleierten Frauen der Stadt.

MAL EHRLICH

AUF DEM WOCHENMARKT

In Istanbul gibt es über 200 Wochenmärkte *pazar*, auf denen nicht nur Lebensmittel, sondern auch Textilien verkauft werden. Da in der Türkei Kleidung vieler bekannter Labels hergestellt wird, landen die fehlerhafte Ware *defolu* oder Teile zweiter Wahl oft neben ihren Kopien auf dem Markt. Entscheidet man sich hier für etwas, sollte man es bis zum Bezahlen festhalten. Alles, was wieder hingelegt wird, hat schnell jemand anderes gekauft.

zen und Kaftanen. Die orientalisch geprägte Nachbarschaft mit vielen Moscheen wird größtenteils von der ärmeren Bevölkerungsschicht bewohnt. Rund um die Gassen – mit aus den Fenstern hängender Wäsche, streunenden Katzen und spielenden Kindern – sitzen die Männer in den Kaffeehäusern und Teegärten; die Frauen kümmern sich um die Einkäufe.

Kalenderhane Camii

Kurz nach der Eroberung wurde die byzantinische Klosterkirche Theotokos Kyriotissa vom islamischen Wander- und Bettelorden Kalender übernommen und in eine Moschee umgewandelt. Drumherum sind die Fundamentreste eines römischen Bades aus dem vierten Jahrhundert und die der Vorgängerkirchen sichtbar. Einige ihrer Bauglieder wurden im Backsteinbau aus dem zwölften Jahrhundert verarbeitet. Die Fresken und Mosaiken, die in der Moschee gefunden wurden und mittlerweile im Archäologischen Museum (s. S. 40) ausgestellt werden, sind kunstgeschichtlich interessant. Das bedeutendste dieser Mosaiken, das ein christliches Motiv zeigt, ist zugleich das älteste. Die Darstellung Christi im Tempel wurde um 700 n. Chr. erstellt und ist somit vor dem byzantinischen Bilderstreit entstanden.

Die Moschee des Prinzen

Zum Gedenken an den Thronprinzen Mehmet, den im Alter von 22 Jahren verstorbenen Sohn Süleymans des Prächtigen (um 1495–1566), errichtete Mimar Sinan 1543 bis 1548 die Şehzade Camii. Der Weg zum Gebetsraum mit einer 19 Meter weiten Hauptkuppel, die von vier Pfeilern und vier Halbkuppeln gestützt wird, führt durch den quadratischen Vorhof mit einem oktogonalen Reinigungsbrunnen. Die stützenden Kuppeln der Mo-

schee werden ihrerseits von zwei weiteren kleineren Kuppeln und einem Bogen getragen. Insgesamt beeindruckt der Gebetsraum durch seine Weiträumigkeit und Schlichtheit. Nur die Pfeiler und Eckzwickel der kleinen Kuppeln werden durch die stalaktitenartige Stilelemente *muqarnas* geschmückt. An den Wänden fallen Arkaden auf, die die sonst üblichen Galerien ersetzen. Im südöstlich anschließenden Garten liegt die Grabstätte des Prinzen, die mit grünen und gelben Fliesen, Buntglasfenstern und einer hübsch ausgemalten Kuppel geschmückt ist und als eine der schönsten Grabstätten Istanbuls gilt.

Ausgrabungen westlich des Boulevards

Die in der antiken Literatur viel erwähnte Polyeuktoskirche aus dem sechsten Jahrhundert sollte in ihrem Ausmaß und ihrer kostbaren Ausschmückung mit Marmor, Gold und Amethysten dem Tempel Salomons in Jerusalem gleichen. Zwei ihrer Pfeiler sind während des Vierten Kreuzzugs nach Venedig gebracht worden und stehen heute vor dem Südportal des Markusdoms. Andere Bauglieder werden im Archäologischen Museum ausgestellt.

Valens-Aquädukt

Der »Bogen des grauen Falken« (Bozdoğan Kemeri) wurde unter Kaiser Valens (328–378) im Jahr 378

Oben: Der Reinigungsbrunnen der Prinzenmoschee wurde später von Sultan Murad IV. gestiftet.
Mitte: Kniender Mann beim Gebet in der Prinzenmoschee
Unten: In Fatih sind Geschäfte von Obst- und Gemüsehändlern allgegenwärtig.

Im konservativen Teil der Altstadt

Ⓐ Kalenderhane Camii – Etwas versteckt liegt am östlichen Ende des etwa 800 Meter langen Valens-Aquädukts die Kalenderhane-Moschee. Eindrucksvoll sind die mehrfarbige Marmorausstattung und die byzantinischen Kapitelle mit efeuähnlichen Blättern. Süleymaniye Caddesi.

Ⓑ Şehzade Camii – Folgt man der 16 Mart Şehitleri Caddesi nach Süden, trifft man auf die Şehzadebaşı Caddesi, an der sich rechter Hand nach etwa 250 Metern die Şehzade Camii erhebt. Şehzadebaşı Caddesi.

Ⓒ Ruinen der Polyeuktoskirche – Am Rathaus an der linken Straßenseite vorbei erreicht man den Atatürk Bulvarı. Die Polyeuktoskirche wurde von Prinzessin Anicia Juliana gestiftet und war bis zum Bau der Hagia Sophia die größte Kirche der Stadt. Arkeoloji Parkı. Atatürk Bulvarı/ Ecke Macar Kardeşler Caddesi.

Ⓓ Bozdoğan Kemeri. Den schönsten Blick auf das Valens-Aquädukt hat man vom gegenüberliegenden Fatih-Anıt-Park mit einem beachtlichen Denkmal des Sultan Mehmet II. Fatih. Das Aquädukt repräsentiert seit vielen Jahrhunderten die Bedeutung der Wasserzufuhr für die Stadt.

Ⓔ Karikatür ve Mizah Müzesi – In einer Koranschule an seiner Nordseite zeigt das Museum für Karikatur und Humor unterhaltsame und immer wechselnde Ausstellungen.

Ⓕ Fatih Camii – Von dort gelangt man am Frauen-Markt (Kadınlar Pazarı) vorbei zur Serdap Sokak, die gen Westen zur Fatih-Moschee führt. Die im türkischen Barockstil erbaute Moschee begeistert mit einem Gebetsraum, der von Buntglasfenstern und vielen farbenfroh bemalten Bögen und Kuppeln geprägt wird. İslambol Caddesi – Yetimler Caddesi.

ESSEN IN AUTHENTISCHER ATMOSPHÄRE

Der längliche Kadınlar Pazarı (Frauen-Markt) im Schatten des Valens-Aquädukts ist ideal für eine Pause und interessant für alle, die das Flair einer orientalisch geprägten Wohngegend schnuppern möchten. Hier sitzen die Männer in den Teehäusern beim *tavla*-Spiel und scheinen alle Zeit der Welt zu haben. In den Geschäften rund um den Platz bekommt man regionale Spezialitäten, in den einfachen Lokalen hat man sich auf Köstlichkeiten der Stadt Siirt nahe der syrischen Grenze spezialisiert. Im »Siirt Şeref Büryan« sollte man das Fladenbrot mit Lammfleisch *(büryan kebap)* und den »Hochzeitskuchen« *(perde pilavı)* mit einer Füllung aus Reis, Hühnchen, Rosinen und Pinienkernen probieren. Zum Nachtisch gibt es *künefe*, das in Zuckerwasser getränkte Teigfaden-Dessert mit ungesalzener Käsefüllung.

Siirt Şeref Büryan Kebap Salonu. Tgl. 9.30–24 Uhr, İtfaiye Cad. 4, Fatih, Tel. 0212/635 80 85, www.serefburyan.com

fertiggestellt. Als Verlängerung unterirdischer Leitungen führte das zweistöckige Aquädukt bis Ende des 19. Jahrhunderts Wasser vom Belgrader Wald und den umliegenden Bergen in die Stadt, teilweise aus rund 200 Kilometer Entfernung. Zwei Kanäle verliefen bis zum Theodosius-Forum und verteilten von dort Wasser in die Paläste, zu Brunnen und Bädern. Als die Byzantiner immer mehr Zisternen für die Wasserversorgung nutzten, begann das Aquädukt zu verfallen. Erhebliche Schäden erhielt es allerdings durch ein Erdbeben, bis Sultan Mehmet II. Fatih (um 1430–1481) es wieder instand setzte. Später versorgte es vorwiegend den Alten Palast und den Topkapı Sarayı.

Fatih Camii

Sultan Mehmet II. beauftragte gleich nach der Eroberung Konstantinopels den Bau einer Moschee auf dem vierten Stadthügel, wo er die Apostelkirche Justinians (482–565), die auch Grabstätte vieler anderer byzantinischer Kaiser war, abreißen ließ. Die schließlich im Jahr 1470 errichtete Fatih Camii wurde jedoch 1766 durch ein Erdbeben zerstört und durch die gleichnamige, von Sultan Mustafa III. (1717–1774) gestiftete Moschee ersetzt. Wie schon in der ersten Moschee wurden in den Arkaden des Vorhofs alte Spolien aus dem grünen Gestein *verde antico* und Rosengranit verbaut. Von der Vorgängermoschee stammen das Hauptportal und der untere Teil der Minarette. In einem Garten hinter der Moschee wurden 1782 die Türben Sultan Mehmets II. und seiner Frau Gülbahar Hatun, die der Legende nach eine französische Prinzessin gewesen sein soll, neu errichtet und sind seitdem ein viel besuchtes Pilgerziel. Rund um die Moschee sind außerdem die aus der Zeit Sultan Mehmets II. stammenden Karawansereien, Koranschulen (Medresen) und die Armenküche erhalten.

Infos und Adressen

ESSEN UND TRINKEN

Doğu Türkistan Vakfı Aş Evi. Im gemütlichen Hof einer Medrese werden uigurische Gerichte aus der Provinz Xinjiang im Westen Chinas serviert. Auf der Karte stehen zwei Variationen des Nudelgerichts *mantı* und die Spezialität *lagman* (hausgemachte Nudeln mit Rindfleisch, Paprika und Zwiebeln). Tgl. bis 21 Uhr, Dede Efendi Cad. 4, Kalenderhane, Tel. 0212/512 64 06.

Fatih Karadeniz Pidecisi. Im einfachen, sehr beliebten Lokal trifft man sich vorwiegend in der Mittagszeit zum *pide* essen, insbesondere das oben geöffnete *peynirli pide* mit Käsefüllung oder die gefüllten *pide* mit Hackfleisch oder Zwiebeln. Wer zwei Sorten probieren möchte, bestellt *karışık*, das zur Hälfte mit Käse und mit Hackfleisch gefüllt ist. Di–So 10.30–20 Uhr, Büyük Karaman Cad. 57, Fatih, Tel. 0212/523 97 95.

Şehzade Mehmet Sofrası. Im ruhigen Hof und in den Zellen der ehemaligen geschmackvoll eingerichteten Medrese werden die Gerichte traditionell osmanisch auf runden Tabletts *(tepsi)* serviert. Entspannen kann man auch nur bei einer Wasserpfeife oder einem Getränk. Kein Alkohol. Tgl. 9–24 Uhr, Saraçhane Parkı, Şehzadebaşı, Tel. 0212/536 26 68.

Geschäft für regionale Käsespezialitäten

EINKAUFEN

Çarşamba Pazarı. Der Mittwochsmarkt von Fatih ist einer der ältesten und größten Wochenmärkte der Stadt und richtet sich vorwiegend an Frauen. Über 4500 Stände und rund 2500 fliegende Händler bieten auf sieben Straßen und 17 Gassen alles, was das Herz begehrt. Von Gemüse und Obst über Kleidung und Unterwäsche bis zu Haushaltsgeräten ist alles dabei. Mi 5–21 Uhr, in den Straßen hinter der Fatih-Moschee, Start: Yusuf Ziya Paşa Caddesi.

Auf dem Wochenmarkt bekommt man alles, was das Herz begehrt.

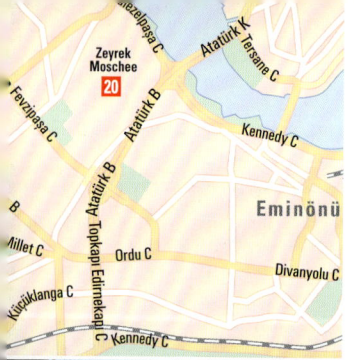

20 Zeyrek-Moschee
Auf dem vierten Stadthügel

Der zweitgrößte byzantinische Sakralbau nach der Hagia Sophia erhebt sich auf dem vierten Stadthügel mit fantastischer Aussicht auf das Goldene Horn. Der ehemalige Klosterbau, die heutige Zeyrek-Moschee (Pantokrator-Kloster), thront zwischen alten, teils hübsch restaurierten und teils verfallenen Holzhäusern und Gassen, in denen Kinder noch wie auf dem Dorf vor der Haustür spielen, und dem viel befahrenen Atatürk-Boulevard.

Schon bei einem kurzen Spaziergang durch das Stadtviertel Zeyrek gewinnen Besucher Einblicke in eine traditionelle unberührte Nachbarschaft mit osmanischer Holzhausarchitektur – geprägt von typischen Erkern. Die Höhepunkte des Viertels sind aber die Zeyrek Camii, die im Kirchenkomplex des ehemaligen byzantinischen Pantokrator-Klosters untergebracht ist, und die Aussicht auf das Goldene Horn vom jenseits gelegenen Restaurant »Zeyrekhane«. Sowohl die alten Häuser als auch die Moschee stehen auf der Liste des UNESCO-Weltkulturerbes.

Oben: Traumhafte Aussichten eröffnen sich vom »Zeyrekhane« gegenüber der Moschee.
Unten: Die osmanischen Holzhäuser in Zeyrek sind denkmalgeschützt.

Vom Kloster zur Moschee

Im zwölften Jahrhundert ließ Irene Komnenos, die Tochter des ungarischen Königs Ladislaus I. und Frau des byzantinischen Kaisers Johannes II. Komnenos (1118–1143), einen Klosterkomplex errichten. Er umfasste eine Kreuzkuppelkirche, die Christus als Pantokrator, also als Allherrscher, geweiht war, und karikative Einrichtungen wie ein Hospital, ein Altersheim, eine Bibliothek und ein Asyl für Geisteskranke. Als seine Frau verstarb, beauftragte Kaiser Johannes II. Komnenos im Jahr

Zeyrek-Moschee

Das »Zeyrekhane« mit bester türkischer Küche

1134 nördlich des ersten Gotteshauses eine der Theotokos Eleousa (der »barmherzigen Mutter Gottes«) geweihte Kreuzkuppelkirche, die Irene Komnenos als Grabstätte dienen sollte. Letztlich ließ der Kaiser im Jahr 1136 die Kirchen durch eine dem Erzengel Michael geweihte Kapelle miteinander verbinden, in der sowohl er selbst als auch andere Mitglieder der byzantinischen Kaiserfamilien Komnenos und Palaiologos ihre letzte Ruhestätte finden sollten.

Nach dem Vierten Kreuzzug machten die Venezianer im Jahr 1204 das Kloster zum Sitz des venezianischen Klerus und des Kaisers Balduin II. (1217–1273). Außerdem lagerten sie dort die aus anderen Kirchen geraubten Reliquien und Kirchenschätze, die anschließend weiterverkauft wurden. Nach der Wiedereroberung im Jahr 1258 wurde das Kloster erneut von orthodoxen Mönchen bewohnt. Im 15. Jahrhundert wandelte Sultan Mehmet II. den Klosterkomplex in eine Moschee mit sozialer Stiftung um und gab dieser angelehnt an einen ihrer Lehrer, Molla Zeyrek Mehmet Efendi, den Namen Zeyrek Camii.

Im Inneren der Moschee

Da das durch breite Durchgänge verbundene dreiteilige Gebäude zu verfallen drohte, stand die Zeyrek-Moschee vor einigen Jahren auf der Liste der gefährdeten Denkmäler und wurde umfangreichen Renovierungen unterzogen, die weiterhin anhalten. Sollte der ehemalige Kirchenkomplex jedoch wieder zugänglich sein, sieht man im Inneren vermutlich noch den Marmorboden der Südkirche, der von Ornamentfeldern mit Tierkreiszeichen, Jahreszeiten und den Taten Salomos geschmückt wird. Erhalten sind aus byzantinischer Zeit auch die Türen des Narthex (Vorhalle), die Apsis, Wandverkleidungen und einige Buntglasfenster.

Infos und Adressen

SEHENSWÜRDIGKEITEN

Zeyrek Camii. Bei Redaktionsschluss wegen Renovierung geschlossen. Vor der Renovierung galt während der Gebetszeiten für Nicht-Muslime nicht zugänglich. İbadethane Arkası Sokak 10, Zeyrek, Tel. 0212/532 27 78.

ESSEN UND TRINKEN

Vefa Bozacısı. Bereits seit dem 14. Jahrhundert wird das türkische Allheilmittel *boza* gebraut und von den Istanbulern besonders gern in der Winterzeit getrunken. Das puddingartige, kalte Getränk aus fermentierter Hirse wird mit Zimt abgeschmeckt. In der berühmten *boza*-Schenke von 1876 hat schon Kemal Atatürk den vitaminreichen Trunk genossen. Mo–Fr 9–21 Uhr, Katip Çelebi Cad. 104/1, Vefa, Tel. 0212/519 49 22, www.vefa.com.tr

Zeyrekhane. Auch wenn die Zeyrek-Moschee noch geschlossen ist, lohnt der Aufstieg schon wegen der atemberaubenden Aussicht von der Terrasse des Restaurants über das Goldene Horn und auf die Süleymaniye-Moschee. Das Menü des Restaurants verspricht feinste türkische Küche; zum türkischen Mokka wird leckeres Gebäck serviert. Di–So 9–22 Uhr, İbadethane Arkası Sok. 10, Zeyrek, Tel. 0212/532 27 78, www.zeyrekhane.com

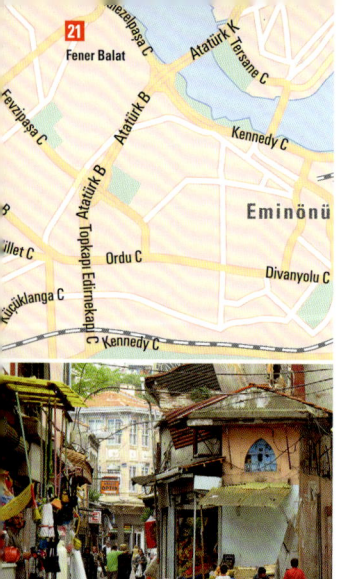

Oben: Die Straßen von Fener und Balat sind eine Welt für sich.
Unten: In der Hızır Çavuş Köprübaşı Sokak wurden die osmanischen Häuser hübsch restauriert.

21 Fener und Balat
Das griechische und das jüdische Erbe

Zwei der historisch interessantesten Viertel Istanbuls sind die alten multikulturellen Nachbarschaften Fener und Balat. Zeugnisse der christlichen und jüdischen Kultur, alte – teils verfallene, teils restaurierte – farbenfrohe Häuser in hügeligen Gassen, Einblicke in den Alltag der einfachen Bevölkerung, altmodische Tante-Emma-Läden sowie kreative Kunsthandwerker und Designer laden zu einem langen Bummel ein.

Am südlichen Ufer des Goldenen Horns erstreckt sich das einstige Zentrum der Istanbuler Griechen, Fener, in dem das griechisch-orthodoxe Patriarchat ansässig ist. Bis heute sind in diesem Stadtteil die alten prachtvollen Häuser der Griechen sichtbar, durch die man mit viel Fantasie den einstigen Wohlstand der Bewohner nachempfinden kann. Nördlich schließt sich Balat an, ein Stadtteil, der mit einigen leider nicht öffentlich

MAL EHRLICH
ÖFFNUNGSZEITEN VON KIRCHEN UND SYNAGOGEN

Viele Synagogen in Istanbul kann man nur nach Voranmeldung oder im Rahmen geführter, auch in vielen Hotels buchbarer Touren besichtigen. Ähnlich verhält es sich mit einigen Kirchen. Sowohl in armenischen als auch in griechisch-orthodoxen Kirchen fehlt oft Personal, um die Gotteshäuser offen zu halten. Steht man vor verschlossener Tür, lohnt der Versuch, an der Tür zu klingeln. Wenn jemand da ist und man freundlich fragt, wird auch gern Einlass gewährt.

zugänglichen Synagogen an die einst dort lebende jüdische Gemeinschaft erinnert. Die 1492 aus Spanien vertriebenen Juden eröffneten in Balat Geschäfte und Werkstätten, sind aber wie die Griechen im letzten Jahrhundert zu großen Teilen ausgewandert.

In den altertümlichen, teils recht steilen Straßen, die oft von Wäscheleinen überspannt und von bunten Häusern gesäumt werden, sucht man vergeblich Bürgersteige, trifft aber auf spielende Kinder, Frauen beim Plausch vor ihren Häusern und alte Herren, die sich im Teehaus stundenlang dem Backgammon-Spiel hingeben. Man kann einen Blick in Werkstätten werfen und in Ateliers zugezogenen Designern bei der Arbeit zusehen. Kirchen, Synagogen und Moscheen zeugen vom einst multikulturellen Flair der Stadtteile, die mittlerweile größtenteils von zugewanderten, meist streng gläubigen muslimischen Familien und von vielen Roma bewohnt werden. Einige Restaurationen, die in den letzten Jahren von der Europäischen Union unterstützt wurden, erzeugen einen faszinierenden Kontrast, der Fotografenherzen höher schlagen lässt und türkischen Film-Teams eine perfekte Kulisse bietet.

Patriarchatskirche

Seit 1601 liegt das Ökumenische Patriarchat von Konstantinopel in einem recht unscheinbaren Komplex und hinter hohen Mauern in Fener. Dort residiert seit 1991 Seine Allheiligkeit Bartholomäus I., Oberhaupt von rund 300 Millionen orthodoxen Christen weltweit. Als *primus inter pares* genießt der von der türkischen Regierung nur als Erzbischof von Konstantinopel angesehene Patriarch eine erhöhte Ehrenstellung in der Orthodoxie und steht orthodoxen Bischöfen als »Erster unter Gleichen« vor. Bartholomäus I. gilt als aufge-

Die prächtige Ikonostase der Patriarchatskirche

AUTORENTIPP!

GESCHICHTE UND MODERNE

Wie die Viertel am Goldenen Horn vereinigt auch das im Jahr 2007 eröffnete Rezan Has Museum auf dem Gelände der Kadir-Has-Universität die Vergangenheit mit der Gegenwart. Selbst das Gebäude oder besser gesagt die Gebäudeteile, in denen es untergebracht ist, stammen aus unterschiedlichen Jahrhunderten. Das Museum, das sowohl eine Dauer- als auch wechselnde Ausstellungen historischer Artefakte und zeitgenössischer Kunst umfasst, wird in einer ehemaligen Tabak-Fabrik von 1884 beherbergt. Erbaut wurde dieses Gebäude auf einer stillgelegten Zisterne der Byzantiner aus dem elften Jahrhundert und auf einem osmanischen Hamam aus dem 17. Jahrhundert.

Rezan Has Museum. Tgl. 9–18 Uhr, Eintritt 3 TL, Kadir Has Cad. (Kadir Has Üniversitesi), Cibali, Tel. 0212/533 65 32, www.rhm.org.tr

schlossener Mann, der sich für die Verständigung der Weltreligionen einsetzt. Sein Engagement für den Umweltschutz ist der Grund für die Bezeichnung als »Grüner Patriarch«. Dass Bartholomäus I. nicht unnahbar ist, merkt man, wenn man ihn bei einer der Messen (sonntags ab 9 Uhr) in der Patriarchatskirche antrifft.

Eine breite Treppe führt zu dem dreiflügeligen Tor des Patriarchats, dessen mittlere Tür seit 1821 ständig verschlossen ist. Sie soll an Grigorios V. erinnern, einen Patriarchen, der die Hellenen beim griechischen Unabhängigkeitskampf unterstützte und deswegen an diesem Tor gehängt wurde. Einlass gewährt das linke Tor, das auf den von neueren Verwaltungs- und Wohnbauten sowie der Bibliothek umgebenen Innenhof führt. Gegenüber erblickt man die dem Heiligen Georg gewidmete Patriarchatskirche, die 1720 als dreischiffige, äußerlich schlichte Basilika erbaut wurde. Über dem Eingang erinnert der Doppeladler, der bis heute Symbol der griechisch-orthodoxen Kirche ist, an das byzantinische Kaiserwappen. Er symbolisiert mit dem linken Kopf das im Westen liegende Rom und mit dem rechten Kopf Konstantinopel.

Im vorderen Teil des Hauptschiffs fällt rechts der prachtvolle Thron des Patriarchen auf. Der 1577 hergestellte, vier Meter hohe Thron aus Wallnussholz ist mit Gold sowie Elfenbein- und Perlmutt-

Ein multikultureller Streifzug

Ⓐ Rum Ortodoks Patrikhanesi – Ökumenisches Patriarchat von Konstantinopel. Tgl. 8.30–16.30 Uhr, Dr. Sadık Ahmet Cad. 44, Fener, Tel. 0212/53 19 67 06, www.patriarchate.org

Ⓑ Fener Rum Lisesi – Nun geht es steil bergauf zum Griechischen Jungengymnasium. Nicht öffentlich zugänglich, Sancaktar Yokuşu 36, Fener, Tel. 0212/521 22 52, www.fenerrumlisesi.k12.tr

Ⓒ Meryem Ana Rum Kilisesi – Auf gleicher Höhe befindet sich die Mouchliotissa-Kirche. Am Tor nach dem Küster klingeln. Tevkii Cafer Mektebi Sok./Fırketeci Sok. 5, Fener.

Ⓓ Fethiye Camii – Für Mosaik-Fans lohnt von dort der gut ein Kilometer lange Abstecher zum Pammakaristos-Kloster. Do–Di 9–18 Uhr, Eintritt 5 TL, Fethiye Kapısı Sok., Fener.

Ⓔ Tahta-Minare-Moschee – Ohne den Umweg geht es wieder hinab zur Vodina Caddesi, der eins-tigen Flaniermeile des Viertels. Linker Hand passiert man die Moschee mit ihrem markanten Ziegelstein-Minarett. Vodina Caddesi, Balat.

Ⓕ Bulgar Kilisesi – Die rechter Hand abzweigenden Gassen führen über die Yıldırım Caddesi zur Uferstraße mit der St. Stephanskirche. Tgl. 8–17 Uhr, Mürsel Paşa Cad. 75, Balat, Tel. 0212/248 09 21, www.svetistephan.com

Ⓖ Ahrida-Synagoge – Zurück in Balat geht es durch die Hızır Çavuş Köprü Sokak bis zum Ende der Vodina Caddesi. Hier befindet sich die Ahrida-Synagoge. Nur nach Voranmeldung, Kürkçü Çeşmesi Sok. 9, Balat, www.turkyahudileri.com

Ⓗ Surp Hreşdagabet. – Armenische Erzengel-Kirche. Do vormittags und am 16. September jeden Jahres, Kamış Sok. 2, Balat.

Ⓘ Ferruh-Kethüda-Moschee – Ferruh Kahya Sokak, Balat.

Intarsien verziert. Prächtig vergoldet ist auch die Bilderwand zwischen Gemeinde- und Altarraum (Ikonostase) mit ihren wertvollen Ikonen. In ihrem südlichen Abschnitt ist ein Teil der Geißelsäule Christi eingelassen, die von der Heiligen Helene, Mutter Konstantins des Großen, aus Jerusalem nach Konstantinopel gebracht worden sein soll.

Fener von oben

Wie eine Festung thront der riesige knallrote Backsteinbau mit seiner markanten Kuppel, die ein astronomisches Observatorium beherbergt, über Fener. 1881 ersetzte das auffällige Schulgebäude aus französischen Backsteinen die Vorgängerbauten aus osmanischer Zeit. Die im 15. Jahrhundert gegründete Schule war die einstige Hauptbildungsstätte der griechischen Jungen Istanbuls und ist die älteste bis dato betriebene griechische Schule Europas. Heute werden in dem »Rote Burg« genannten Bauwerk gerade mal sechzig Schüler unterrichtet.

Ein weiterer roter und überkuppelter, aber viel kleinerer Turm gehört zu der nahe gelegenen griechisch-orthodoxen Kirche der Heiligen Maria von den Mongolen (Mouchliotissa-Kirche), die als einzige der Stadt nach der osmanischen Eroberung durchgehend und unverändert als Kirche genutzt wurde. Der Erlass Sultans Mehmet II., die kleine Kirche zu verschonen, wird bis heute gründlich gehütet. Warum der Sultan die Kirche allerdings schützte, bleibt jedoch bis heute ein Rätsel.

Am Goldenen Horn

Insbesondere in französischen und britischen Kolonien wurden im 19. Jahrhundert viele Kirchen aus vorgefertigten Bausätzen konstruiert. Eines

Oben: Wehrhaft erhebt sich die traditionsreiche griechische Schule über Fener.
Unten: Die Uferabschnitte der Viertel werden gern zum Picknicken besucht.

der selten erhaltenen Bauwerke dieser Art thront am Ufer des Goldenen Horns. Grau und grün schimmert die bulgarische Eisenplatten-Kirche des Heiligen Stephan schon aus der Ferne. Erst 1849 durfte die bulgarische Minderheit Istanbuls ihre eigene Kirche errichten. Als die hölzerne Kirche Ende des 19. Jahrhunderts abbrannte, wurde der armenische Architekt Hovsep Aznavur mit dem Bau eines neuen Gotteshauses beauftragt. Für seinen Bau mit neubarocken und neugotischen Elementen bestellte er vorkonstruierte Teile bei der österreichischen Firma R.Ph. Wagner. Mit Schiffen wurden von Wien 500 Tonnen schwere, gusseiserne Elemente über die Donau und das Schwarze Meer angeliefert und eineinhalb Jahre lang zusammengebaut. Am 8. September 1898 konnte die Kirche, deren Innenbemalung mit einer Marmorverkleidung verwechselt werden kann, vom bulgarischen Exarchen eingeweiht werden.

In den Gassen von Balat

Multikultureller als Fener ist das angrenzende Balat. Nahe der im 15. Jahrhundert gegründeten Ahrida-Synagoge mit einer barocken Kuppel, schönen Holzmalereien und einer Gebetskanzel in Form eines Schiffsbugs liegt die große armenisch-apostolische Kirche Surp Hreşdagabet. Das Gotteshaus von 1833 ist den Erzengeln Michael und Gabriel geweiht und beliebter Wallfahrtsort armenischer Christen. Es imponiert vor allem mit seinem massiven eisernen Tor, das 1739 bei Ausgrabungen gefunden wurde, eine Szene des Heiligen Georgios abbildet und eine deutsche Inschrift trägt. Schließlich lädt der friedvolle Garten der Ferruh Kethüda Camii zu einer schattigen Pause ein. In der 1562 von Mimar Sinan erbauten Moschee sieht man einen schönen marmornen *mihrab* (»Gebetsnische«) und Kapitelle mit hölzernen *muqarnas*-Ornamenten.

ABSTECHER FÜR MOSAIK-FANS

Am Nordhang des fünften Stadthügels liegt die im zwölften Jahrhundert von Kaiser Johannes Komnenos gestiftete ehemalige Klosterkirche Pammakaristos, die heutige Fethiye-Moschee. Das Kloster, das zwischen 1453 und 1591 als Sitz des Patriarchen diente, wurde nach dem Sieg der Osmanen über Georgien und Aserbaidschan von Sultan Murad III. in eine Moschee umgewandelt. Die 1315 angebaute Grabkapelle an der Südseite wird seit den 1950er-Jahren als Museum genutzt, das schönen Mosaikschmuck präsentiert. Der kleine Kreuzkuppelbau birgt kostbare, leider nicht mehr vollständig erhaltene Mosaiken aus dem 14. Jahrhundert, die ein wichtiges Zeugnis der byzantinischen Renaissance sind. Besonders eindrucksvoll ist das Kuppelmosaik, das den von zwölf Propheten des Alten Testaments umgebenen Christus als Pantokrator zeigt.

Pammakaristos-Kloster (Fethiye Camii). Do–Di 9–18 Uhr, Eintritt 5 TL, Fethiye Kapısı Sok., Fener, Tel. 0212/635 12 73.

Infos und Adressen

ESSEN UND TRINKEN

Café Vodina. Im wohligen holzverkleideten Café des Kulturvereins von Balat fühlt man sich in alte Zeiten versetzt. Es ist nicht nur Treffpunkt älterer Damen, die hier einmal wöchentlich ihren Stammtisch abhalten, sondern mit dem friedvollen Garten, der mit Blumentöpfen in Form von Frauenhüten dekoriert ist, ein netter Ort, um Kaffee oder çay

Im »Köfteci Arnavut« isst man gut zu Mittag.

zu trinken oder alte Familienrezepte wie die leckeren *mantı* oder die mit Bulgur, Reis und Hackfleisch gefüllten Weinblätter (*yaprak sarması*) zu probieren. Tgl. 10–20 Uhr, Vodina Cad. 39–41, Balat, Tel. 0212/531 00 57.

Çanak Mangalda. In dem einfachen Lokal gegenüber dem Krankenhaus von Balat hat man sich auf das typische Bohnengericht in Tomatensauce *kuru fasulye* spezialisiert, das am liebsten mit Reis und Joghurt gegessen wird. Auch die auffallend großen Köfte sind empfehlenswert. Tgl. 11–21 Uhr, Hisarönü Cad. 1, Balat, Tel. 0212/621 58 35.

Fındık Kabuğunda Köfte. Etwas rauchiger als die üblichen Köfte schmecken die Hackfleischbällchen, die in diesem Lokal mit schönem Blick auf das Goldene Horn über der Glut von Haselnussschalen gegrillt werden. Bohnen werden mit der würzigen geräucherten Rinderfilet-Spezialität *pastırma* serviert. Tgl. 9–23 Uhr, Mürsel Paşa Cad. 89, Balat, Tel. 0212/635 33 10.

Köfteci Arnavut. Das winzige Lokal an der viel befahrenen Uferstraße ist in der Mittagszeit besonders voll, wenn die Einheimischen in der Pause zu einem schnellen Essen vorbeikommen. Seit 1947 serviert Familie İştay leckere Köfte, die man auch im Brot als eine Art Burger bestellen kann. Dazu schmeckt der Salat aus weißen Bohnen, *piyaz*. Mo–Sa 11–16 Uhr, Mürsel Paşa Cad. 139, Balat, Tel. 0212/531 66 52.

Mavi ve Beyaz (»Blau und Weiß«). Das kleine, eigentlich namenlose Café kennt man in der Nachbarschaft unter der Bezeichnung »mavi ve beyaz«, die auf die auffällige blau-weiße Möblierung zurückgeht. Während der Woche treffen sich hier Beschäftigte der Umgebung zum günstigen Frühstücken, çay- und Kaffeetrinken. Keine Karte, also einfach fragen, was es gerade gibt. Tgl. 8–16.30 Uhr, Yıldırım Cad. 10, Fener.

ÜBERNACHTEN

Daphnis. Das schön renovierte griechische Haus mit Flair aus dem frühen 20. Jahrhundert beherbergt viele Bischöfe und Priester, die das Patriarchat besuchen. Die 16 einfach eingerichteten Zimmer mit Holzböden haben teilweise einen Balkon mit Sicht auf das Goldene Horn. Wer es ruhiger mag, wählt ein Zimmer nach hinten raus und nicht zur viel befahrenen Straße. Dr. Sadık Ahmet Cad. 12, Fener, Tel. 0212/531 48 58, www.hoteldaphnis.com

EINKAUFEN

Ayhan Tomak. Der Maler und Holzschnitzer Ayhan Tomak kreiert seit den 1990er-Jahren hübsche Wandgemälde, Reliefs und einzigartige Skulpturen aus Buche, Olivenholz, Eiche und anderen Holzarten, die auch in vielen türkischen Fernsehproduktionen Platz finden. Als Motiv dient für die meisten seiner Arbeiten der menschliche Körper. Angeboten werden auch Holzschnitz- und Malerei-Workshops. Mürsel Paşa Cad. 111/A, Balat, Tel. 0532/608 96 46, www.ayhantomak.com

Balart Sanat Evi. 1975 absolvierte Beyhan Gürsoy die Akademie der bildenden Künste im Bereich Keramik. Im Jahr 2000 eröffnete sie ihr Atelier, in dem man hübsche Keramik-Objekte und handgefertigte sowie handbemalte Keramik-Häuschen kaufen kann, die die typische Architektur des Viertels widerspiegeln. Hızırçavuş Sok. 36, Balat, Tel. 0212/534 40 93, www.balartsanatevi.com

Camhane. Ein zweiteiliges historisches Gebäude am Ufer des Goldenen Horns, das 2005 von der Gemeinde restauriert wurde, dient Yasemin Aslan Bakiri als Ausstellungsraum eindrucksvoller Glasobjekte. Seit über 25 Jahren stellt die Künstlerin farbenfrohe kleine und große Deko-Objekte wie Skulpturen, Vasen oder Kaftane aus Glas her. Mo–Fr 10–18 Uhr, Mürsel Paşa Cad. (neben der St. Stephanskirche), Fener, Tel. 0212/521 60 00, www.camhane.com

Kastamonu Pazarı. Auf dem kleinen Wochenmarkt findet man rund ein Dutzend Stände, die frisches Gemüse und Obst anbieten. Bekannt ist der Markt vor allem für die kleinen saftigen pinkfarbenen Bio-Tomaten *(pembe domates)* und für das »weiße Gold« *(beyaz altın)*, also den Knoblauch. So 7–11 Uhr, Mahkeme Altı Caddesi, Balat.

Das »Blau und Weiß«: beliebter Treff am Patriarchat

Merkez Şekercisi. Seit 1878 ist der osmanische Zuckerbäcker fester Bestandteil des Viertels und berühmt für seine hausgemachte Rosen-Süßigkeit *güllü lokum.* Im nostalgischen mintgrünen Lädchen stehen noch die antike Zuckerwaage und andere Gerätschaften aus alten Zeiten. Leblebiciler Sok. 33, Balat, Tel. 0212/523 93 34.

Minush. Im Jahr 2009 hat die junge Designerin Mine Atalar ihre kleine Boutique eröffnet, in der sie ihre handgemachten Taschen, Kissen, Keramik-Waren und Schuhe verkauft. Die äußerst verspielten originellen Kreationen sind ausschließlich aus natürlichen Materialen handgefertigt. Die Aufdrucke umfassen vor allem Hunde, Katzen und Vögel, Früchte, das Thema Musik und viel Kreatives mehr. Mo–Fr 10.30–17.30 Uhr, Yıldırım Cad. 31/B, Fener/Balat, Tel. 0212/534 52 30, www.minush.net

Designerin Mine Atalar mit einer ihrer Kreationen

22 Theodosianische Landmauer
Massives Festungswerk

Seit dem fünften Jahrhundert schützte die rund sechs Kilometer lange Theodosianische Landmauer, die sich zwischen Goldenem Horn und Marmarameer erstreckt, über 1000 Jahre das byzantinische Konstantinopel vor jeglichen Belagerern. Heute kann man auf erhaltene Mauerabschnitte und ihre Türme steigen, durch geschichtsträchtige Tore laufen, byzantinische Palastreste entdecken und eine der Moscheen des Architekten Sinan besuchen.

Wer einen guten Eindruck von der stufenförmig angeordneten Befestigungsanlage gewinnen möchte, sollte zumindest einen Spaziergang entlang des gut zwei Kilometer langen nördlichen Mauerabschnitts zwischen Topkapı und Ayvansaray unternehmen. Interessant ist dort nicht nur die Mauer, die Konstantinopel vom Land her schützte, sondern auch der Kontrast der umliegenden Viertel. Zwischen modernen Straßenzügen

Oben: Ländlich wirken an der Landmauer auch vereinzelte Gemüsestände.
Unten: Der Tekfur-Palast stammt aus byzantinischer Zeit.

MAL EHRLICH

ZEIT NEHMEN LOHNT SICH!

Die meisten Istanbul-Besucher haben zu wenig Zeit und wollen so viel wie möglich sehen. Dennoch lohnt es sich für diejenigen, die gut zu Fuß sind und stärkeres Interesse an dem Bauwerk haben, die gesamte, 6,5 Kilometer lange Strecke zu laufen. Südlich des Topkapı sind die Abschnitte rund um das Silivri Kapı und das Belgrat Kapı sehr schön restauriert. An einigen Stellen sieht man Kaiserinschriften und antike Bauglieder.

Theodosianische Landmauer

und Grünanlagen sieht man noch unbebaute Flächen, auf denen vereinzelt Schafsherden weiden. Auf der Ostseite reihen sich historische Bauten an ländlich wirkende Häuschen mit Hühnerställen und zahlreiche heruntergekommene Baracken.

Das Festungswerk

Das dreiteilige, insgesamt 70 Meter breite Festungswerk aus Kalkstein und Ziegeln ließ Kaiser Theodosius II. (401–450) zwischen 412 und 422 rund 1,5 Kilometer westlich der alten Stadtmauer Konstantins des Großen errichten und schuf damit zusätzlichen Wohnraum. Obwohl die Mauer in den folgenden Jahrhunderten immer wieder Schäden und vielen Reparaturen ausgesetzt war, konnte sie den Angriffen von Ostgoten, Hunnen, Bulgaren, Tartaren und Arabern entgegenhalten.

Die fünf Meter breite und zwölf Meter hohe Hauptmauer wurde von 96 Türmen mit einer Höhe von bis zu 20 Metern verstärkt. Westlich ließ man im Abstand von 15 bis 20 Metern eine tiefer liegende, acht Meter hohe Vormauer mit Kasematten und 82 Türmen errichten. Davor konnte man einen mit Trennwänden ausgestatteten, zehn Meter tiefen und 20 Meter breiten Graben, der mit Ziegeln ausgelegt war, in kürzester Zeit mit Wasser füllen. Der Graben bildete den äußeren Teil des Wallsystems. In unregelmäßigen Abständen gewährten elf Tore, die das doppelte Mauerwerk umfassten, sowie kleinere Pforten seitlich einiger Türme den Ein- und Ausgang in die Stadt. Das wichtigste Stadttor war die Porta Aurea (siehe S. 153) am südlichen Ende.

Topkapı Meydanı

Den Spaziergang entlang der Mauer beginnt man am besten am Topkapı Meydanı, der fußläufig von

Oben: Schön restauriert wurde das Belgrat Kapı am südlichen Teil der Mauer.
Unten: Eindrucksvoll ist der Lichteinfall in der hellen Mihrimah-Moschee.

DIE EROBERUNG KONSTANTINOPELS

Im Jahr 2009 eröffnete in einer schönen Grünanlage nahe des Topkapı das Museum Panorama 1453, das auf drei Stockwerken die Eroberung der byzantinischen Hauptstadt am 29. Mai 1453 thematisiert. Highlight ist das 2350 Quadratmeter große Panoramabild auf der obersten Etage, das mit Audioeffekten, rekonstruierten Kanonen, Pulverfässern und Pferdewagen äußerst detailliert tausende osmanische und byzantinische Soldaten beim erbarmungslosen Kampf um die Stadt zeigt. Acht Künstler arbeiteten mit 10 000 Darstellern drei Jahre lang an dem riesigen Projekt. Im Vordergrund des Bildes stehen die riesigen Kanonen, mit denen es dem hoch zu Ross sitzenden Sultan Mehmet II. gelang, die massive Befestigungsanlage zu durchbrechen. Infos im Museum nur auf Türkisch.

Museum Panorama 1453. Tgl. 9–19 Uhr, Eintritt 10 TL, Audio-Guide 5 TL, Topkapı Kültür Parkı, Topkapı, Tel. 0212/415 14 53, www.panoramikmuze.com

Buntglasfenster in der Moschee

der gleichnamigen Tram-Haltestelle erreichbar ist. Dort wurde in den letzten Jahren das Topkapı (»Kanonentor«), das Angriffsziel der Osmanen am 29. Mai 1453, restauriert. Ein Ungar mit dem Namen Urban bombardierte damals diesen Abschnitt mit 300 Kilogramm schweren Steinkugeln und brachte das Tor nach über 1000 Jahren zum Einsturz. Als die osmanischen Truppen unter dem Eroberer Sultan Mehmet II. näher rückten, um an der Hauptmauer weitere Tore zu öffnen, lösten sich die byzantinischen Truppen auf. An diesem Tag fiel aber nicht nur die Reichshauptstadt und der letzte byzantinische Kaiser Konstantin XI. (1404–1453), sondern auch Urban durch die Explosion seiner überhitzten Kanone.

Mihrimah Camii

Gut ein Kilometer weiter nördlich erhebt sich an der Ostseite der Mauer der Stiftungskomplex der Mihrimah Camii. An der höchsten Stelle der Altstadt ließ in den 1560er-Jahren Prinzessin Mihrimah, die Ururenkelin Mehmets II. und Lieblingstochter Sultan Süleymans des Prächtigen, eine weithin sichtbare Moschee erbauen. Der von Baumeister Sinan errichtete Sakralbau sollte vor allem den aus Europa und Edirne (West-Türkei) kommenden Reisenden dienen und ihnen den Weg in die Stadt weisen.

Den Wunsch der Prinzessin, eine besonders helle Moschee zu schaffen, konnte Sinan gut umsetzen. Ein lichtdurchfluteter Gebetsraum wird durch 104 Fenster sichergestellt. Die 20 Meter weite Kuppel mit einem Fensterkranz und einer Scheitelhöhe von 37 Metern ruht auf vier hohen Schildwänden mit je drei Fensterreihen. Einen hellen Einheitsraum schuf Sinan auch durch die Integration der vier die Kuppel stützenden Pfeiler in die Seitenwände. Jeweils zwei monolithische Säulen tragen die seitlichen Schildwände und trennen den kubusförmigen Hauptraum von den mit je drei Kuppeln überdeckten Seitenschiffen.

Edirnekapı

Nahe der Moschee wurden Anfang der 1990er-Jahre die Abschnitte der Mauer rund um das überwucherte Edirnekapı (Adrianopel-Tor) renoviert. Das kleine Tor, an dem früher die Heerstraße von Edirne, dem alten Adrianopel, endete, markierte in byzantinischer Zeit die höchste Stelle der Stadt. Dieses einst zweitwichtigste Tor des Mauerwerks nutzte Sultan Mehmet II. nach der knapp zweimonatigen Belagerung und der dreitägigen Plünderung durch seine Soldaten für den triumphalen Einzug in die neue osmanische Hauptstadt.

Tekfur Sarayı

Etwa 650 Meter weiter nördlich erhebt sich am Ende der Landmauer die eindrucksvolle Ruine des letzten byzantinischen Kaiserpalasts (Porphyrogennetos-Palast), der vermutlich im 13./14. Jahrhundert als Anbau des großen Blachernen-Palasts errichtet wurde. Da die Verwendung der verschiedenfarbigen Steinlagen jedoch ein beliebtes Gestaltungsmittel des zehnten Jahrhunderts war, ist auch eine frühere Erbauung möglich.

Erhalten sind die mehrfarbigen Mauern eines dreistöckigen Saals, die sich aus einem Quadermauerwerk, schmalen Ziegel- und breiten Mörtelschichten sowie Marmor zusammensetzen. Das Erdgeschoss ist von der Hofseite durch Arkaden zugänglich. Darüber erstrecken sich zwei Reihen mit großen Fenstern. Die zur Stadt hin gewandte Seite hat eine Fensterreihe im Obergeschoss. Dort ist auch noch der Ansatz eines Balkons erkennbar.

Oben: Trotz der Nähe zur Stadt werden an der Landmauer Obst und Gemüse angebaut.
Unten: Unterhalb eines Balkons vom Tekfur Sarayı sind noch Reste der Kapitelle zu sehen.

TURKUAZOO-AQUARIUM

Nur drei Metro-Haltestellen von der Landmauer entfernt kommen nicht nur die Großen, sondern auch die Kleinen voll auf ihre Kosten. Im Forum Istanbul, einem der größten Shopping-Center der Stadt, eröffnete im Jahr 2009 das 8000 Quadratmeter große Aquarium Turkuazoo. In 43 Becken sind über 10 000 Meeresbewohner wie riesige Stachelrochen, Piranhas, Rotfeuerfische, Zackenbarsche oder Oktopoden zu Hause. Ein Personenförderband führt Besucher durch einen 80 Meter langen Unterwassertunnel, in dem man sich wie auf dem Meeresgrund fühlt. Manchmal kann man dort auch das Füttern der Haie oder eine Tauchshow beobachten. Mutige (ab 14 Jahren) können nach Voranmeldung auch selbst mit Haien tauchen.

Turkuazoo. Tgl. 10–20 Uhr, Eintritt 29,50 TL, Kinder (3–16 J.) 22 TL, Hai-Tauchen 215 TL, Paşa Cad. 3, Bayrampaşa, Tel. 0212/640 27 40, www.turkuazoo.com

Blachernen-Palast

Die nördlich abfallenden Mauern gehörten zum einstigen Blachernen-Palast, der sich auf rund 2000 Quadratmetern zwischen dem Eğrikapı und dem Goldenem Horn erstreckte und heute vollständig überbaut ist. Als die antiken Kaiserpaläste am Marmarameer im achten Jahrhundert zum Angriffsfeld der arabischen Flotten wurden, ließ man neue Gemächer rund um eine bedeutende Marienkirche errichten. An der Stelle der damaligen Kirche steht seit 1960 ein neu errichtetes Gotteshaus, das mit seiner Heiligen Quelle ein wichtiges Pilgerziel von griechisch-orthodoxen Gläubigen ist. Ein Abstecher dorthin lohnt auch für Nicht-Orthodoxe, die sich auch etwas von der Quelle mit den wundersamen Heilkräften abzapfen wollen.

Mehrmals wurde der Palast umgebaut. Der umfangreichste Ausbau des Palastareals fand im elften Jahrhundert unter Alexios I. Komnenos (1048–1118) statt, der dort den großen Komnenen-Palast platzieren ließ. Die Kaiserfamilie der Palaiologen führte im 13. Jahrhundert Renovierungen und Erweiterungen an dem Palast durch. Sichtbar ist aus dieser Zeit das sogenannte »Gefängnis des Anemas«, das aus zwei Türmen bestand.

Türme des Palasts

Im Turm des Anemas, der zunächst als Magazin für Lebensmittel diente, wurden unter Kaiser Alexios I. Komnenos der aufständische General Michael Anemas und später auch Mitglieder der byzantinischen Kaiserfamilie eingesperrt. Dem zweiten Turm gab Kaiser Isaak II. Angelos (1155–1204) seinen Namen, der dort von seinem zwischenzeitlich zum Kaiser proklamierten Bruder Alexios III. eingeschlossen wurde.

Infos und Adressen

SEHENSWÜRDIGKEITEN

Panayia Vlaherna Ayazması Meryem Ana. Marienkirche. Tgl. 10–15.30 Uhr, Mustafa Paşa Bostanı Sok. 47, Ayvansaray.

Mihrimah Camii. Fevzi Paşa Caddesi, Edirnekapı.

Tekfur Sarayı. Porphyrogennetos-Palast. Şişhane Caddesi, Edirnekapı.

ESSEN UND TRINKEN

Topkapı Sosyal Tesisleri. Wenn nicht gerade Hochzeiten in der kommunalen Event-Location gefeiert werden, lohnt in dem schönen Garten zu Füßen der Mauer eine Pause für einen Snack, einen Kaffee oder Tee. Tagsüber geöffnet, Millet Cad. (an der Landmauer), Topkapı, Tel. 0212/523 08 98.

Zinnet. Das von einer uigurischen Familie geführte Restaurant liegt recht skurril, umgeben von Hütten, die die Lebensformen der Turkvölker repräsentieren sollen, in einer modernen Grünanlage. Serviert werden Gerichte aus Zentralasien.
Tgl. 10.30–22.30 Uhr, Türk Dünyası Kültür Evleri 6, Kültür Parkı, Topkapı, Tel. 0212/567 10 77, www.zinnetrestaurant.com

ÜBERNACHTEN

Barceló Eresin Topkapi. Das auch mit dem Auto gut erreichbare Hotel ist ein praktischer Ausgangspunkt für die Erkundung der Altstadt, wenn man

Miesmuscheln am wöchentlichen Taubenmarkt

Beliebtes Einkaufszentrum: Forum Istanbul

nicht mitten im Zentrum wohnen möchte. Das 5-Sterne-Haus mit 250 geräumigen und komfortablen Zimmern verfügt über einen 1000 Quadratmeter großen Wellness-Bereich. Millet Cad. (Turgut Özal Cad.) 186, Topkapı, Tel. 0212/631 12 12, www.barceloeresintopkapi.com

EINKAUFEN

Forum Istanbul. Das riesige Einkaufszentrum reizt nicht nur mit zahlreichen Einkaufsmöglichkeiten, sondern auch mit Aktivitäten wie Kino, Bowlingbahn, Minigolf, Dinosaurier-Park und Eisskulpturen-Museum. Anfahrt: Mit der M1 von der Haltestelle Topkapı/Ulubatlı nach Kartaltepe/Kocatepe. Tgl. 10–22 Uhr, Paşa Cad., Bayrampaşa, Tel. 0212/443 13 50, www.forumistanbul.com.tr

VERANSTALTUNGEN

Güvercin Pazarı. Tauben-Basar. Am Wochenende präsentieren und verkaufen Züchter und Händler an einem Parkplatz auf Höhe des Edirnekapı die unterschiedlichsten Haustauben und andere Zuchtvögel. Ab dem frühen Vormittag bis zum Sonnenuntergang, Hoca Çakır Cad. (ungefähr Hausnummer 76).

23 Chora-Kirche
Byzantinische Kunst

Seit 1958 können Besucher die einzigartigen Mosaiken und Fresken im Stil der palaiologischen Renaissance und die farbenprächtige Marmorausstattung der ehemaligen Chora-Kirche (Kariye Müzesi) auf dem sechsten Stadthügel bestaunen. Die erhaltenen Mosaikarbeiten, die das künstlerische Potential der Byzantiner repräsentieren, gehören zu den prächtigsten Sakralausschmückungen Istanbuls und zu den bedeutendsten weltweit.

Kanzler Theodoros Metochites ließ zwischen 1315 und 1321 das im sechsten Jahrhundert gegründete und später zerstörte Chora-Kloster wieder aufbauen und durch Anbauten erweitern. Die außerhalb der konstantinischen Mauer gelegene Klosterkirche, die »Kirche des Landes«, wurde mit Marmor, Fresken und Mosaiken ausgeschmückt.

Als man den Sakralbau im 15. Jahrhundert zur Moschee erklärte, deckte man den Wandschmuck mit Holz ab und übertünchte ihn mit Farbe. Mosaiken und Fresken kamen erst Mitte des 20. Jahrhunderts wieder zum Vorschein, als das Byzantine Institute of America aus Washington sie freilegte und konservierte.

Die Fresken der Grabkapelle

Der Besuchereingang führt in den südöstlichen Bereich der L-förmigen äußeren Vorhalle (Exonarthex), die rechter Hand durch zwei Marmorsäulen getrennt in die Grabkapelle (Parekklesion) übergeht. Die Kapelle mit Grabnischen birgt gut erhaltene Fresken.

Der rote Backsteinbau der byzantinischen Chora-Kirche wurde in osmanischer Zeit zur Moschee umgewandelt.

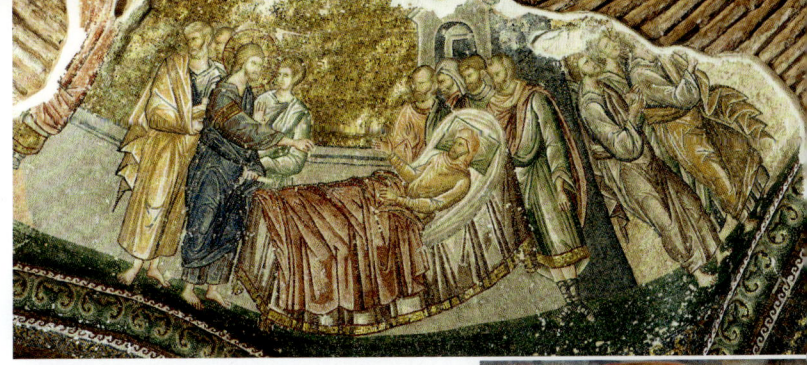

Mosaiken im äußeren Narthex

Am Nordende der Exonarthex beginnt der Mosa-
ikenzyklus, der vom Leben Jesu erzählt. Angefan-
gen mit Josefs Traum setzen sich die Erzählungen
im Uhrzeigersinn fort. Das Mosaik links des
Durchgangs zum inneren Narthex berichtet von
der Weihnachtsgeschichte. Bei genauem Hinse-
hen fallen die verbundenen Füße Marias auf, die
ihre Jungfräulichkeit symbolisieren. Es folgen
Szenen der Heiligen Drei Könige. An der Wand
gegenüber versteckt sich Elisabeth mit ihrem
Sohn Johannes dem Täufer vor den Soldaten des
Königs Herodes. Rechts des Ausgangs sieht man
die Familie Jesu, wie sie aus Ägypten nach Naza-
reth zurückkehrt. Im Gewölbe ist die Taufe Christi abgebildet. Die Gewölbeecken zwischen den
Türen berichten von Jesus Wundern, wie z.B. der
Verwandlung von Wasser zu Wein. Im Bogenfeld
über dem Ausgang wird Maria mit dem Jesuskind
in einem ovalen Medaillon vor ihrer Brust gezeigt. Sie symbolisiert die Inkarnation Gottes.
Gegenüber thront Jesus als Pantokrator, dessen
Augen wirken, als würden sie dem Betrachter
folgen, eine Technik, die auch Leonardo da Vinci
bei der Mona Lisa angewendet hat.

Mosaiken im inneren Narthex

Beim Betreten der inneren Vorhalle (Esonarthex)
erblickt man oberhalb der gegenüberliegenden

Oben: Die Mosaiken der Chora-
Kirche zählen zu den aufwändigs-
ten weltweit.
Unten: Die Fresken in der Grab-
kapelle zeigen u.a. das Jüngste
Gericht, davor Maria mit dem
Jesuskind, umgeben von Engeln.

149

SPEISEN WIE DIE SULTANE

Seit über 20 Jahren werden im edlen »Asitane Restaurant« und seinem schönen Garten längst vergessene Gerichte aus der osmanischen Palastküche kreiert. Über 200 Originalrezepte konnten die Köche des Restaurants nach langwieriger Recherche mittlerweile rekonstruieren. Speisen, die zwischen dem 15. und 19. Jahrhundert im Topkapı- und im Dolmabahçe-Palast serviert wurden und der modernen türkischen Küche nur selten gleichen, füllen die saisonal wechselnde Speisekarte. Highlights sind zum Beispiel das mit Zimt, Rosinen und Pinienkernen verfeinerte Kichererbsenpüree von 1469 oder die im Jahr 1539 servierte, mit Reis, Rosinen, Lamm- und Rindfleisch gefüllte Quitte. Donnerstags bis sonntags wird klassische türkische Livemusik gespielt.

Asitane Restaurant. Tgl. 11–24 Uhr, Kariye Camii Sok. 6, Edirnekapı, Tel. 0212/635 79 97, www.asitanerestaurant.com

Tür das Stiftermosaik, in dem Theodoros Metochites Christus ein Modell seiner Kirche überreicht. Die Mosaiken des Nordteils, die wie im Exonarthex an der Nordwand beginnen, thematisieren auch mithilfe von Bildnissen, die nicht im biblischen Kanon stehen, das Leben Marias. Im Zentrum der Nordkuppel ist Maria mit dem Jesuskind abgebildet und von 16 Abschnitten mit Königen aus dem Alten Testament umgeben. Im Bogenfeld an der Ostwand überbringt Erzengel Gabriel Anna die Botschaft, dass sie mit Maria schwanger ist. Das Wasser und der zu seinem Nest fliegende Vogel symbolisieren das Leben und weisen ikonografisch auf die neue Familie hin. Weiter rechts folgen Mosaiken mit der Geburt Marias und ihrem Leben im Tempel. Ihre Begegnung mit Josef sieht man an der Westwand. Der Zyklus endet mit der Verkündung im südwestlichen Pendentif der Nordkuppel.

In der südlichen Kuppel ist Christus als Pantokrator in einem Medaillon von 24 Sektoren seiner Vorfahren umgeben. Die Mosaiken rund um die Kuppel zeigen den heilenden Jesus. An der Ostwand darunter ist ein Teil des Deesis-Mosaiks, eine übliche byzantinische Bildkomposition des Bittgebets, mit Jesus und der fürbittenden Maria erhalten.

Marmor im Hauptraum

Der kreuzförmige Hauptraum (Naos), der von Nebenräumen umgeben ist, enthält drei Mosaiken und imponiert mit einer kostbaren Marmorverkleidung. Verwendet wurde größtenteils weißer Marmor mit grauer Maserung. Vertreten ist aber auch antiker Marmor sowie grüne, rote und gelbe Marmorsorten aus Nordafrika, der Insel Euböa und Anatolien. Links gegenüber dem Eingang sieht man ein Mosaik mit einer Darstellung Christi, rechts ein Mosaik mit Maria als Wegweisende. Über der Tür ist das Mosaik der Koimesis zu sehen.

Infos und Adressen

SEHENSWÜRDIGKEITEN

Kariye Müzesi. Chora-Kirche. Sommer Do–Di 9–19 Uhr, Winter Do–Di 9–16.30 Uhr, Eintritt 15 TL, Audio-Guide 10 TL, Kariye Camii Sok. 26, Edirnekapı, Tel. 0212/631 92 41, http://kariye.muze.gov.tr

ESSEN UND TRINKEN

Kariye Pembe Köşk. Auch wenn der große Teegarten gegenüber der Chora-Kirche recht touristisch wirkt, ist er eine gute Wahl für eine Pause. Empfehlenswert ist die hausgemachte Limonade sowie der frisch gepresste Granatapfel- und Orangensaft. Tagsüber geöffnet, Kariye Camii Sok. 21, Edirnekapı, Tel. 0212/635 85 86.

ÜBERNACHTEN

Kariye. Das ruhig gelegene ältere Hotel ist in einer großen restaurierten Stadtvilla aus dem 19. Jahrhundert untergebracht. Die 27 Zimmer sind mit traditionellem Mobiliar ausgestattet und einfach eingerichtet. Das Frühstücksbuffet wird im hoteleigenen Spezialitätenrestaurant serviert. Gutes Preis-Leistungs-Verhältnis. Kariye Camii Sok. 6, Edirnekapı, Tel. 0212/534 84 14, www.kariyeotel.com

Qualitative Keramik im Geschäft »Firca«

EINKAUFEN

Fettah. In zwei zusammengehörenden Geschäften werden Silberschmuck, Keramik-Objekte und dekorative Keramikfliesen verschiedener Qualität angeboten. Do–Di 8.30–18.30 Uhr, Kariye Camii Sok. 19–50, Edirnekapı, Tel. 0212/635 26 29.

Firca. In der siebten Generation produziert die Familie Firca aus Kappadokien unterschiedliche Keramikobjekte. Im Erdgeschoß des großen Geschäfts findet man die günstigeren Objekte wie Alltagsgeschirr und Dekorationsstücke. Auf der oberen Etage werden außergewöhnliche Teile wie originalgetreue Kopien 4000 Jahre alter Vasen präsentiert. Kariye Camii Sok. 4, Edirnekapı, Tel. 0212/534 49 16, www.fircaceramic.com

Eine große Auswahl an Fliesen bekommt man in den Geschäften an der Chora-Kirche.

24 Festung Yedikule
Aufstieg für Mutige

Ein außergewöhnlicher Ausflug führt historisch Interessierte vom vielbesuchten Zentrum Sultanahmet zu einem touristisch unberührten Viertel am südlichen Ende der Stadtmauer, Yedikule (Yedikule Hisarı Müzesi). Dort wurde in osmanischer Zeit durch den Anbau neuer Türme und Mauern die gleichnamige geschichtsträchtige Festung erbaut. Für Mutige lohnt der Aufstieg auf die Mauern mit einer tollen Aussicht auf das Marmarameer.

Die schönste Strecke zur historischen Festung führt vom Bahnhof Sirkeci (siehe S. 98) mit dem Zug in Richtung Halkalı ins Viertel Yedikule. Auf dem acht Kilometer langen Abschnitt der Strecke, die auch der Orient Express gefahren ist, betrachtet man die Altstadt Istanbuls aus einem anderen Blickwinkel. Während an den Bahnhöfen durch die Einheimischen geschäftiges Treiben herrscht, kann man auf der Strecke linker Hand immer mal wieder einen Blick zum Marmarameer erhaschen.

Auf der rechten Seite erheben sich zwischen alten osmanischen Holzhäusern, wenigen Neubauten und jahrhundertealten Mauern der Topkapı Sarayı und die Hagia Sophia. Vorbei an der Küçük-Ayasofya-Moschee, der Fischergegend Kumkapı und dem touristisch noch recht unberührten Tavernen-Viertel Samatya (Koca Mustafa Paşa) kommt man zum kleinen Bahnhof Yedikule. Von dort führt links des Ausgangs die Yedikule İstasyon Caddesi durch das nostalgische, einst multikulturelle Viertel, das heute auch als Kulisse für türkische Filmproduktionen dient, zur markanten Festung Yedikule.

Oben: Die osmanische Festung Yedikule ist Teil der Theodosianischen Landmauer.
Unten: Gut essen unter Einheimischen kann man im nahe liegenden Viertel Samatya.

Die Festung der sieben Türme

Sultan Mehmet II. (um 1430–1481) ließ 1457/58 am südlichen Teil der byzantinischen Stadtmauer durch den Anbau von drei sternförmig angeordneten Rundtürmen und Verbindungsmauern einen wehrhaften Festungsbau (türk. *Yedikule*) errichten, der als Gefängnis, Schatzkammer und Archiv diente. Wer die steilen Stufen der Mauern nicht scheut, sollte unbedingt hinaufsteigen und die Aussicht auf das Marmarameer und die umliegenden Viertel genießen. Gleich links des Eingangs liegt der »Kerker-Turm«, in dem Gesandte aus fremden Ländern und Verräter des Sultans gefangen gehalten wurden. Bis heute kann man in den Wänden die eingeritzten Namen und Daten der Häftlinge erkennen. Im weiträumigen Innenhof standen einst die Wärterhäuser. Heute sind dort noch die Reste einer Moschee sichtbar.

Das Goldene Tor

Gegenüber dem Eingang sind zugemauerte Durchgänge erkennbar, die in byzantinischer Zeit die dreiteilige Porta Aurea, das »Goldene Tor«, bildeten. Das 66 Meter breite und 20 Meter hohe Tor war Endpunkt der Via Egnatia, dem Balkan-Abschnitt der römischen Verbindungsstraße zwischen Konstantinopel und Rom. Das große mittlere Tor diente den byzantinischen Kaisern als Triumphtor. Die beiden kleinen Tore links und rechts wurden von der Bevölkerung genutzt. Durch die meist offen stehende Gittertür des linken Tores kommt man in den kleinen überwucherten Vorhof. In byzantinischer Zeit war die Fassade auf dieser Seite nicht nur mit Gold, sondern auch mit Statuen der Siegesgöttin Nike und des Kaisers Theodosius II. (401–450) sowie mit vier bronzenen Elefanten prachtvoll geschmückt. Im südlichen Marmorturm stellten die Osmanen später einen Richtblock auf.

Infos und Adressen

SEHENSWÜRDIGKEITEN

Yedikule Hisarı Müzesi. Do–Di 9.30–16.30 Uhr, Eintritt 10 TL, Kale Meydanı Cad. 4, Yedikule, Tel. 0212/585 89 33.

ESSEN UND TRINKEN

Ali Haydar. Im traditionellen *meyhane* schmecken nicht nur Raki, sondern auch die Vorspeisen wie Bulgur-Bällchen mit Hackfleischfüllung (*içli köfte*) oder Auberginen in Tomaten-Knoblauch-Soße (*şakşuka*) und die verschiedenen Fleischgerichte. Nebenbei wird zur traditionellen *fasıl*-Musik getanzt. Tgl. 11–24 Uhr. Gümüşyüzük Sok. 6, Samatya, Tel. 0212/584 21 62.
Develi. Die Gerichte der südostanatolischen Küche werden in diesem Restaurant seit 1912 ausschließlich aus regionalen Zutaten gekocht. Spezialitäten sind die verschiedenen Kebab-Variationen. Lecker sind auch die vegetarisch gefüllten getrockneten Auberginen (*kuru patlıcan dolması*) und die Suppe mit Kichererbsen und Weizen (*yuvalama*). Gümüşyüzük Sok. 7, Samatya, Tel. 0212/529 08 33, www.develikebap.com
Günbilir Balık. Im Restaurant in einem alten armenischen Haus und an den Tischen in der gemütlichen Gasse werden vor allem Meeresfrüchte und Fisch serviert. Auf der Karte stehen auch Gerichte mit armenischen und griechischen Einflüssen. Eski Kulluk Sok. 18, Samatya, Tel. 0212/529 26 45, www.gunbilirbalik.com

INFORMATION

Anfahrt. Die Züge (Banliyö Treni) fahren vom Bahnhof Sirkeci (s. S. 98) in Eminönü mindestens alle 25 Minuten zur Haltestelle Yedikule. Fahrtdauer 16 min., einfache Fahrt 3 TL.

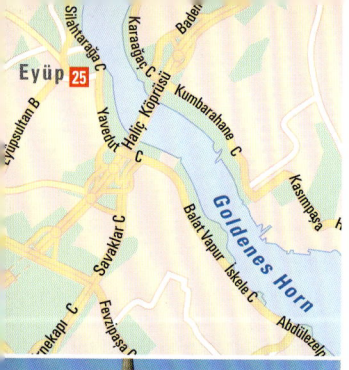

25 Eyüp
Istanbuls wichtigster Wallfahrtsort

Der wohl heiligste Vorort Istanbuls ist zugleich eine der wichtigsten islamischen Pilgerstätten – nach Mekka, Medina und Jerusalem. Hunderttausende pilgern jährlich nach Eyüp am nordwestlichen Ende des Goldenen Horns, zum Schrein von Abu Ayyub al-Ansari, dem Fahnenträger des Propheten Mohammed. Zu Fuß oder mit der Seilbahn geht es von den Gassen hinauf zu einem der schönsten Aussichtspunkte der Stadt.

Gegenüber dem Anleger Eyüps, der von den Haliç-Fähren aus Eminönü angefahren wird, führt die Eyüp İskele Caddesi ins gleichnamige fromme und friedvolle Viertel, das sofort nach der Eroberung der byzantinischen Hauptstadt ein wichtiger Wallfahrtsort in der islamischen Welt wurde. Sultan Mehmet II. (um 1430–1481) konnte dort durch einen Traum seines Lehrers eine Verbindung zum Propheten Mohammed herstellen. Dem islami-

Oben: Die Eyüp-Moschee ist Mittelpunkt des gleichnamigen Viertels.
Unten: Auch die Pilger fahren Eyüp am liebsten mit dem Boot an.

MAL EHRLICH

EYÜP AM FREITAG
Zum wichtigen Freitagsgebet versammeln sich in Eyüp unzählige Pilger mit ihren Familien. Oft ist in der Moschee dann nicht genügend Platz für alle Gläubigen, der Hauptplatz füllt sich mit Betenden und eine Besichtigung ist recht aussichtslos. Möchte man die ehrwürdige und spirituelle Atmosphäre lieber in Ruhe erleben, sollte man Eyüp an einem anderen Wochentag, vor allem vormittags, besuchen.

schen Gelehrten Şeyh Akşemseddin wurde im Schlaf der Weg zum Grab von Abu Ayyub al-An-sari (576–674), dem Gefährten des Propheten Mo-hammed, gewiesen. Abu Ayyub starb vermutlich bei der ersten Belagerung Konstantinopels durch die Araber 668/69 und wurde vor den Toren der Stadt begraben. Am Fundort seines Leichnams ließ Sultan Mehmet II. im Jahr 1458 die Eyüp-Mo-schee errichten. Die Gebeine des Märtyrers setzte er feierlich in der anliegenden Türbe bei.

Die Eyüp Camii

An die Eyüp İskele Caddesi schließt sich die von Türben und religiösen Souvenirläden gesäumte Camii Kebir Sokak an, die auf den Hauptplatz mit einem großen Brunnen führt. Dort erhebt sich rechts die Eyüp Camii, die Ende des 18. Jahr-hunderts so stark verfallen war, dass Sultan Se-lim III. (1761/62–1808) sie gänzlich erneuern ließ. Durch den äußeren Hof, auf dem der Şadır-van (»Reinigungsbrunnen«) steht, betritt man den Vorhof mit zwei großen umzäunten Plata-nen. Auf einem Podium zwischen den Bäumen fand nach der Inthronisation der Sultane ihre Umgürtung mit dem Schwert Osmans, dem Be-gründer der osmanischen Dynastie, statt. Vollzo-gen wurde das Ritual von Derwischen des Mevlevi-Ordens, an deren Hüte die Abschlüsse der Zaunpfosten erinnern.

Hinter der auffälligen Wand mit großflächigem blauem Fliesenschmuck liegt die Grabstätte von Abu Ayyub. Vor einem Fenster reihen sich die Gläubigen, beten und erbitten Hilfe bei Krankhei-ten oder Problemen. Unter dem vorgezogenen Baldachin führt ein schmaler Eingang ins eben-falls mit Fliesen geschmückte Innere der Türbe. Der Holzsarkophag des Märtyrers wird von einem silberbestickten Samttuch bedeckt.

AUTORENTIPP!

HERRLICHE AUSSICHT

Das »Pierre Loti Café« auf dem rund 550 Meter hohen Hügel oberhalb von Eyüp ist zwar längst kein Geheimtipp mehr, lohnt aber aufgrund des unver-gleichbaren Blickes auf das Goldene Horn in jedem Fall einen Besuch. Un-ter schattigen Bäumen kann man von der großen Terrasse abseits des Verkehrs den Blick weit schweifen lassen und das Nichtstun genießen. Seitdem die kleine Seilbahn den mü-hevollen Aufstieg durch den osmani-schen Friedhof ersetzt, gönnen sich immer mehr Besucher einen çay oder türkischen Mokka in dem Café, das seinen Namen dem französi-schen Marineoffizier und Schriftstel-ler Pierre Loti (1850–1923) verdankt. Dort oben ließ er sich für seine Wer-ke inspirieren und traf sich mit seiner heimlichen Liebe Aziyade.

Pierre Loti Café. Tgl. 8–24 Uhr (Seilbahn tgl. 8–23 Uhr, 3 TL pro Fahrt), Karyağdı Sokak, Eyüp, Tel. 0212/581 26 96.

Gegenüber liegt der Eingang zur schlichten Moschee. Der weite Gebetsraum wird durch das Tageslicht erhellt, das durch längliche Fenster ins Innere scheint.

Interessante Grabstätten

Wie wichtig Eyüp für Muslime ist, zeigt sich an unzähligen Gräbern und über 25 Türben, in denen wohlhabende Gläubige in den letzten Jahrhunderten bestattet wurden. Sie zeugen von dem Wunsch, in der Nähe eines Heiligen begraben zu werden, da dies der Nähe zum Paradies entspricht. Zurück an der Camii Kebir Sokak erhebt sich rechts die oktogonale Türbe des Großwesirs Sokollu Mehmet Paşa (um 1505–1579), der seine Grabstätte mit anliegender Koranschule schon 1574 von Baumeister Sinan errichten ließ. Die links abgehende Beybaba Sokak führt vorbei an einem großen Garten, in dem die prachtvolle Türbe von Sultan Mehmet V. Reşad (1844–1918) thront. Im Norden mündet die Beybaba Sokak in die Sultan Reşat Caddesi, wo sich der im Stil des türkischen Barocks erbaute Stiftungskomplex Mihrişahs, der Mutter Sultan Selims III., erstreckt. In der Armenküche des bemerkenswerten Baus von 1791 wird auch heute noch für Bedürftige gekocht.

Am Ende der Straße steigt langsam der Hügel von Eyüp an, auf dem sich im Schatten von Zypressen ein riesiger osmanischer Friedhof erstreckt, der viele Gräber mit historischen Grabsteinen und Grabstelen birgt. Dort kann man anhand des Grabsteinschmucks den Rang, den Beruf oder das Geschlecht der Verstorbenen erkennen. Die Grabstelen, die mit einem Turban oder nach 1828 mit einem Fes bekrönt wurden, weisen auf das Grab eines Mannes hin. Die Gräber der Frauen geben mit der Zahl der Blumenornamente Auskunft über die Anzahl ihrer Kinder.

Oben: Die Seilbahn führt über den osmanischen Friedhof auf den Hügel.
Mitte: Schwierig ist der Durchblick bei dem riesigen Angebot an Gesundheitsmitteln.
Unten: Souvenirgeschäfte säumen die Straße, die zum Friedhof führt.

Infos und Adressen

ESSEN UND TRINKEN

Akmanoğlu Fırını. Seit 1883 bekommt man in der Bäckerei am Hauptplatz täglich frisches Brot. Als kleiner Snack zum Mitnehmen sind die herzhaften und süßen Backwaren ideal. Camii Kebir Cad. 41, Eyüp, Tel. 0212/581 06 39, www.akmanoglu.com.tr

Aziyade. Im schick eingerichteten Hotel-Restaurant mit historischem Ambiente und schöner Aussicht auf das Goldene Horn wird feine türkische Küche serviert. İdris Köşkü Cad., Eyüp, Tel. 0212/497 13 13, www.pierrelotitepesi.com

ÜBERNACHTEN

Turquhouse. Wer sich entscheidet, in Eyüp zu wohnen, sollte mobil sein. Auf dem Pierre-Loti-Hügel thront seit 2002 der Komplex aus sieben restaurierten Holzhäusern aus dem 18. Jahrhundert. Die ruhig gelegene Unterkunft bietet 67 Zimmer, einen schönen Blick auf das Goldene Horn, eine Wellness-Oase, Cafés und ein Restaurant abseits des Trubels. İdris Köşkü Caddesi, Eyüp, Tel. 0212/497 13 13, www.turquhouse.com

EINKAUFEN

Eyüp Çarşısı. Rund um die Eyüp-Moschee werden an Ständen und in kleinen Läden jegliche religiöse Utensilien wie Gebetsteppiche, -mützen oder -ket-

Das »Turquhouse« wird auch von Pilgern gebucht.

ten sowie verzierte Koranausgaben angeboten. Das Sortiment wird außerdem von Kosmetika, Haarverlängerungs- und Abführmitteln gefüllt. Mo–Sa 8–18.30 Uhr, freitagmittags geschlossen, Camii Kebir Sok. und Balaban Yolu Sokak, Eyüp.

Pierreloti Sanat Galerisi. In der Galerie des Malers Bülent Kılıç werden nicht nur seine Werke mit schönen variantenreichen Ansichten der Stadt, sondern auch die Werke anderer türkischer Künstler verkauft. İdris Köşkü Cad. 11, Eyüp, Tel. 0212/563 49 01, www.sanatevim.net

Von den Cafés hat man schöne Ausblicke auf das Goldene Horn.

NÖRDLICH DES GOLDENEN HORNS

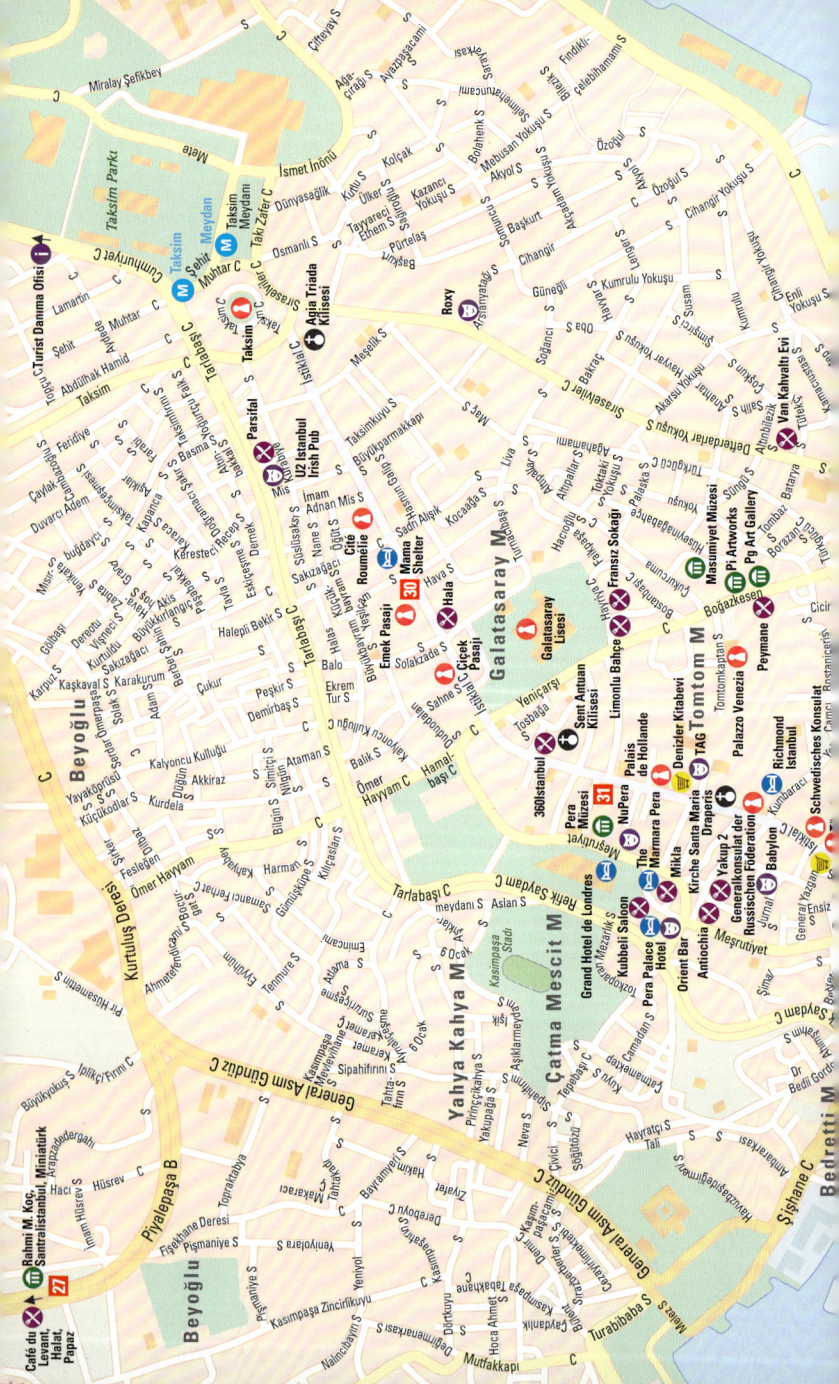

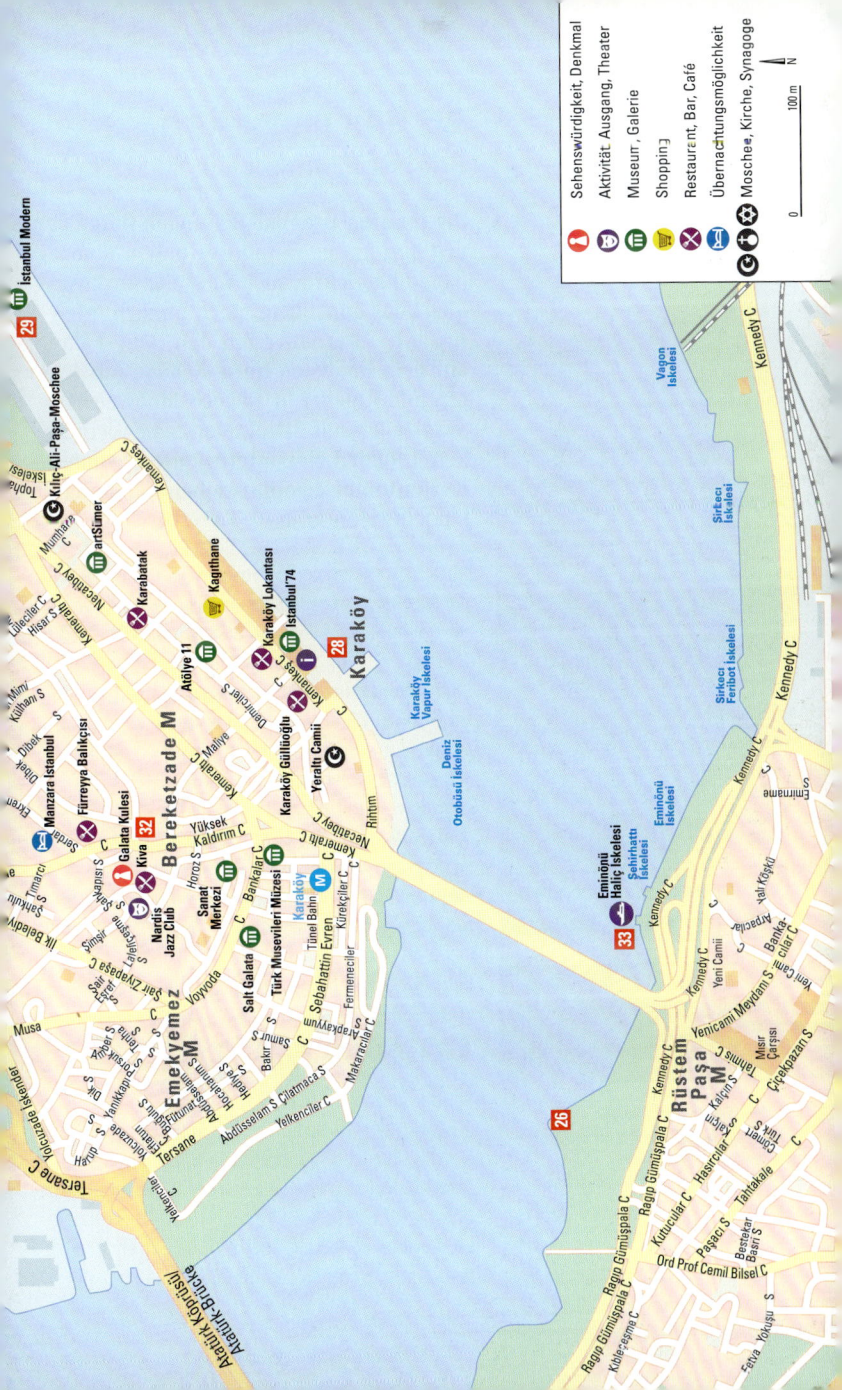

26 Goldenes Horn
Bootstour im Zickzack-Kurs

Die meisten Istanbul-Reisenden hören von den berühmten Bosporus-Touren. Kaum jemand spricht jedoch über die unvergleichbar günstigere, doch ähnlich interessante Alternative mit den Haliç-Fähren auf dem Goldenen Horn. Schöne Aussichten und Anleger in abwechslungsreichen Stadtteilen mit attraktiven Sehenswürdigkeiten bilden eine interessante 35-minütige Route auf dem gut sieben Kilometer langen Meeresarm.

Mit einer maximalen Breite von 3500 Metern teilt die Meerenge, deren offizieller Name *Haliç* einfach nur »Mündung« bedeutet, den europäischen Teil Istanbuls in die im Süden liegende historische Altstadt und die neueren europäisch geprägten Viertel im Norden. Woher die Bezeichnung »Goldenes Horn« (*Altın Boynuz*) stammt, lässt sich auf unterschiedliche Geschichten zurückführen: Einige begründen sie mit der goldenen Farbe, in der das Wasser während des Sonnenuntergangs schimmert. Andere sprechen von Goldstücken, die von den Byzantinern ins Wasser geworfen wurden, als die Stadt 1453 erobert wurde. Der Begriff »Horn« leitet sich von der Form der am nordwestlichen Ende einmündenden Flüsse Kağıthane und Alibey ab.

Strategisch wichtig

Schon die Byzantiner erkannten das Goldene Horn als wichtigen Naturhafen, der äußerst bedeutsam für die Verteidigung der Stadt war. Im achten Jahrhundert spannten sie auf Höhe der heutigen Galata-Brücke (s. S. 96) eine massive Gusseisenkette, um feindlichen Schiffen die Einfahrt zu verwehren. Dadurch schafften es Belagerer nur

Seite 158/159: Wahrzeichen des europäischen Bosporus-Ufers: die Ortaköy-Moschee
Oben: Markant sind die Moscheen, die sich zwischen den Häusern der Altstadt erheben.
Unten: Eine der auffälligen Bauten am Ufer dient als Kongresszentrum.

Goldenes Horn

dreimal, über das Goldene Horn in die Stadt einzudringen. In spätosmanischer Zeit siedelten sich Fabriken an den Ufern an, die den Meeresarm mit ihren Abfällen stark verschmutzten. In den 1980er-Jahren reinigte man das Wasser und ersetzte Fabriken durch Grünflächen.

Schiff Ahoi

Ganz anders als der geschäftige Hafen der Bosporus-Fähren in Eminönü zeigt sich der kleine Anleger (Eminönü Haliç İskelesi) der Haliç-Fähren westlich der Galata-Brücke ohne jeglichen Trubel. Er liegt versteckt zwischen dem Busbahnhof und dem Gebäude der İstanbul Ticaret Üniversitesi.

Auf dem Weg nach Fener (s. S. 134) am Südufer erblickt man das Gebäude der Kadir-Has-Universität und hat vom Deck aus die beste Aussicht auf den roten Backsteinbau des Griechischen Jungengymnasiums. Gleich nach der alten Galata-Brücke, die in Teilen hierher versetzt wurde, erreicht man im Norden Hasköy, wo sich für alle, die an osmanischen Palästen interessiert sind, der Besuch des Aynalıkavak Kasrı lohnt. Der hübsche Pavillon aus dem 18. Jahrhundert beherbergt seit 2010 ein kleines Museum, in dem traditionelle türkische Instrumente präsentiert werden. Außerdem erreicht man von hier das Industriemuseum Rahmi M. Koç (s. S. 164), das sich mit auffälligen Schiffen und einem U-Boot westlich des Anlegers erstreckt.

Nächster Halt ist Ayvansaray, wo die Landmauer auf die einst 20 Kilometer lange Seemauer trifft. Hinter der 22 Meter hohen Haliç-Brücke erblickt man links das Feshane, das 1851 als Textilfabrik eröffnet wurde, und heute Veranstaltungs- und Kongresszentrum ist. Letzter Halt im Süden ist Eyüp (s. S. 164), von dessen Hügel sich das schönste Panorama auf das Goldene Horn eröffnet.

Im Norden erheben sich Hochhäuser.

Infos und Adressen

SEHENSWÜRDIGKEITEN
Aynalıkavak Kasrı. Mo und Do geschl., sonst 9–17 Uhr, Eintritt 5 TL, Aynalı Kanak Parkı, Beyoğlu Toygar Sok. / Donanma Cad., Hasköy, www.millisaraylar.gov.tr

ESSEN UND TRINKEN
Auf den Fähren können türkischer Kaffee, çay und Softdrinks zu günstigen Preisen erworben werden.

INFORMATION
Fährverbindungen Şehir Hatları. Abfahrt vom Eminönü Haliç İskelesi: Mo–Sa stündlich 7.50–15.50 und 17–20.05 Uhr, So/Feiertag erst ab 10.50 Uhr. Rückfahrt vom Eyüp İskelesi: Mo–Sa stündlich 7.30–15.30 und 16.40 Uhr, 19.45 und 20.45 Uhr, So/Feiertag 10.30–19.45 Uhr. Dauer von Eminönü bis Eyüp: 35 Min. ohne von Bord zu gehen. Ohne an den Zwischenanlegern ein- und auszusteigen, kostet die einfache Fahrt jeweils 3 TL. Sonst kommen bei jedem Einstieg 3 TL hinzu. Sparen können alle, die mehrmals ein- und aussteigen wollen, mit der Istanbulkart (s. S. 99). Infos zu den Fährverbindungen unter: www.sehirhatlari.com.tr

27 Museen am Nordufer
Technik, Industrie und Kunst

Einen Kontrast zu den historischen Sehenswürdigkeiten der Altstadt gilt es nicht nur für Erwachsene, sondern auch für Kinder am Nordufer des Goldenen Horns zu entdecken. Im Industriemuseum Rahmi M. Koç und im Energiemuseum Santralistanbul, das außerdem ein Kunstmuseum beherbergt, kommen Technikbegeisterte voll auf ihre Kosten. Auf die bedeutendsten Bauwerke der Türkei trifft man im Miniatürk.

Seitdem in den 1980er-Jahren das Goldene Horn gesäubert und ansässige Fabrikhallen in die Außenbezirke Istanbuls umgesiedelt wurden, hat man viele der leerstehenden Gebäude umgestaltet. Das Gebiet zwischen Hasköy und Eyüp scheint sich vom heruntergekommenen Hafenviertel zum sehenswerten Stadtbezirk zu entwickeln. In zwei Museen, die in den alten Fabrikgeländen eröffnet haben, können sich Besucher einen Überblick über die jüngere industrielle Geschichte Istanbuls verschaffen.

Industriemuseum Rahmi M. Koç

Die schönste Möglichkeit, das Museum des Großindustriellen Rahmi M. Koç von Eminönü oder Karaköy aus zu erreichen, ist die Fahrt mit der Haliç-Fähre (s. S. 163). Bereits vom Deck aus ist das farbenfrohe Gelände des Museums nahe dem Anleger Kasımpaşa zu sehen. Rahmi M. Koç erwarb in den 1990er-Jahren das Areal einer historischen Werft von 1861 und ein Ankerhaus (Lengerhane) aus dem 18. Jahrhundert, ließ die Gebäude restaurieren und umgestalten. Seitdem ist dort seine ansehnliche Sammlung aus den Bereichen Industrie, Transport und Kommunikation zu sehen, die

Oben: Auch vom Wasser aus sehenswert: das Rahmi M. Koç Museum
Unten: Die Pferdetram im Industriemuseum war einst wichtiges Fortbewegungsmittel.

nicht nur Exponate aus der Türkei, sondern auch aus dem Ausland umfasst.

Der Hauptausstellungsbereich liegt im Tersane, dem Komplex der ehemaligen Werft. Im Erdgeschoss kann man sich über die Themen Unterwasser, Landwirtschaft, Dampf- und Diesel-Motoren, Seefahrt und Eisenbahn informieren. Beeindruckend sind die zwei Bereiche, die den großen historischen Fuhrpark beherbergen. Stolz ist man auf den US-amerikanischen Malden-Dampfwagen von 1898, der mit seiner Dampfmaschine eine der beliebtesten Antriebsarten seiner Zeit präsentiert, und auf einen in Deutschland hergestellten schwimmfähigen PKW, das Amphicar, von 1961. Das Obergeschoss widmet sich dem Museumsgründer und präsentiert Computer, Motorräder und Fahrräder, Ochsen- und Pferdekarren sowie kleine Boote.

Das Highlight des Museums ist ein U-Boot auf dem Außengelände, dessen Besichtigung nur mit einer Anmeldung am Eingang möglich ist. Nach

Oben: Wichtiges Thema im Industriemuseum ist der Transport über Land, Wasser und Luft.
Unten: Besonders für Technik-Fans interessant: die Maschinenausstellung

BERÜHMTE BAUWERKE
Die schnellste und günstigste Möglichkeit, sich einen umfassenden
Überblick über die bedeutendsten
Sehenswürdigkeiten der Türkei zu
verschaffen, hat man gleich am Goldenen Horn. 120 Modelle legendärer
Bauwerke Istanbuls, Anatoliens und
ehemaliger Herrschaftsgebiete des
Osmanischen Reichs im Maßstab
1:25 begeistern Groß und Klein auf
dem 60 000 Quadratmeter großen
Gelände des Miniatürk. Etwa zwei
Stunden dauert der Rundgang entlang der Modelle, die in 13 verschiedenen Werkstätten hergestellt wurden. Man kann nicht nur über eine
43 Meter lange Bosporus-Brücke laufen, sondern auch die Hagia Sophia,
den Galata-Turm und den Topkapı-
Palast sehen. Außerdem begeistern
Modelle des im zweiten Jahrhundert n. Chr. erbauten Theaters der
antiken Stadt Aspendos sowie Natur-
erscheinungen wie die Felsformatio-
nen Kappadokiens und die Kalksin-
terterrassen von Pamukkale.

Miniatürk. Tgl. 9–18 Uhr, Eintritt
10 TL, İmrahor Cad., Sütlüce,
Tel. 0212/222 28 82.

dem Besuch des U-Bootes kann man eine kurze
Fahrt mit der von einer Dampflok betriebenen
Hasköy Sütlüce Railway machen.

Auf der anderen Straßenseite liegt das Lengerhane. Im Obergeschoss werden seltene wissenschaft-
liche Instrumente der Astronomie und Navigation
von der Bosporus-Universität und historische Telegrafen präsentiert. Im Erdgeschoss sieht man
Dampfmaschinen und Motoren, die aus unterschiedlichen Transportmitteln stammen. Letztlich
faszinieren im Untergeschoss eine umfassende
Sammlung technischen Spielzeugs, Modelle von
Autos, Lokomotiven, Flugzeugen und Schiffen,
Flugzeugteile und eine Schiffsbrücke.

Santralistanbul

Gut 3,5 Kilometer weiter nördlich erreicht man –
am besten per Bus – das Gelände der privaten,
1996 eröffneten Bilgi-Universität. Dort wurde
anlässlich der Ernennung Istanbuls zur Kulturhauptstadt Europas im Jahr 2010 das erste Elektrizitätswerk des Osmanischen Reiches in den Museumskomplex Santralistanbul umgewandelt. Das
1914 eröffnete Elektrizitätswerk Silahtarağa versorgte die Stadt fast 70 Jahre lang mit Strom.

Seit 2007 können Besucher im modernen Santralistanbul ein Museum für zeitgenössische Kunst
und ein Energiemuseum besichtigen. Auf fünf
Etagen werden im 7000 Quadratmeter großen
Kunstmuseum Wechselausstellungen der Bereiche
Bildende Kunst und Design, Fotografie und Video
präsentiert. Im Energiemuseum imponieren Gene-
ratoren, die einst das Herzstück des Werkes bildeten, und der alte Kontrollraum, in dem die Versorgung der Stadt geregelt wurde. Besonders spannend ist der Bereich, in dem man selbst Elektrizität generieren und damit experimentieren kann.

Infos und Adressen

SEHENSWÜRDIGKEITEN

Rahmi M. Koç Müzesi. Di–Fr 10–17 Uhr, Sa/So/Feiertag April–Sept. 10–20 Uhr, Okt. –März 10–18 Uhr, Eintritt Museum 12,50 TL, Eintritt U-Boot 7 TL (Zutritt ab 9 J.), Hasköy Cad. 5, Hasköy, Tel. 0212/369 66 00, www.rmk-museum.org.tr

Santralistanbul. Di–Fr 10–18 Uhr, Sa/So 10–20 Uhr, Eintritt für beide Museen 15 TL, Eski Silahtarağa Elektrik Santralı, Kazım Karabekir Cad. 2, Eyüp, Tel. 0212/311 78 78, www.santralistanbul.org

ESSEN UND TRINKEN

Café du Levant. In dem Bistro des Rahmı-M.-Koç-Museums mit romantischem Flair, das unter anderem durch nostalgische französische Musik, alte Bistro- und Opern-Poster sowie Antiquitäten entsteht, werden französische Gerichte serviert. Di–So 10–18 Uhr, Rahmi M. Koç Müzesi, Kumbarhane Cad. 2, Hasköy, Tel. 0212/369 66 07, www.cafedulevant.com

Halat. Besonders schön sind die Sommerabende an den Tischen des Restaurants, die direkt am Wasser liegen. Auf der Karte stehen mediterrane Gerichte sowie türkische und internationale Weine. Di–So 10–22, Rahmi M. Koç Müzesi, Kumbarhane Cad. 2, Hasköy, Tel. 0212/369 66 16, www.halatrestaurant.com

Spannend: die große Fuhrpark-Sammlung

Papaz. In dem gemütlichen Lokal auf dem Gelände des Santralistanbul sind Gerichte und Preise vorwiegend auf Studenten ausgerichtet. Serviert werden leckere Snacks, Sandwiches, Salate und Pizza, aber kein Alkohol. Tgl. 8–22 Uhr, Eski Silahtarağa Elektrik Santralı, Kazım Karabekir Cad. 2, Eyüp, Tel. 0212/427 18 89.

Das »Café du Levant« im französischen Stil ist eine Pause wert.

28 Karaköy
Ein Viertel im Umbruch

Das ehemals blühende Hafenviertel Karaköy, das im letzten Jahrhundert mit dubiosen Händlern und Rotlicht-Bars einen schlechten Ruf genoss, entwickelt sich nunmehr zum Hotspot der Istanbuler Kunstszene. Moderne Galerien, Boutiquen und Cafés in alten Prachtbauten und Gewerbehallen, die sich an urige Werkstätten und Läden reihen, repräsentieren zwischen Bosporus und Goldenem Horn den dynamischen Wandel der Stadt.

Karaköy, das »schwarze Dorf«, erstreckt sich zwischen dem nördlichen Ende der Galata-Brücke, dem Galata-Turm (s. S. 186) und dem Kunstmuseum İstanbul Modern (s. S. 172). Den Namen verdankt das Gebiet des einst wichtigsten Handelshafens der Stadt den vom Ruß der Dampfer schwarz gefärbten Fassaden und der teilweise jahrhundertealten Bausubstanz. Heute ist Karaköy u.a. Bankenviertel. In Restaurants und Cafés rund um die Promenade und dem Fähranleger findet man kaum noch Seeleute, sondern überwiegend anzutragende Herren. Zwischen alteingesessene Anwohner mischen sich Angler, Streetfood-Verkäufer, fliegende Händler und viele junge Leute, die den Trend Karaköys – die Wandlung zum Szeneviertel – längst entdeckt haben und erleben wollen. Die Straßen nahe der Promenade werden von vielen restaurierten Häusern mit markanten Fassaden, Lager- und Schiffshallen geprägt.

Oben: In den Gassen hinter der Promenade werden vor allem Eisenwaren verkauft.
Unten: Das Café »Julius Meinl« ist beliebter Szene-Treff.

Promenade und Hafen

Die quirlige Promenade beginnt östlich der von Banken umgebenen Tramhaltestelle, am Anleger der zwischen europäischer und asiatischer Seite pendelnden Fähren. An der Rıhtım Caddesi reiht sich ein Café an das andere. Streetfood-Verkäufer bieten frisch gegrillte Köfte, eingelegtes Gemüse, Kastanien und die Sesamkringel (*simit*) an. Auf Bänken sitzen Jung und Alt und genießen den Blick nach Asien, in den schmalen Gassen dahinter tummeln sich fliegende Händler, die Kleinelektronik und vieles mehr feilbieten.

Über die Kemankeş Caddesi, die parallel hinter der Promenade verläuft, erreicht man die Yeraltı Camıı – Istanbuls einzige unterirdisch liegende Moschee. Sie wurde 1757 in den Gewölben eines byzantinischen Verlieses eingerichtet, über dem ein Turm der Festungsanlage von Galata stand. An diesem Turm, der heute nicht mehr zu sehen ist, war die massive Eisenkette verankert, die das Goldene Horn schützte. Die Moschee, deren niedriges Gewölbe den Osmanen zunächst als Waffenlager diente, ist über eine hinabführende Treppe zu erreichen. Die Freiräume zwischen den 54 massiven Pfeilern bieten Gläubigen, anders als sonst üblich, viel Privatsphäre.

Kunst und Galerien

Folgt man der Kemankeş Caddesi nach Nordosten, beeindrucken insbesondere die alten Prachtbauten mit ornamentalen Verzierungen und Balkonen mit eisernen Geländern. Sie dienten größtenteils Reedereien und Handelsfirmen als Büros. Dort und in den abzweigenden Straßen bis zur Mumhane Caddesi stechen heute zwischen verlassenen Bauten mit verstaubten Fenstern die neuen Galerien, Cafés und Boutiquen hervor.

Mit der 2009 gegründeten Galerie Istanbul'74 haben Demet Muftuoğlu Eşeli and Alphan Eşeli eine Plattform nationaler und internationaler Kunst

AUTORENTIPP!

SÜSS, SÜSSER, AM SÜSSESTEN

Nachdem die Familie Güllüoğlu intensiv die Geheimnisse des perfekten *baklava* ergründet hatte, siedelte die 1820 eröffnete Konditorei von Gaziantep nach Istanbul um. Über ein Dutzend verschiedene Sorten werden hier gebacken – es gibt sogar leichtere Varianten für Diabetiker *(Diabak Light Baklava)*. Das in Zuckersirup getränkte Gebäck in jeglichen Formen wird mit Walnüssen, Pistazien, Mandeln, Crème, Schokolade oder anderen Leckereien gefüllt. Außerdem werden auch andere in Zuckerwasser getränkte Süßspeisen wie die dreieckigen *şöbiyet* mit Pistazien-Creme-Füllung oder der Grießkuchen *revani* gebacken. Wer es lieber herzhaft mag, kann auch die mit Käse, Spinat oder Hackfleisch gefüllten Blätterteig-Spezialitäten kosten.

Karaköy Güllüoğlu. Tgl. 8–22 Uhr, Mumhane Cad. 171, Karaköy, Tel. 0212/249 96 80, www.karakoygulluoglu.com

Die kleine Passage Fransız İş

und Kultur geschaffen. Sie organisieren nicht nur Ausstellungen von Künstlern aus der ganzen Welt, sondern auch Workshops, Festivals und Vorträge. Ein breites Spektrum der zeitgenössischen Kunst kann man auch in der Galerie artSümer entdecken. Die wechselnden Ausstellungen in den Räumen von Aslı Sümer zeigen Werke junger türkischer Künstler aus den Bereichen Malerei, Skulptur, Fotografie und Video.

Kılıç-Ali-Paşa-Moschee

Den Abschluss des Bummels durch Karaköy markiert ein historisches Bauwerk am nordöstlichen Ende der Mumhane Caddesi. Im Alter von 90 Jahren errichtete Mimar Sinan dort für den Großadmiral Sultan Selim II. die Kılıç-Ali-Paşa-Moschee. Die 1580 fertiggestellte Moschee war Teil einer Stiftung mit Koranschule, Türbe und Hamam. Letzeres wurde erst kürzlich stilvoll restauriert und bietet Besuchern eine noch nicht allzu überlaufene Erholungsoase jenseits des Goldenen Horns. Als Vorbild für die Moschee diente Sinan die Hagia Sophia.

Oben: Die Kılıç-Ali-Paşa-Moschee ist eins der Bauwerke des wichtigsten osmanischen Baumeisters Sinan.
Unten: Im »Karaköy Lokantası« bekommt man nicht nur gutes Essen, sondern auch eine tolle Atmosphäre.

Infos und Adressen

SEHENSWÜRDIGKEITEN

artSümer. Di–Sa 11–19 Uhr, Mumhane Cad. Laroz Han 67, Karaköy, Tel. 0212/249 10 35, www.artsumer.com

Istanbul'74. Mo–Sa 10–19 Uhr, Galata Şarap İskelesi Sok. Süha Fazlı Han 8/3, Karaköy, Tel. 0212/243 39 48, www.istanbul74.com

Kılıç-Ali-Paşa-Moschee. Hamam Sokak, Tophane.

ESSEN UND TRINKEN

Karabatak (Julius Meinl). Stundenlang kann man in dem urigen Haus mit Retro-Einrichtung bei einem österreichischen Kaffee und kleinen Snacks verweilen. Mo-Fr 8.30–22 Uhr, Sa/So 9.30–22 Uhr, Kara Ali Kaptan Sok. 7, Karaköy, Tel. 0212/243 69 93, www.karabatak.com

Karaköy Lokantası. Dass »Arbeiter-Lokale« nicht immer langweilig aussehen und Alkohol anbieten müssen, zeigt sich in einem schönen Eckhaus, das sich zwar der Hausmannskost verschreibt, aber sonst mit den Trends geht. Abends reservieren! Mo-Sa 12–16 und 18–24 Uhr, So 14–24 Uhr, Kemankeş Cad. 37A, Karaköy, Tel. 0212/292 44 55, www.karakoylokantasi.com

ÜBERNACHTEN

Karaköy Rooms. Das Boutique-Hotel in einem stilvollen historischen Gebäude hat neun geräumige, mit modernen Bädern ausgestattete Zimmer – teils mit Balkon und Bosporus-Blick. Galata Şarap İskelesi Sok. 10, Karaköy, Tel. 0212/252 54 22, www.karakoyrooms.com

EINKAUFEN

Atölye 11. Seit 2011 werden in einer ehemaligen Kirche moderne Wohnaccessoires, Kissen und Schmuck türkischer Designer sowie ausgefallene Mitbringsel angeboten. Tgl. 10.30–19 Uhr, Mumhane Cad. 47, Karaköy, Tel. 0212/272 07 01, www.atolye11.com

Kagıthane. Der kleine Laden im »Bej-Café« vermarktet Außergewöhnliches aus Papier: hübsche Notizblöcke und Kalender, Deko-Objekte und Souvenirs, die Istanbul thematisieren. Nach dem Einkaufen kann man noch im Café entspannen und einen Mokka trinken. Mo-Sa 10–20 Uhr, So 10–17 Uhr, Kemankeş Cad. 11, Fransız İş, Karaköy, Tel. 0212/251 71 95, www.kagithane.com.tr

Karaköy entwickelt sich immer mehr zum beliebten Viertel für jedes Alter.

29 İstanbul Modern und Co.
Zeitgenössische türkische Kunst

Eine umgebaute Lagerhalle am Pier östlich von Karaköy beherbergt seit 2004 eins der modernsten Museen des Landes. Das İstanbul Modern ist nicht nur das erste Museum der Türkei, das sich auf moderne türkische Kunst und junge einheimische Künstler konzentriert, sondern auch ein Symbol für die Weltoffenheit der Stadt. Die boomende Kunstszene zeigt sich außerdem in etlichen Galerien außerhalb des Museums.

Mit einer Ausstellungsfläche von 8000 Quadratmetern gilt das Kunstmuseum İstanbul Modern in der Türkei als Wahrzeichen zeitgenössischer Kultur. Ein langer Weg stand den Initiatoren, die bereits 1987 die Erste Internationale Kunstausstellung organisiert haben, bis zur Eröffnung des Museums bevor. 2003 fanden sie nach langem Suchen einen geeigneten Raum und bekamen die Nutzungsrechte für eine alte Lagerhalle am Bosporus zugesprochen. An Istanbuls früherem Haupthafen, in den nur noch große Kreuzfahrt- und einige Frachtschiffe einlaufen, entstand eine avantgardistische Kunsthalle. Nach der Eröffnung im Jahr 2004 siedelten sich zahlreiche Galerien in der Nähe des Museums an. Heute gelten die Viertel Karaköy und Tophane, wo 2012 auch ein sehenswertes Literatur-Museum seine Pforten geöffnet hat, als Zentren der Istanbuler Kunst- und Kulturszene.

Oben: Das auffällige Kanonenhaus Tophane wird von der Fakultät für bildende Künste genutzt.
Unten: Abwechslungsreich sind die Werke moderner Kunst im İstanbul Modern.

İstanbul Modern

Über eine lange Rampe erreicht man den Eingang des İstanbul Modern. Im oberen Stockwerk der

İstanbul Modern und Co.

außergewöhnlichen Kunsthalle ist die Dauerausstellung des Museums untergebracht. Rechter Hand werden die Werke türkischer Künstler aus den letzten 150 Jahren in chronologischer Reihenfolge gezeigt. Die Bilder, die größtenteils aus der Sammlung der wichtigsten Sponsorenfamilie Eczacıbaşı stammen, präsentieren die moderne türkische Kunst von ihren Anfängen bis zur Gegenwart. Türkisch- und englischsprachige Texte an den Wänden erklären die politischen, finanziellen und kulturellen Hintergründe der jeweiligen Epoche.

Der Bereich links des Eingangs widmet sich vorrangig der moderneren Kunst, es gibt Werke türkischer und internationaler Künstler und ein breites Spektrum an Bildhauerei und Videoinstallationen. Im unteren Geschoss sind Arbeitsräume, ein kleines Kino und eine Kunstbibliothek untergebracht. Außerdem werden dort wechselnde Ausstellungen beherbergt, die alle zwei Jahre auch Teil der Internationalen Istanbuler Biennale (Uluslararası İstanbul Bienali) sind und international für reges Interesse sorgen.

Die Galerien-Straße

Nach dem İstanbul Modern lohnt für Freunde moderner Kunst ein Bummel durch die Boğazkesen Caddesi. Landeinwärts führt der Weg am schönen Tophane-Brunnen vorbei, der 1732 im osmanischen Rokokostil erbaut wurde. Jenseits der Kreuzung markiert auf der rechten Seite das markante Tophane Binası (»Kanonenhaus«), das dem Viertel seinen Namen gab, den Beginn der Straße mit sehenswerten Galerien. Der rechteckige Bau geht auf das 15. Jahrhundert zurück und wird von der Mimar Sinan-Universität sporadisch für Ausstellungen genutzt. Die zur İstiklal Caddesi (s. S. 176) hinaufführende Boğazkesen Caddesi prägen wie viele andere Istanbuler Straßen die Kontraste. Ne-

(s. S. 176)

AUTORENTIPP!

PERFEKTER START IN DEN TAG

Die Tradition, zu jeder Tageszeit ein umfassendes Frühstück zu servieren, stammt eigentlich aus der Stadt Van an der iranischen Grenze. In Istanbul wurden solche Cafés in den letzten Jahren zum Trend. Das gemütliche, von jungen Leuten geführte »Van Kahvaltı Evi« ist so beliebt, dass man am Wochenende nur früh am Morgen oder am Nachmittag einen Tisch bekommt. Wählen kann man dann aus unterschiedlich großen Frühstücksvariationen. Auch für zwei Personen reicht das *serpme kahvaltı*. Das übliche türkische Frühstück mit Tomaten, Gurken, Käse und frisch gebackenen Brotsorten wird durch verschiedene Käsesorten aus Van, die süße Creme *kaymak*, in Ei gebratene Brotstücke *(murtuğa)*, eine Paste aus gemahlenem Weizen, schwarzem Pfeffer und Zucker *(kavut)*, beliebig viel *çay* und mehr erweitert.

Van Kahvaltı Evi. Tgl. 7–19 Uhr, Defterdar Yokuşu 52A, Cihangir, Tel. 0212/293 64 37, www.vankahvalti-evi.com

ben uralten Wohn- und wenigen Kaffeehäusern, in denen die einheimischen Herren beim *çay* sitzen, sprießt eine Galerie und eine Künstler-Werkstatt nach der anderen aus dem Boden.

Nach der Kunst: Literatur

Schilder führen von der Boğazkesen Caddesi zum »Museum der Unschuld« (Masumiyet Müzesi) des bekannten türkischen Schriftstellers und Nobelpreisträgers Orhan Pamuk in der Çukurcuma Caddesi, dem ersten Museum der Welt, das einem Roman – Pamuks gleichnamigem Buch – nachempfunden ist. Buch und Museum erzählen von einer Liebesgeschichte im Istanbul der 1970er-Jahre, als sich der reiche Fabrikantensohn Kemal in ein armes Mädchen, Füsün, verliebt. Kemal will seiner großen Liebe nahe sein und sammelt all die Dinge, die Füsün berührt hat oder die er mit ihr verbindet: Teegläser, Haarspangen, Postkarten, Schminkutensilien, Taschentücher. Über 4000 Teile hat Orhan Pamuk über Jahre hinweg zusammengetragen, sich von ihnen inspirieren und in den Roman einfließen lassen. Auf drei Etagen, die sich wie ein Treppenhaus um einen Lichtschacht winden, können nicht nur die Leser des Romans in die Welt von Kemal und Füsün eintauchen.

Oben: Das İstanbul Modern ist die perfekte Sehenswürdigkeit für Kunstinteressierte.
Mitte: Das künstlerische Flair des Viertels wird auch an den Hausfassaden deutlich.
Unten: In Wasserpfeifen-Cafés lässt es sich gut entspannen.

Infos und Adressen

SEHENSWÜRDIGKEITEN

İstanbul Modern. Kunstmuseum. Di/Mi/Fr–So 10–18 Uhr, Do 10–20 Uhr, Eintritt 15 TL (Kinder unter 12 J. frei), Meclis-i Mebusan Cad., Liman İşletmeleri, Sahası Antrepo 4, Karaköy, Tel. 0212/334 73 00, www.istanbulmodern.org

Masumiyet Müzesi. Museum der Unschuld. Di–Do/Sa–So 10–18 Uhr, Fr 10–21 Uhr, Eintritt 15 TL, Çukurcuma Cad./ Ecke Dalgıç Çıkmazı 2, Tophane, Tel. 0212/252 97 38, www.masumiyetmuzesi.org

Die Boğazkesen Caddesi lockt auch mit Cafés.

ESSEN UND TRINKEN

İstanbul Modern Restaurant. Das Café-Restaurant bietet internationale Küche und eine tolle Aussicht auf den Bosporus und Topkapı-Palast – wenn nicht gerade ein Kreuzfahrtdampfer die Sicht versperrt. Tgl. 10–24 Uhr, Sahası Antrepo 4, Karaköy, Tel. 0212/292 26 12.

Peymane. In einem historischen Gebäude mit tollem Innenhof wird türkische mit italienischer Küche vereint: Pizza aus dem Holzofen und Fleisch vom offenen Grill (*ocakbaşı*). Tgl. 12–24 Uhr, Boğazkesen Cad. 65/1, Tophane, Tel. 0212/244 09 55, www.peymane.com

GALERIEN

Pg Art Gallery. Seit 1993 präsentiert diese Galerie Werke renommierter türkischer Künstler aus den Bereichen Malerei, Bildhauerei, Fotografie und Video. Di–So 11–19 Uhr, Boğazkesen Cad. 76B, Tophane, Tel. 0212/252 80 00, www.pgartgallery.com

Pi Artworks. In der 1998 gegründeten Galerie werden Werke aufstrebender türkischer und internationaler Künstler beherbergt. Di–Sa 10.30–19.30 Uhr, Boğazkesen Cad. 76, Tophane, Tel. 0212/245 40 87, www.piartworks.com

Das Restaurant-Café des İstanbul Modern lädt zum Verweilen ein.

Die katholische Kirche Sent Antuan liegt hinter einer recht markanten Fassade.

30 İstiklal Caddesi
Prachtstraße der Belle Époque

Istanbul schläft nie! Auf der İstiklal Caddesi, der Haupteinkaufsstraße des europäisch geprägten Stadtteils Beyoğlu, erschwert besonders zur späten Stunde ein dichter Menschenstrom das Vorwärtskommen. Hippe Clubs und Bars, beliebte Restaurants traditionsreiche Patisserien, vielfältige Geschäfte, die nostalgische Tram und historische Bauten ziehen nicht nur die junge Bevölkerung in ihren Bann.

Die Nordseite des Goldenen Horns wurde ab dem fünften Jahrhundert besiedelt, als die Byzantiner das Gebiet einfach *Pera*, griechisch für »drüben«, nannten. Das im 13. Jahrhundert gegründete Galata-Quartier (s. S. 186) führte dazu, dass der Name Pera nur für die Siedlungsgebiete oberhalb der Galata-Mauern, dem heutigen Beyoğlu, genutzt wurde. Mit der osmanischen Eroberung wurde Pera zum westlich geprägten Teil und später zum modernen Zentrum der Stadt. Das von vielen Byzantinern, Venezianern, europäischen Händlern und Diplomaten bewohnte Viertel entwickelte sich zu einer kosmopolitischen Siedlung im europäischen Stil.

MAL EHRLICH

ÜBERNACHTEN – BEYOĞLU ODER SULTANAHMET?

Oft fragen sich Reisende, die zentral wohnen wollen, ob sie lieber ein Hotel im quirligen Beyoğlu oder in der historischen Altstadt Sultanahmet buchen sollen. Beide Gegenden haben Vorteile und pendeln werden die meisten schließlich sowieso. So stellt sich letztlich die Frage: Was will man fußläufig erreichen können? Tagsüber die wichtigsten Sehenswürdigkeiten oder am Abend die zahllosen guten Restaurants, Bars und Clubs?

Die Jahrhundertwende

Eine maßgebliche Entwicklung erlebte Pera Ende des 19. Jahrhunderts, als die alte Galata-Mauer abgerissen und die Gegend an die Infrastruktur angeschlossen wurde. Ein Großbrand hatte 1870 dazu geführt, dass die Errichtung von Holzhäusern verboten wurde und neue Bauten im Jugendstil oder im Stil des Historismus entstanden. Im Rahmen der Modernisierungsarbeiten bildete sich das fortschrittliche Pendant zum Großen Basar, die heutige İstiklal Caddesi (»Unabhängigkeitsstraße«). Außer Passagen, deren Fassaden mit kunstvollen Ornamenten verziert wurden, säumten feine Boutiquen, Patisserien, Galerien und Buchhandlungen die Prachtstraße. Die eineinhalb Kilometer lange »Grande rue de Péra« genannte Haupteinkaufsstraße wurde Symbol des modernen Istanbul.

Die İstiklal heute

In den 1990er-Jahren formte man die vom Tünel- zum Taksim-Platz verlaufende Straße zur Fußgängerzone um. Seitdem ist die İstiklal eine populäre Einkaufsstraße, die sich mit den umliegenden Gassen allabendlich zur beliebtesten Szenemeile des Istanbuler Nachtlebens wandelt. Mit der Umgestaltung des Boulevards wurde auch die nostalgische Straßenbahn in Betrieb genommen. Zwei restaurierte Wagen der einst von Pferden angetriebenen Tram schieben sich bis in den späten Abend durch die überfüllte Straße.

Taksim Meydanı

Zentraler Platz der Stadt und Verkehrsknotenpunkt von Beyoğlu ist der Taksim Meydanı, der nach einem Wasserverteiler *(taksim)* aus osmanischer Zeit benannt ist. Der Platz mit dem höchsten Verkehrsaufkommen Istanbuls ist Ursprung großer Straßen, die sich in alle Himmelsrichtun-

AUTORENTIPP!

AUF DEN DÄCHERN DER STADT

Würde man in Beyoğlu beginnen, die gastronomischen Betriebe zu zählen, wäre ein Ende vermutlich nicht in Sicht. Regelmäßig scheinen neben vielen alteingesessenen Adressen neue innovative Cafés, Restaurants, Bars und Clubs aus dem Boden zu schießen. Aus Platzmangel landen viele dann auf den Dächern – ein beliebtes Konzept mit fantastischen Aussichten. Eine der Top-Adressen dieser Art ist auf der achten Etage eines Jugendstilbaus zu Hause. Das »360Istanbul« ist Restaurant, Bar und Club und in einem stilvoll futuristischen Penthouse mit Rundum-Verglasung und einer atemberaubenden Sicht untergebracht. Kreative Nuancen gibt es auch bei den türkischen und internationalen Gerichten wie den gefüllten Zucchini-Blüten oder der Dorade in Weinblättern. Nur mit Reservierung!

360Istanbul. Tgl. ab 12 Uhr, İstiklal Cad. 163 (Mısır Apartment, 8. Stock), Beyoğlu, Tel. 0212/251 10 42, www.360istanbul.com

Auf den Spuren der Jahrhundertwende

Ⓐ Taksim – Die Zeugnisse der Belle Époque sind an der İstiklal, die am Taksim beginnt, noch immer präsent.

Ⓑ Agia Triada Kilisesi – Gleich am Anfang zweigt links eine Gasse zur Dreifaltigkeitskirche ab. Mo–Sa 8.30–9 und 15.30–16.30 Uhr, Gottesdienst So ab 9 Uhr, Meşelik Sok. 11/1.

Ⓒ Cité Roumélie – Shoppingmall

Ⓓ Emek Pasajı – Shoppingmall

Ⓔ Çiçek Pasajı – An der Cité Roumélie und der Emek Pasajı vorbei geht es zur Blumenpassage.

Ⓕ Galatasaray Lisesi – Über den Fischmarkt schlendert man dann zurück zum Tor des Galatasaray-Gymnasiums. Nicht öffentlich zugänglich, İstiklal Cad. 159.

Ⓖ Sent Antuan Kilisesi – Nach der großen Linkskurve führen Treppen linkerhand hinunter zur Kirche des Heiligen Antonius. Tgl. 8–19.30 Uhr, Gottesdienste (Englisch) Mo–Sa 8 Uhr, So 10 Uhr, İstiklal Cad. 171, www.sentantuan.com

Ⓗ Pera Müzesi – Einem möglichen Abstecher zum Pera-Museum folgt das Botschaftenviertel. Di–Sa 10–19 Uhr, So 12–18 Uhr, Eintritt 10 TL, Meşrutiyet Cad. 65, Tel. 0212/334 99 00, www.peramuzesi.org.tr

Ⓘ Palais de Hollande – Generalkonsulat des Königreichs der Niederlande

Ⓙ Palazzo Venezia – Die Postacılar Sokak leitet Entdecker nach dem Niederländischen Konsulat zum hübschen Palazzo Venezia, dem italienischen Generalkonsulat. Tom Tom Kaptan Sok. 5.

Ⓚ Kirche Santa Maria Draperis – Unregelmäßige Öffnungszeiten, Gottesdienste (Latein) Mo–Sa 8 Uhr, So 11.30 Uhr, İstiklal Cad. 429.

Ⓛ Generalkonsulat der Russischen Föderation

Brasserien und Bistros mit Pariser Flair in Çukurcuma

Ⓜ Schwedisches Konsulat

Ⓝ Tünel – Halt der nostalgischen Tram. Entlang der Santa Maria und den Konsulaten Russlands und Schwedens erreicht man den Tünel. Mo–Sa 7–22.45 Uhr, So 7.30–22.45 Uhr (ca. im 20-Minuten-Takt), einfache Fahrt 3 TL.

AUTORENTIPP!

MEZE ESSEN IM SZENEVIERTEL

Westlich des unteren Endes der İstiklal erstrecken sich die verwinkelten Gassen der lebendigen Nachbarschaft Asmalımescit. Das einst berüchtigte Viertel hat sich in den letzten Jahren zum hippen Treffpunkt der jungen Istanbuler Szene entwickelt. Bei einem Bummel durch die Gassen, in denen die unterschiedlichsten Musikrichtungen zu hören sind, trifft man auf trendige Cafés und Bars, die in vielen alten Häusern eröffnet haben. Als Fressmeile gilt die Asmalımescit Caddesi. Hier reiht sich ein traditionelles *meyhane* an das andere. Eins der beliebtesten ist das »Yakup 2«. Seit Jahrzehnten treffen sich dort Schriftsteller, Journalisten und Künstler zum *meze* essen, Raki trinken und zum Sehen-und-Gesehen-werden. Wer nicht drinnen sitzen möchte, sollte unbedingt reservieren!

Yakup 2. Tgl. 12–14.30 und 18.30–1 Uhr, Asmalımescit Cad. 21B, Tünel, Tel. 0212/249 29 25.

gen erstrecken, zentrale Metrostation und End- bzw. Startpunkt der nostalgischen Tram. Der Taksim wurde in den 1930er-Jahren an der höchsten Stelle von Beyoğlu Symbol der modernen Republik. Im Laufe der Zeit wurde der Platz für zahlreiche Demonstrationen genutzt, bis eine Gewerkschaftskundgebung am 1. Mai 1977 ein tragisches Ende nahm und Dutzende Todesopfer forderte. Erst seit 2012 dürfen dort wieder Versammlungen am 1. Mai stattfinden.

Das markante, 1928 vom Italiener Pietro Canonica angefertigte »Denkmal der Republik« (Cumhuriyet Anıtı) erinnert an die Gründung der Türkei im Jahr 1923. Das aus Stein und Bronze gefertigte elf Meter hohe Monument zeigt den Gründer der modernen Türkei Kemal Atatürk mit seinen Weggefährten İsmet İnönü, dem ersten Ministerpräsidenten, und Feldmarschall Fevzi Çakmak. Im Süden markieren viele Fastfood-Lokale den Beginn der İstiklal.

Geschäfte und Passagen

Auf der İstiklal reiht sich ein Ladenlokal an das andere. Immer wieder lohnt ein Blick hinauf zu unterschiedlich gut erhaltenen Fassaden im Stil der Neugotik und Neorenaissance, des Klassizismus und Jugendstils. Markant sind die nach Pariser Vorbildern im 19. Jahrhundert erbauten Ladenpassagen. Die Cité Roumélie, eine neuklassizistische Passage von 1897 wurde vom Hofmarschall Ragıp Paşa gestiftet und diente einst als Bürogebäude. An die moderne 2011 eröffnete Shoppingmall Demirören schließt sich die alte Emek Pasajı an, deren Läden Ende 2012 geplanten Restaurierungsarbeiten weichen mussten. Der 1884 errichtete Bau, einst »Cercle d'Orient« genannt, diente der Elite als Clubhaus und beherbergte ab 1924 eins der ersten Kinos der Türkei. Bekannteste Passage ist die Çiçek Pasajı (»Blumenpassage«, früher: Cité de Péra). Sie wurde in den 1870er-Jahren als Komplex mit vornehmen Wohnungen, Geschäften und Restaurants eröffnet. Der Hinterausgang führt zum fotogenen Fischmarkt *(balık pazarı)* und der beliebten Tavernen-Gasse Nevizade Sokak.

Kirchen, Kultur und Konsulate

Am Galatasaray Meydanı erhebt sich das imposante grün-goldene Gittertor des Galatasaray Lisesi. Das Elitegymnasium ist eine der berühmtesten Schulen der Türkei und wurde 1481 von Sultan Beyazıt II. gegründet. 1868 führte Sultan Abdülaziz dort das französische Bildungssystem ein. Interessant ist dann der Besuch der 1912 erbauten Basilika Sent Antuan, die in einem schönen Hof liegt. Die Kirche, das bekannteste katholische Gotteshaus Istanbuls, ist dem Heiligen Antonius von Padua geweiht und fasziniert mit neugotischem sowie italienisierendem Stil und einer vergoldeten Statue des Heiligen.

Ein Abstecher führt Kunstliebhaber durch den Durchgang des Odakule-Hochhauses zum Pera-Museum, das 2005 in einem Gründerzeithaus von 1893 eingerichtet wurde, ein vornehmes Café und eine umfangreiche Sammlung kostbarer Gemälde türkischer und europäischer Künstler aus dem 17. bis 20. Jahrhundert beherbergt..

Die Botschaften der Niederlande, Russlands und Schwedens waren schon im 16./17. Jahrhundert an der İstiklal ansässig. Die Prachtbauten, die jetzt die Konsulate dieser Länder beherbergen, stammen aus dem 19. Jahrhundert. Innerhalb eines gepflegten Gartens wurde im Palazzo Venezia, der Venezianischen Botschaft von 1695, das Konsulat Italiens eingerichtet. Zwischen den Konsulaten versteckt sich die römisch-katholische Kirche Santa Maria Draperis.

Oben: Eine Sammlung osmanischer Kunst bietet das Pera-Museum.
Unten: Einige Cafés und Konditoreien versprühen das Flair der Belle Époque.

Infos und Adressen

ESSEN UND TRINKEN

Antiochia. Im minimalistisch eingerichteten Restaurant serviert man würzige außergewöhnliche *meze* und Grillgerichte aus Antakya. Mo–Sa 12–1 Uhr, Minare Sok. 21, Beyoğlu,
Tel. 0212/292 11 00, www.antiochiaconcept.com
Hala. Beliebtes Lokal für *mantı* und *gözleme*, deren Zubereitung am Eingang beobachtet werden kann. Kein Alkohol. Tgl. ab 10 Uhr, İstiklal Cad. 137/A, Beyoğlu, Tel. 0212/292 70 04.
Limonlu Bahçe. Nicht nur bei frischer Limonade kann man im »Zitronengarten« mitten in der Stadt entspannen. Unauffälliger Hauseingang! Tgl. 9–2 Uhr, Yeniçarşı Cad. 74, Galatasaray,
Tel. 0212/252 10 94, www.limonlubahce.com
Parsifal. Vegetarier- und Veganer-Restaurant mit umfangreicher Auswahl und gemütlicher Atmosphäre. Tgl. 11–23 Uhr, Kurabiye Sok. 9A, Beyoğlu, Tel. 0212/245 25 88, www.parsifalrestaurant.com

Die Fransız Sokağı lädt zum Entspannen ein.

ÜBERNACHTEN

Grand Hotel de Londres. Einst für Reisende des Orient Express errichtet präsentiert das Haus mit vielen Antiquitäten das Flair des 19. Jahrhunderts zu unüblich günstigen Preisen. Meşrutiyet Cad. 53, Beyoğlu, Tel. 0212/245 06 70, www.londrahotel.net

Treppenaufgang der Galerie Arter – Space for Art

Mama Shelter. Raffiniertes Licht und Spielereien wie Lampenschirme mit Batman-Masken machen die vom Design-Star Philippe Stark eingerichteten Zimmer der französischen Hotelkette zum außergewöhnlichen Erlebnis. İstiklal Cad. 50–54, Beyoğlu, Tel. 0212/252 01 00, www.mamashelter.com
Manzara Istanbul. Viele hochwertige Apartments und gute organisierte Touren. Die Wohnungen sind individuell eingerichtet und bieten Ausblicke auf den Bosporus oder in die historischen Gassen. Rezeption: Serdar-ı Ekrem Sok. 14,
Tel. 0212/252 46 60, www.manzara-istanbul.com
Richmond Istanbul. Ideal für alle, die mittendrin wohnen möchten, ist das Stadthotel mit 103 schallisolierten komfortablen Zimmern, die teilweise auf den Bosporus blicken. İstiklal Cad. 227, Tünel, Tel. 0212/252 54 60, www.richmondint.com.tr

AUSGEHEN

Babylon. Plattform der Istanbuler Live-Musik-Szene und des Istanbuler Jazzfestivals. Das Spektrum reicht von Jazz über Rock bis hin zu Latin und türkischer Musik. Start frühestens 19 Uhr (aktuelles Programm auf der Webseite), Şehbender Sok. 3, Asmalımescit, Tel. 0212/292 73 68, www.babylon.com.tr

Roxy. Eine feste Adresse ist seit 1994 die Diskothek mit Musik für jede Altersklasse. Di–Sa ab 22 Uhr, Sıraselviler Cad./Arslanyatağı Sok. 5, Cihangir, Tel. 0212/249 13 01, www.roxy.com.tr

TAG. Ins schnuckelige Bistro locken tagsüber französische Klänge zur Pause, Freitag- und Samstagabend Mainstream in lockerer Atmosphäre zum Tanz. Tgl. ab 11 Uhr, Postacılar Sok. 1, Beyoğlu, Tel. 0212/243 68 62, www.tagbistro.com

U2 Istanbul Irish Pub. Mit über 50 Sorten ist die Kneipe, in der ab und zu auch irische Livemusik gespielt wird, ideal für ein Bier. Di–So 16–4 Uhr, Bekar Sok. 21, Taksim, Tel. 0212/243 40 45, www.u2istanbulirishpub.com

EINKAUFEN

Denizler Kitabevi. Antiquariat, in dem man außer alten Büchern, Gravuren und Karten auch neue Bücher über Istanbul und zum Thema Meer bekommt. Tgl.10–20 Uhr, İstiklal Cad. 199A, Tel. 0212/249 88 93, www.denizlerkitabevi.com

Lale Plak. CDs und viele Schallplatten mit Klassik, Jazz, Musik von türkischen Sängern aus den 1970-er Jahren und vielem mehr. Mo–Sa 9–19 Uhr, So 12–19 Uhr, Galipdede Cad., Tünel, Tel. 0212/293 77 39.

Auf der İstiklal findet man jegliche Kleidungsart.

Türk-Alman Kitabevi. In der türkisch-deutschen Buchhandlung gibt es deutsche Zeitungen, Titel über Istanbul und übersetzte Werke türkischer Autoren. Mo–Fr 9–18.30 Uhr, Sa 10–17 Uhr, İstiklal Cad. 81, Beyoğlu, Tel. 0212/249 35 96.

INFORMATION

Turist Danışma Ofisi (Touristeninformation). Mo-Sa 8.30-16.30 Uhr, Hilton Hotel (am Hoteleingang), Cumhuriyet Caddesi, Taksim, Tel. 0212/233 05 92.

In der deutsch-türkischen Buchhandlung gibt es auch Zeitungen.

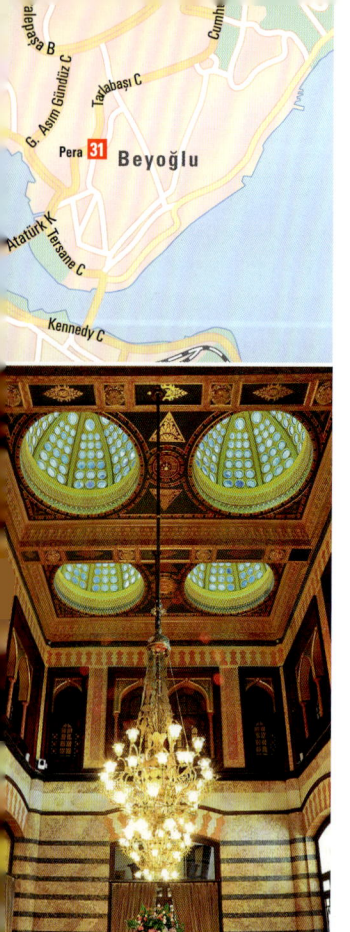

Das »Pera Palace Hotel« spiegelt die einstige Eleganz des Viertels wider.

31 Historisches Pera
Legendäre Noblesse und mondäner Schick

Das Flair der Belle Époque spürt man nicht nur an der İstiklal Caddesi, sondern auch im Viertel Tepebaşı, im Volksmund auch Pera genannt. Dort setzt sich seit Jahren die Tradition der Luxushotels fort, die 1895 mit dem historischen »Pera Palace Hotel« begann. Die klassische Eleganz und den modernen Lifestyle können aber nicht nur Hotelgäste, sondern auch Besucher der Restaurants und Bars erleben.

Wer in Istanbul Glanz und Glamour sucht, braucht nur das nötige Kleingeld. Möchte man lediglich ein bisschen Luxusluft schnuppern, ohne das Quartier in einem der gehobenen Hotels aufzuschlagen, kann man zu erschwinglicheren Preisen in den Hotels zum Tee einkehren, einen Drink an der Bar genießen oder zum Dinner in den Spitzenrestaurants reservieren.

Besonders interessant sind die Hotels in Tepebaşı, der Nachbarschaft Beyoğlus, das früher von wohlhabenden Griechen, Franzosen und Italienern bewohnt wurde. Bis heute erhalten sie den Glanz aufrecht, der im 19. Jahrhundert das Pera genannte Viertel prägte. Dort, in der Meşrutiyet Caddesi, entstand auch die erste Luxusbleibe der Stadt.

Pera Palace Hotel

1895 wurde das legendäre »Pera Palace Hotel« von der Betreiber-Gesellschaft des Orient Express eröffnet. Für die berühmte und vermögende Klientel musste eine angemessene Unterkunft her. Den Auftrag bekam der französische Architekt Alexandre Vallaury. Wie die Stadt selbst sollte das Hotel die Verbindung von Orient und Okzident symbolisieren. Vallaury errichtete eine luxuriöse Herberge, in der er Jugendstil mit Neoklassizismus und orientalischen Stilelementen vereinte. Das »Pera Palace« ist aber nicht nur Pionier der Istanbuler Luxushotels, sondern außer den Sultanspalästen auch erstes Gebäude der Stadt, das Elektrizität, fließend heißes Wasser und einen (noch erhaltenen) elektrischen Aufzug aus Gusseisen und Holz erhielt. Trotz umfangreicher Restaurierung zwischen 2008 und 2010 hat sich das Hotel, in dem vor allem Prominenz wie Alfred Hitchcock und Greta Garbo, Monarchen und Staatsoberhäupter logierten, das Flair des 19. Jahrhunderts bewahrt. Agatha Christie schrieb einen Teil ihres Romans *Mord im Orient Express* in Suite 411. Im einstigen kosmopolitischen Zentrum kann man heute nicht nur wieder stilvoll übernachten, sondern auch einfach zur *tea time* oder zum Cocktail im Ambiente einer vergangenen Ära versinken.

Kulinarischer Hochgenuss

Gegenüber dem »Pera Palace« erhebt sich eins der stylischsten Hotels des Viertels, das Vier-Sterne-Haus »The Marmara Pera«. Durch die Lage in einem modernen Hochhaus begeistern die oberen Etagen durch überwältigende Ausblicke. Bekannt und beliebt ist das Hotel aber besonders wegen des ausgezeichneten Gourmetrestaurants auf dem Dach. Starkoch und Besitzer Mehmet Gürs hat finnisch-türkische Wurzeln und sein Restaurant »Mikla« nach *miklagard*, der Bezeichnung der Wikinger für »große Stadt«, benannt. Seit 2005 zaubert der in Schweden aufgewachsene Koch hier vorzügliche Haute Cuisine und kreiert damit eine exzellente Verschmelzung von Ost und West. Ein lukullisches Erlebnis, das zum Urlaubs-Highlight werden kann.

ESSEN UND TRINKEN

Kubbeli Saloon. Hohe Kuppeln, dunkler Holzboden und prächtige Kronleuchter zeugen von der Eleganz des 19. Jahrhunderts. Neben Kaffee und Kuchen gibt es von 15–18 Uhr den traditionellen Nachmittagstee. Tgl. 7.30–23 Uhr, »Pera Palace Hotel«.

Mikla. Die Kreationen des Starkochs kann man in Form eines 3- oder 7-Gänge-Menüs probieren. Tolle Aussicht auch bei einem Drink an der Bar. Menü ab 150 TL. Unbedingt reservieren! Mo–Sa ab 18 Uhr, »The Marmara Pera Hotel«, Tel. 0212/203 56 56, www.miklarestaurant.com

ÜBERNACHTEN

Pera Palace Hotel. Meşrutiyet Cad. 52, Tepebaşı, Tel. 0212/377 40 00, www.jumeirah.com

The Marmara Pera. Meşrutiyet Cad. 15, Tepebaşı, Tel. 0212/334 03 00, www.themarmarahotels.com

AUSGEHEN

NuPera. Stylish ist der Komplex mit den Restaurants »Auf« (rustikale biologische Küche) und »Kauf« (Frühstück und Feinkostladen) und der Bar »Base«. Im Sommer ist das Club-Restaurant »Nuteras« mit Panoramablick absoluter Höhepunkt. »Auf« Mo–Sa ab 11.30 Uhr, »Kauf« Mo–Sa ab 8 Uhr, »Base« Mi, Fr, Sa ab 18 Uhr, »Nuteras« Mo–Sa ab 18 Uhr, Meşrutiyet Cad. 67, Tepebaşı, Tel. 0212/245 60 70, www.nupera.com.tr

Orient Bar. An dem Mahagoni-Tresen haben schon Alfred Hitchcock und Ernest Hemingway das große Angebot an Cocktails, Raki- und Whiskey-Sorten genossen. Tgl. 16–2 Uhr, »Pera Palace Hotel« (s.o.).

32 Rund um den Galata-Turm
Steile Wege, tolle Aussicht

Steil, eng und erkundenswert sind die Gassen rund um den markanten Galata-Turm. Im Galata-Viertel zwischen Karaköy und Beyoğlu lässt man sich einfach zwischen eindrucksvollen Bauten des Neoklassizismus oder des Jugendstils und dem jüdischen Erbe treiben, entspannt in gemütlichen Cafés und Szene-Bars, stöbert in Musikhandlungen und bei Kunsthandwerkern oder fährt mit der zweitältesten U-Bahn der Welt.

Die starke Besiedelung jenseits des Goldenen Horns begann im zehnten Jahrhundert, als der rege Handel der italienischen Stadtstaaten mit den östlichen Mittelmeerländern die Ansiedelung von Venezianern und Genuesen in Konstantinopel erforderte. Als die Venezianer sich 1204 mit den französischen Rittern des Vierten Kreuzzugs vereinten, wurde die byzantinische Hauptstadt erobert. Doch schon 1261 konnte Michael VIII. Palaiologos (1223–1282) mit Unterstützung der

MAL EHRLICH

BERGAUF ODER BERGAB?

Nicht nur in Galata sind die Straßen steil und speziell an heißen Tagen nur mühsam zu bewältigen. Es geht oft bergauf und wieder bergab, mit und ohne Treppenstufen. Um das Galata-Viertel ohne anstrengende Aufstiege zu erkunden, beginnt man den Bummel am Tünel Meydanı am Ende der İstiklal Caddesi, wo die Bergstation der Tünel-Bahn liegt, und läuft bergab Richtung Galata-Turm. Kommt man von Karaköy aus, kann man mit der Tünel-Bahn für 3 TL schnell und bequem hinauffahren.

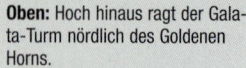

Oben: Hoch hinaus ragt der Galata-Turm nördlich des Goldenen Horns.
Unten: Die zweitälteste U-Bahn der Welt ist bis heute in Betrieb.

Rund um den Galata-Turm

AUTORENTIPP!

Genueser, dem Erzfeind der Venezianer, Konstantinopel zurückerobern. Für diese Hilfe sicherte der
Kaiser den Genuesen eine Handelskolonie jenseits
des Goldenen Horns zu. Aus Angst vor Angriffen
ließen die Genuesen wenige Jahre nach Gründung
dieser Kolonie eine Befestigungsmauer errichten.

Galatas Wahrzeichen

Nach der Eroberung 1453 verloren die Genuesen
die Monopolstellung im Handel und das genuesi-
sche Quartier wurde multikulturell und auch wirt-
schaftlich bedeutsam. Von der in den 1860er-Jah-
ren abgerissenen Mauer blieb auf halber Höhe des
Hanges nur der 1348 errichtete Galata-Turm erhalten, der den Osmanen als Gefängnis, Observatorium und Feuerwache diente. In den 1960er-
Jahren wurde der Turm aufwendig restauriert und
bietet seitdem einen faszinierenden Panoramablick über die Dächer der Stadt.

Die osmanische Wall Street

Ende des 19. Jahrhunderts entwickelte sich Galata
zum Finanzzentrum Istanbuls. In der Bankalar Caddesi (»Bankenstraße«), die vom Turm über die Galata
Kulesi Sokak erreichbar ist, siedelten sich Finanz-
dienstleister, Versicherungskonzerne und Banken an.
Außerdem hatte dort die Osmanische Börse ihren
Sitz. Eins der eindrucksvollen Gebäude der Straße
ist das ehemalige Hauptquartier der Osmanischen
Zentralbank, in dessen Kellerräumen ein sehenswertes Museum von der Bankgeschichte berichtet. Die
restlichen Räume dienen der Salt-Galata-Galerie als
Ausstellungsfläche für zeitgenössische Kunst.

Jüdisches Erbe

Schräg gegenüber dem Museum führt die wohl
schönste Treppe Istanbuls noch ein Stückchen hi-

DAS LEBEN DER DERWISCHE
Die Galip Dede Caddesi mit Instru-
mentenhandlungen und Antiquaria-
ten führt hinauf zum Tünel Meydanı.
Kurz davor liegt rechts ein 1491 ge-
gründetes Derwisch-Kloster, das
heute als Museum den Sufismus erklärt und die Lebensart der Derwische präsentiert. In großen Vitrinen
sind kostbare osmanische Hoflitera-
tur, Trachten und Turbane, Instrumente und Kunsthandwerk zu sehen. Gegründet wurde der Orden im
13. Jahrhundert vom persischen
Mystiker Mevlânâ Celâleddin-i Rûmî.
Die islamischen Bettelmönche streb-
ten vor allem durch mystische Tran-
cetänze die Nähe zu Gott an. Da die
Rituale der Mevlevi-Derwische 1925
verboten wurden, dient der sonntag-
nachmittags aufgeführte ekstatische
Tanz *sema* nur noch touristischen
Zwecken.

Galata Mevlevihanesi Müzesi.
Mai–Sept. tgl. 9–19 Uhr, Okt. –April
bis 17 Uhr, Eintritt 5 TL,
Galip Dede Cad. 15, Tünel,
Tel. 0212/245 41 41,
www.galatamevlevihanesimuzesi.gov.tr

nauf. Die Stiege wurde von der jüdischen Bankiers-Familie Camondo im 19. Jahrhundert gestiftet und ist ein kleines Schmuckstück des Jugendstils. Wegen ihrer eigenartigen, mal enger und dann wieder weiter werdenden Spiralform wird sie von Einheimischen auch »Liebestreppe« genannt. Oben angekommen führt die zweite Straße rechts in die Felek Sokak, in der sich die 1884 von aschkenasischen Juden gegründete Synagoge (»Schneidertempel«) unauffällig in die Häuserreihe einfügt. 1999 wurde hier ein Museum für moderne jüdische Kunst eingerichtet.

Über die Bankalar Caddesi und die Billur Sokak geht es wieder bergab. In der Perçemli Sokak kann man das in der ehemaligen Zülfaris-Synagoge (der ersten Synagoge Istanbuls) untergebrachte erste jüdische Museum der Türkei besichtigen, das mit historischen Gegenständen, Kleidungsstücken, Fotos und Dokumenten vom Leben der sephardischen Juden in Istanbul erzählt.

Die Tünel-Bahn

Am Fuße des Hügels angekommen trifft man an der großen Tersane Caddesi auf die Talstation der Tünel-Bahn, die bis zur İstiklal Caddesi eine Entfernung von gut 600 Metern bewältigt. 1867 wurde der Franzose Eugène-Henri Gavand damit beauftragt, eine schnelle und mühelose Verbindung zwischen dem Ufer des Goldenen Horns und dem stetig wachsenden alten Stadtviertel Pera zu schaffen. Im Januar 1875 wurde die unterirdisch verlaufende Standseilbahn schließlich in Betrieb genommen. Die zunächst mit einer Dampfmaschine betriebene Bahn wurde 1971 elektrifiziert, 2007 erfolgte die letzte umfassende Restaurierung. Heute überwindet die zweitälteste U-Bahn der Welt den Höhenunterschied von 200 Metern in 90 Sekunden.

Oben: Leider sind die meisten Synagogen nur nach Voranmeldung zu besichtigen.
Mitte: Rund um den Galata-Turm findet man viele kleine Geschäfte.
Unten: Außergewöhnlich ist die Camondo-Stiege aus dem 19. Jahrhundert.

Infos und Adressen

SEHENSWÜRDIGKEITEN

Galata Kulesi (Galata-Turm). Turm tgl. 9–19.30 Uhr, Eintritt 12 TL, Dinner und Show tgl. 20–24 Uhr (80 €/Person), Galata Kulesi Meydanı, Galata, Tel. 02 12/293 81 80, www.galatatower.net

Salt Galata. Di–Sa 12–20 Uhr, So 12–18 Uhr, Eintritt frei, Bankalar Cad. 11, Karaköy, Tel. 0212/334 22 00, www.saltonline.org

Sanat Merkezi Schneidertempel. Öffnungszeiten variieren, Felek Sok. 1, Karaköy, Tel. 0212/249 01 50, www.schneidertempel.com

Türk Musevileri Müzesi. Museum der türkischen Juden. Mo–Do 10–16 Uhr, Fr/Sa 10–14 Uhr, Eintritt 10 TL, Perçemli Sokak, Karaköy, Tel. 0212/292 63 33, www.muze500.com

ESSEN UND TRINKEN

Fürreyya Balıkçısı. Kleines Fischrestaurant, in dem gute Fischsuppe, Fisch und Meeresfrüchte ohne unnötige Schnörkeleien serviert werden. Tgl.12–22 Uhr, Serdar-ı Ekrem Sok. 2B, Galata, Tel. 0212/252 48 53, www.furreyyagalata.com

Kiva. Im mondänen Restaurant am Galata-Turm werden vorzügliche anatolische Gerichte kreiert. Empfehlenswert ist auch das Frühstück. Tgl. 8.30–24 Uhr, Galata Kulesi Meydanı 4, Galata, Tel. 0212/292 98 98, www.galatakivahan.com

Auch bei Einheimischen beliebt: Restaurant »Kiva«

AUSGEHEN

Nardis Jazz Club. Istanbuls bekannteste Jazz-Adresse mit toller Atmosphäre ist beliebte Bühne für lokale Bands. Mo–Sa ab 20.30 Uhr, Kuledibi Sok. 14, Galata, Tel. 0212/244 63 27, www.nardisjazz.com

EINKAUFEN

SIR. Bei Sadullah Çekmece bekommt man handgefertigte, traditionelle Keramikwaren, die durch moderne Feinheiten begeistern. Serdar-ı Ekrem Sok. 38/1, Galata, Tel. 02 12/293 36 61, www.sircini.com

INFORMATION

Die Tünel-Bahn fährt Mo–Sa von 7–22.45 Uhr und So von 7.30–22.45 Uhr etwa im 5-Minuten-Takt.

Sadullah Çekmece bei der Herstellung seiner Keramik-Objekte

33 Bosporus-Touren
Zwischen Orient und Okzident

Die einzige Stadt der Welt, die sich auf zwei Kontinenten erstreckt, wird durch eine 30 Kilometer lange Wasserstraße – den Bosporus – in Europa und Asien geteilt. Da sich die meisten Besucher auf die historischen Sehenswürdigkeiten fixieren, schaffen es nur wenige, die Küstenvororte der Metropole zu erkunden. Doch egal, wie wenig Zeit man hat, eine Bootsfahrt über den Bosporus sollte sich keiner entgehen lassen.

Der Bosporus (Boğaziçi) ist nicht nur Nahtstelle zwischen Europa und Asien, sondern auch Wasserweg zwischen Marmarameer und Schwarzem Meer. Geprägt wird die 36 bis 124 Meter tiefe und 700 bis 3500 Meter breite Meerenge von einer starken Gegenströmung. Wasserreiche Zuflüsse ins Schwarze Meer bilden einen kräftigen Oberstrom, der Richtung Marmarameer führt. In etwa 40 Metern Tiefe strömt das salzhaltigere und somit dichtere Wasser des Marmarameers in die entgegengesetzte Richtung. Die Meerenge, die außer Segelbooten, Fischkuttern, Kreuzfahrtschiffen und Fähren jährlich mehr als 50 000 Frachtschiffe passieren, wird aus Angst vor Tankerunfällen seit 2003 von einem hochmodernen Radarsystem überwacht.

Der Mythos

Den Namen erhielt der Bosporus (griechisch für »Rinderfurt«) angelehnt an einen griechischen Mythos: Göttervater Zeus, eigentlich mit Hera verheiratet, verliebte sich in Io, die Tochter des Flussgottes Inachos. Als Zeus seine Geliebte entführte, kam ihm Hera auf die Schliche. Um Io vor Hera zu schützen, verwandelte Zeus sie in eine silberfarbene Kuh. Als Hera dies bemerkte, sandte sie eine Rinderdassel,

Oben: Wehrhaft thront die osmanische Burg Rumeli Hisarı an der europäischen Bosporus-Küste.
Unten: Nur auf der Bosporus-Seite sind die prachtvollen Ufer-Villen nicht ummauert.

eine große Fliege, die Io in die Flucht trieb. Sie schwamm durch die Furt zwischen Europa und Asien und brachte sich in Ägypten in Sicherheit.

Kleine und große Bosporus-Tour

Ein Spaziergang am Anleger von Eminönü offenbart das lukrative Geschäft, das private Tour-Anbieter mit dem Bosporus machen. Die günstigste und schlichteste Bosporus-Tour veranstaltet die städtische Fährgesellschaft IDO/Şehir Hatları. Das saisonal wechselnde Programm umfasst drei Touren: die zweistündige Kleine Bosporus-Tour (Kısa Boğaz Turu) ohne Stopps, die sechsstündige Große Bosporus-Tour (Uzun Boğaz Turu) inklusive dreistündigem Aufenthalt in Anadolu Kavağı und die letzte Tour am Abend, die Mondschein-Tour (Mehtap Gezi).

Die Highlights

Die Route führt vorbei am Sultans-Palast Dolmabahçe (s. S. 196) zunächst nach Beşiktaş. Hinter der markanten 70 Meter hohen Bosporus-Brücke erstreckt sich die Sommerresidenz der Sultane, der Beylerbeyi-Palast (s. S. 248). Fortan werden beide Uferseiten von eindrucksvollen osmanischen Villen, Herrenhäusern und kleinen Schlössern aus unterschiedlichen Epochen gesäumt. Diese *yalı* ließen einst Sultane und andere osmanische Würdenträger errichten und gehören zu den teuersten und begehrtesten Wohndomizilen Istanbuls. Kurz vor der zweiten Bosporus-Brücke erheben sich links und rechts die Zwillings-Burgen Rumeli Hisarı und Anadolu Hisarı (s. S. 228). Dann beginnt der »grüne Teil« der Strecke. Judasbäume funkeln rosa-violett und das Schwarze Meer ist fast spürbar. Wer schließlich die Burgruine Yoros in Anadolu Kavağı erklimmt, wird mit einer Aussicht auf das Schwarze Meer und den Bosporus belohnt.

INFORMATION

Istanbul Deniz Otobüsleri (IDO)/Şehir Hatları. Start: Anlegestelle Eminönü Boğaz Hattı (südöstliches Ende der Galata-Brücke). Infos unter Tel. 0212/444 18 51 oder www.sehirhatlari.com.tr

Kleine Bosporus-Tour (Kısa Boğaz Turu): Die Route führt von Eminönü über Ortaköy bis zur zweiten Bosporus-Brücke und zurück. Ticket (Hin- und Rückfahrt) 10 TL, April–Okt. tgl. 14.30 Uhr (Dauer ca. 2 Stunden, Zustieg auch um 14.50 Uhr in Ortaköy).

Große Bosporus-Tour (Uzun Boğaz Turu): Die Route führt über Beşiktaş, Kanlıca, Sarıyer und Rumeli Kavağı nach Anadolu Kavağı mit 2–3 Stunden Aufenthalt. Ticket (Hin- und Rückfahrt) 25 TL, Ticket (nur Hinfahrt) 15 TL, April–Okt. tgl. 10.35/13.35 Uhr (Dauer ca. 6 Stunden, Rückfahrt von Anadolu Kavağı 15/17 Uhr). Ankuft Eminönü: 16.25/18.25 Uhr.

Mondschein-Tour (Mehtap Gezi): Die Route verläuft wie die Große Bosporus Tour mit Aufenthalt in Anadolu Kavağı. Ticket 20 TL, Juli–Aug. nur samstags, Start vor dem Sonnenuntergang, (Dauer ca. 5 Stunden, Bekanntgabe aktueller Zeiten in der Saison).

Auf allen Touren ist ein deutschsprachiger Multimedia-Guide verfügbar. Kleine Tour 7,50 TL, große Tour 10 TL.

Verpflegung. Auf den Fähren kann man Getränke und kleine Snacks erwerben. In Anadolu Kavağı findet man viele Fischlokale.

EUROPÄISCHE BOSPORUS-KÜSTE

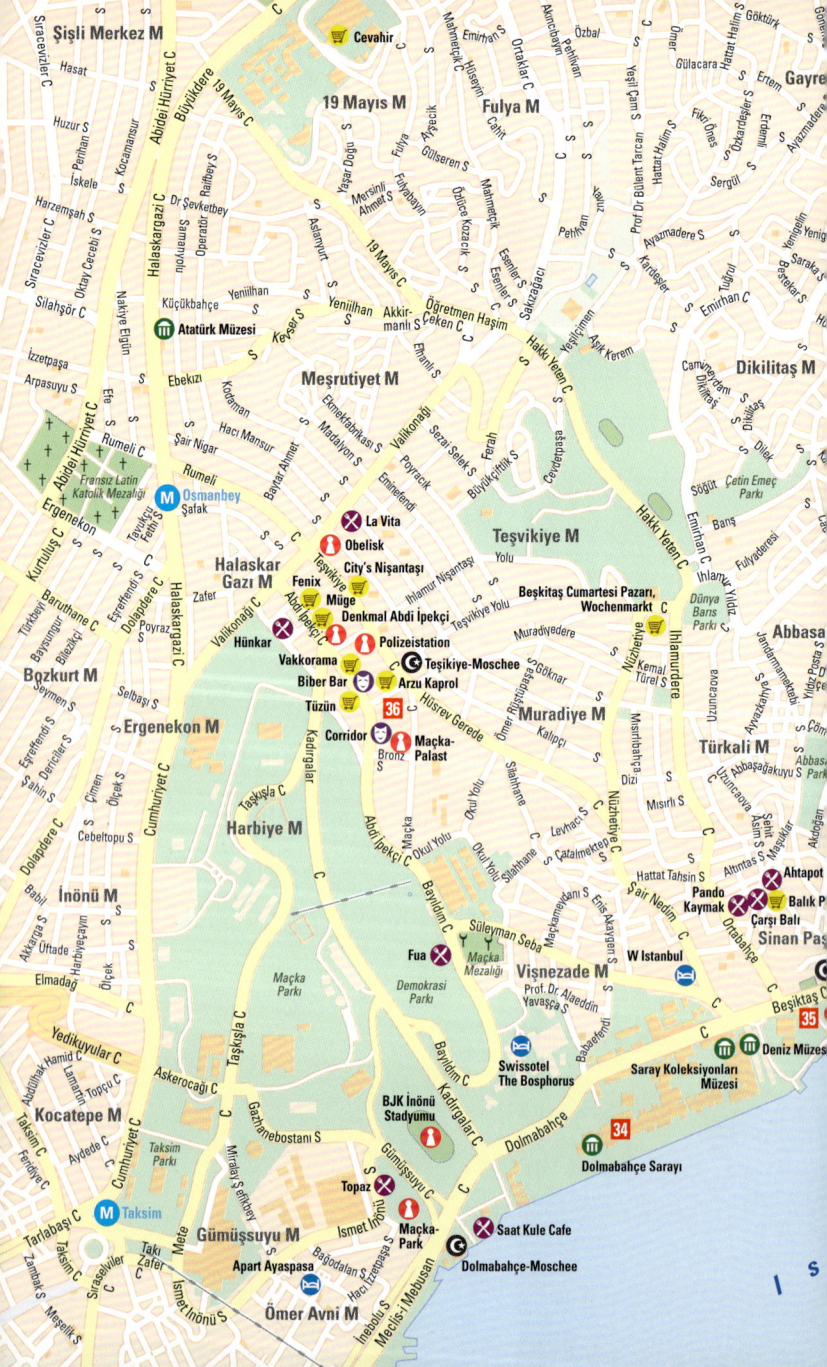

Şişli Merkez M
Hasat
Siracevizler C
Huzur S
Perihan S
İskele
Harzemşah S
Siracevizler C
Silahşör C
İzzetpaşa
Arpasuyu S

Abidei Hürriyet C
Büyükdere
19 Mayıs C
Halaskargazi C
Kocamansur S
Dr Şevketbey
Operatör S
Halfey S
Küçükbahçe
Asımyurt
Keser S
Yenilhan
Yenilhan
Akkırmanlı S

🛒 Cevahir

19 Mayıs M
Mahmatçık C

19 Mayıs C
Mersinli Ahmet S
Fulyabayırı

Fulya M

🌲 Atatürk Müzesi
Meşrutiyet M
Öğretmen Haşim C
Çeken S

Fransız Latin
Katolik Mezalığı
🅼 Osmanbey
Şafak

🍴 La Vita
🍴 Obelisk
City's Nişantaşı
Fenix
🛒 Müge
Denkmal Abdi İpekçi
🍴 Polizeistation
🛒 Vakkorama
Biber Bar
Tüzün
Corridor
Bronz
🍴 Maçka-
Palast

Halaskar
Gazı M
🍴 Hünkar

Teşvikiye M

Beşiktaş Cumartesi Pazarı,
Wochenmarkt

Teşvikiye-Moschee
Arzu Kaprol

Muradiye M

Türkali M

Abbasa

Bozkurt M

Ergenekon M

Harbiye M

İnönü M

Kocatepe M

Maçka
Parkı

🍴 Fua
Maçka
Mezalığı
Demokrasi
Parkı

Vişnezade M

Ahtapot
Pando
Kaymak
Balık P
Çarşı Balı
Sinan Paş

W Istanbul

🏨 Swissotel
The Bosphorus

Saray Koleksiyonları
Müzesi

🏛🏛 Deniz Müzes

🍴 Topaz
🍴 Maçka-
Park

BJK İnönü
Stadyumu

Dolmabahçe
Swissotel
The Bosphorus

Dolmabahçe Sarayı

Taksim M
Gümüşsuyu M
Apart Ayaspaşa

Saat Kule Cafe
Dolmabahçe-Moschee

Ömer Avni M

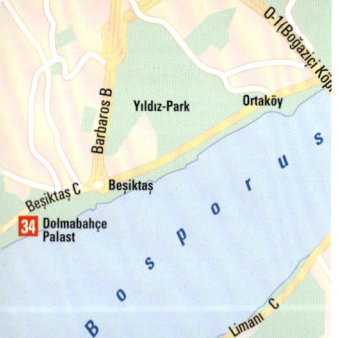

34 Dolmabahçe-Palast
Sultansresidenz am Bosporus

Im 19. Jahrhundert ließ Sultan Abdülmecid I. den Dolmabahçe-Palast am Bosporus errichten. Kostbarer Marmor, wertvolle Kristalle und viel Gold sorgten im Zuge der Verwestlichung für eine prunkvolle Residenz, die europäische Architekturstile mit orientalischen Lebensarten vereinte. Der Palast erinnert nicht nur an das Leben der Sultane, sondern auch an Kemal Atatürk, der hier seinen Lebensabend verbrachte.

In der Zeit, in der sich das Osmanische Reich durch tiefgreifende Reformen veränderte und zunehmend verwestlichte, wünschte sich der junge Sultan Abdülmecid I. (1823–1861) einen neuen Palast im europäischen Stil. 1843 gab er dem Architekten Karabet Balyan (1800–1866) und seinem Sohn Nigoğayos Balyan (1826–1858), der in Paris studiert hatte, den Auftrag für den Dolmabahçe-Palast (Dolmabahçe Sarayı). Die Mitglieder einer Architektenfamilie armenischer Abstammung, die viele bedeutende Gebäude

Seite 192/193: Die Metropole bei Nacht
Oben: Der Dolmabahçe-Palast gehört zu Istanbuls beliebtesten und schönsten Sehenswürdigkeiten.

MAL EHRLICH

PALAST MIT LIMIT

Die Besucheranzahl des Dolmabahçe-Palasts ist am Tag auf 3000 Besucher begrenzt. Besonders wenn Kreuzfahrtschiffe in Karaköy einlaufen, ist dies schnell erreicht und die Warteschlangen sind lang. Da man beide Bereiche nur mit Führungen besuchen darf, staut es sich dann auch innerhalb des Areals. Um sicher Zutritt zu bekommen und dem großen Andrang zu entgehen, sollte man die Tickets vorab reservieren oder kaufen sowie früh aufstehen.

Istanbuls entworfen hatten, sollten sich an Schlössern des Westens orientieren.

Den Namen »Gefüllter Garten« verdankt der Palast dem Grundstück, das einst wichtige Hafenbucht der osmanischen Flotte war. Als der Hafen allmählich verlandete, ließ ihn Sultan Ahmet I. (1590–1617) mit Steinen auffüllen. Auf dem entstandenen Areal wurden dann Pavillons als Sommerresidenz errichtet. Als diese hölzernen Gebäude 1840 abbrannten, war das Areal am Bosporus-Ufer frei für neue Bauten. 1856 zog Abdülmecid I. mit seiner Regierung und dem Harem aus dem Topkapı- In den Dolmabahçe-Palast, einem der schönsten Schlösser des 19. Jahrhunderts.

Auf dem Weg zum Palast

Westlich des Palasts erhebt sich die Sultansmoschee (oder Dolmabahçe-Moschee), die Bezm-î-Âlem Valide Sultan, Mutter Abdülmecids, im Jahr 1853 von Karabet Balyan errichten ließ. Die Fertigstellung im Jahr 1855 erlebte sie jedoch nicht mehr. Das Äußere der im Historismus erbauten Moschee zieren nicht nur zwei 50 Meter hohe zierliche Minarette, sondern auch vier die Kuppel stützende Eckpfeiler, die mit Säulen und Rosetten verziert sind und in achteckigen Türmchen enden.

Der Weg zu den Ticketschaltern und dem Palast führt durchs Grüne und am 27 Meter hohen Uhrenturm, dem Dolmabahçe Saat Kulesi, vorbei, der 1890 im Neobarock und Empire-Stil von einem Nachfahren der Palastarchitekten, Sarkis Balyan, erbaut wurde. Das alte, rein mechanische Uhrwerk, das vom französischen Uhrmacher Jean-Paul Garnier hergestellt wurde, wird seit 1979 elektrisch aufgezogen.

Die Dolmabahçe-Moschee

Tore und Gärten

Das Schatzkammertor, das reich mit Rosetten, Blättern und Säulen verziert ist, führt Besucher in das Palastareal. Am Museumsshop vorbei geht es durch ein zweites Tor in den schönen Hauptgarten. Inmitten der Gartenanlage mit Rasenflächen, Skulpturen und hohen Bäumen liegt ein großer Teich mit Springbrunnen. Die Gärten, die um den Palast herum liegen, wurden von dem deutschen Gartenbaumeister Sester angelegt. Bevor man den Haupteingang des Palasts erreicht, sieht man links das imposante Staatstor, das von zwei kleinen Türmen flankiert wird. Mit Glück kann man nach dem Palastbesuch auf der Außenseite der hohen Mauer den Palastwachen bei der Ablösezeremonie zuschauen.

Der Dolmabahçe Sarayı

Oben: Der Dolmabahçe-Palast imponiert auch von außen.
Mitte: In seinem Inneren zeigt sich der Palast in vollem Glanz.
Unten: Beliebtes Fotomotiv: das prunkvolle Staatstor

Über 600 Meter erstreckt sich der Dolmabahçe-Palast entlang des Ufers und wird drei architektonischen Baustilen zugeordnet: Rokoko, Neobarock und Neoklassizismus. Mit einer Fläche von 45 000 Quadratmetern, 44 Empfangsräumen, 285 Zimmern und sechs Hamams teilt sich das Bauwerk in drei Bereiche. Im westlich gelegenen Selamlık, den Staatsräumen, wurden die administrativen Angelegenheiten des Osmanischen Reichs erledigt. Im mittleren und höchsten Trakt lag der Thronsaal des Sultans, der Muâyede Salonu, in dem Staatsmänner und Würdenträger empfangen und Staatszeremonien abgehalten wurden. Der Harem, also die Privatgemächer des Sultans, der Sultansmutter und seiner Frauen und Kinder, lag im östlichen Trakt.

Obwohl die Innenausstattung im Stil hauptsächlich an die westlichen Einflüsse des 19. Jahrhunderts erinnert, ist die Raumanordnung und die Weiträumigkeit auf die osmanischen Traditionen zurückzuführen. Die mit Marmor verkleidete Fassade wird mit kunstvollen floralen Ornamenten und Säulen mit ionisch-korinthischen Kapitellen verziert. Die Innenwände sind wie Kuppeln und Decken mit meisterhaften Malereien und vergoldeten Stuckarbeiten geschmückt, die Böden mit Eichen-, Lindenholz- und Nussbaum-Parkett ausgelegt. Im Rahmen von Führungen können Besucher die Palasträume besichtigen: Eine 45-minütige Führung präsentiert die Staatsräume und den Thronsaal. Etwa 30 Minuten dauert der Rundgang im Harem.

Staatsräume und Thronsaal

Der wichtigste und prunkvollste Trakt des Palasts ist der Selamlık. Bereits im Eingangssaal begeistert ein Baccarat-Kristall-Leuchter, der einer von insgesamt 36 Kronleuchtern des Palasts ist. Kleinere Zimmer im Erdgeschoss, die mit schönen Gemälden ausgestattet sind, waren Büros der Wesire und Warteräume. Teppiche, Vorhänge und andere Textilien stammen wie in den meisten Palasträumen aus der von Abdülmecid I. im Jahr 1843 gegründeten Knüpferei und Weberei in Hereke.

Besonders imposant ist die Treppe mit einer Kristallbalustrade aus Großbritannien, die in das Obergeschoss führt. Bevor es in den großen und prächtigen Thronsaal geht, imponieren Säle wie der Botschafter-Salon mit den Gastgeschenken fremder Staatsmänner, der Rote Saal mit einem wertvollen Perser-

AUF INS GRÜNE!

Einer der 478 offiziellen Istanbuler Parks erstreckt sich in einem großen länglichen Tal oberhalb des Dolmabahçe-Palasts. Für alle, die in der Nähe wohnen, morgens joggen wollen oder einfach mal raus aus dem Trubel müssen, ist der große Maçka-Park in der Nähe des modernen Istanbuler Zentrums Beyoğlu ideal. Auf Parkbänken vertreiben sich Einheimische die Zeit beim Sonnenblumenkerne kauen, auf den Wiesen versammeln sich Familien zum Picknick und auf schönen Alleen und Wanderwegen lädt der Maçka-Park zu ausgiebigen Spaziergängen ein. Die Kinder toben auf Spielplätzen. Teiche und Cafés dienen der Rast. Auf halber Höhe hat man von der Plattform an der östlichen Seilbahnstation einen tollen Blick auf den Bosporus. Dann geht es mit der Seilbahn auf die andere Seite, von wo aus man den Taksim auch zu Fuß gut erreicht.

Oben: Vom Meer aus betrachtet, fällt die kontrastreiche Bebauung Istanbuls besonders gut auf.
Unten: Das doppelte Schatzkammertor bot besonders guten Schutz.

teppich und kostbaren Stoffen und das elegante Zülveçheyn-Zimmer mit einem Kristallkamin. An Studien- und Ruheräumen des Sultans und einem wundervollen Hamam mit ägyptischem Marmor vorbei kommt man zum eindrucksvollen Thronsaal. Er erstreckt sich auf rund 2000 Quadratmetern, hat 56 Säulen und eine 36 Meter hohe Kuppel mit herrlichen Malereien. Der 4,5 Tonnen schwere Kristalllüster besteht aus 750 Lichtern.

Der Harem

Entlang der Marmorterrasse mit fünf Seetoren, die Besuchern von der Meerseite her Einlass gewährten, kommt man auf die Nordwestseite des Palasts und dem Eingang zum Harem, der traditionell von den restlichen Trakten getrennt ist. Anders als im Topkapı-Palast, in dem der Harem einen autonomen Komplex bildet, wird der Wohntrakt hier durch einen Korridor mit den restlichen Gebäudeteilen verbunden. Er imponiert besonders mit dem Roten Saal, dem Empfangsraum für die weiblichen Gäste der Sultansmutter und dem Blauen Salon, dem Zeremonienzimmer des Sultans und seiner Frauen. Die luxuriösesten Gemächer sind die Schlafzimmer von Sultan Abdülaziz und vor allem das der Sultansmutter, das mit hellen vergoldeten Möbeln und einer herrlichen Kommode mit Perlmuttintarsien ausgestattet ist.

Seit Abschaffung des Sultanats und Gründung der Türkischen Republik wurde der Palast vom türkischen Parlament genutzt. Kemal Atatürk, der bei Aufenthalten in Istanbul im Dolmabahçe-Palast wohnte und dort ausländische Gäste empfing, ließ im einstigen Harem zwei Räume zu Arbeits- und Schlafzimmer umbauen und ein modernes Badezimmer einrichten. Sein Sterbezimmer erinnert bis heute mit einer Uhr, die auf 9.05 Uhr steht, an den Zeitpunkt seines Todes.

Infos und Adressen

SEHENSWÜRDIGKEITEN

Dolmabahçe Sarayı. Dolmabahçe-Palast. Di/Mi/Fr–So 9–16 Uhr, im Winter nur bis 15 Uhr, Eintritt Selamlık 30 TL, Harem 20 TL, Kombi-Ticket 40 TL, Dolmabahçe Cad., Beşiktaş, Tel. 0212/236 90 90, www.millisaraylar.gov.tr

ESSEN UND TRINKEN

Fua. Nicht nur bunte Sitzkissen locken im Café im Maçka-Park zum langen Verweilen mit Blick ins Grüne und auf den Bosporus. Jeden Sonntag Brunch. Tgl. ab 10 Uhr, Maçka Demokrasi Parkı, İçi C No'lu Cafe, Tel. 0212/219 79 29.

Saat Kule Cafe. Im Café vor dem Uhrenturm des Dolmabahçe-Palasts kann man nach den langen Rundgängen in den Palastgemächern am Bosporus ausgiebig die vorbeiziehenden Schiffe beobachten. Tgl. ab 9 Uhr, Dolmabahçe-Palast, Garten, Tel. 0212/236 90 00.

Topaz. Deckenhohe Fenster sorgen für atemberaubende Aussicht auf den Uhrenturm und die Bosporusbrücke, minimalistische Dekoration für stilvolles Ambiente, mediterrane und osmanische Küche für den Genuss. Menü ab 120 TL. Tgl. 12–1 Uhr, İnönü Cad. 50, Gümüşsuyu, Tel. 0212/249 10 01, www.topazistanbul.com

Snack für zwischendurch: die Sesamkringel *simit*

AKTIVITÄTEN

Fußball. Fußball wird in der Türkei großgeschrieben. Besonders in Istanbul, wenn sich die drei großen Vereine Beşiktaş, Fenerbahçe und Galatasaray in der Süper Lig wichtige Lokalderbys liefern. Fußballfans, die in der Saison in der Stadt sind, können sich z.B. im BJK İnönü Stadyumu, dem Stadion von Beşiktaş gegenüber dem Palast (Dolmabahçe Caddesi), zwischen Okt. und Juni ein Fußballspiel anschauen. Tickets gibt es unter www.biletix.com.tr

Im »Saat Kule Café« kann man sich wunderbar die Zeit vertreiben und entspannen.

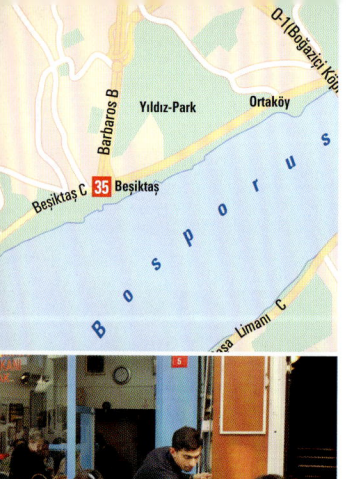

35 Beşiktaş
Marine, Museen und Märkte

Fußballfans ist der Stadtteil, der sich nordöstlich des Dolmabahçe-Palasts erstreckt, dank des Vereins Beşiktaş Istanbul ein Begriff. Beşiktaş ist aber nicht nur Fußball, sondern auch wichtiger Ort für die türkische Seefahrtsgeschichte und ein lebendiges Viertel, in dem man zwischen Einheimischen und Studenten umherzieht, frischen Fisch isst und farbenfrohe Märkte sowie interessante Museen besucht.

Am Dolmabahçe-Palast und dem auffälligen Inönü-Stadion vorbei kommt man zum zentralen Platz von Beşiktaş, dessen Fährhafen täglich vielen Menschen zum Pendeln zwischen dem europäischen und asiatischen Teil Istanbuls dient. Dass dieser Hafen bereits im 16. Jahrhundert besonders wichtig war, erkennt man am Platz vor dem Anleger, der den Namen Barbaros Parkı trägt. Dort erhebt sich die von Mimar Sinan (1490–1588) erbaute Türbe des osmanischen Korsaren Barbaros Hayreddin Paşa (1478–1546), der in Europa unter dem Namen »Barbarossa« bekannt ist.

Neben der Türbe wurde dem Piraten, der 1533 nach erfolgreichen Raubzügen zum Großadmiral der osmanischen Marine ernannt wurde, im Jahr 1944 ein Denkmal errichtet. 30 Jahre lang sicherte Barbarossa die maritime Dominanz der Osmanen, konnte Algier und Tunis erobern und galt im Abendland als gefürchteter Pirat. Später wurden in seiner Grabstätte die Oberbefehlshaber der Marine ernannt.

Oben: Pause vom Sightseeing in Cafés und Restaurants von Beşiktaş.
Unten: Nicht nur für Marine-Fans interessant: das Marine-Museum

Sinan-Paşa-Moschee

Ein anderer wichtiger Mann der osmanischen Marine war Sinan Paşa, der im Jahr 1551 Großadmiral der Seestreitkräfte wurde und auf der anderen Straßenseite der Beşiktaş Caddesi eine Moschee errichten ließ. Baumeister Mimar Sinan baute zwischen 1553 und 1556 erstmals eine Moschee, deren Kuppel von sechs anstatt der üblichen vier Pfeiler getragen wird. Der Gebetsraum, der mit blau-roten Malereien und einer reich vergoldeten Gebetsnische imponiert und durch zwei überkuppelte Seitenschiffe erweitert wurde, erscheint Besuchern spätestens beim Betrachten der Decke recht eigenartig. Durch die hexagonale Anordnung der Pfeiler musste der Architekt mithilfe von winzigen Kuppeln, Räumen und Bögen einen Übergang zu den rechteckigen Seitenschiffen schaffen.

Museen in Beşiktaş

Von der türkischen Seefahrtsgeschichte berichten in Beşiktaş nicht nur Denkmäler wichtiger Seefahrer, sondern auch das sehenswerte 1897 gegründete Marine-Museum. Es präsentiert mit Seekarten, Schiffsmodellen, Navigationsgeräten, Waffen, Uniformen, Flaggen, Wappen und vielem mehr die Geschichte der osmanischen und türkischen Seefahrt. Besonders stolz ist man auf 14 imperiale Galeeren, die den Sultanen für Touren auf dem Bosporus dienten und im neuen Anbau des Museums (Eröffnung für 2013 geplant) einen herausragenden Platz bekommen sollen. Die handgefertigten, reich verzierten und teils vergoldeten Galeeren stammen aus dem 19. Jahrhundert.

Saray Koleksiyonları Müzesi

Ein weiteres interessantes Museum, das Saray Koleksiyonları Müzesi, ist gleich nebenan in den einstigen Palastküchen des Dolmabahçe-Palasts untergebracht. In den alten Gemäuern, die auch Wechselausstellungen beherbergen, berichten tausende, leider nur auf Türkisch beschriftete, Ex-

ponate vom alltäglichen Leben in den Sultanspalästen des 19. Jahrhunderts. Sehen kann man Objekte, die in der kaiserlichen Hereke Weberei und Knüpferei und in der Yıldız Porzellanmanufaktur (s. S. 216) produziert wurden, außerdem Gastgeschenke an den Sultan, Spielzeug, Möbel, Kalligrafie- und Schreibsets, Geschirr, Silberbesteck, Bücher und Musikinstrumente.

Im Zentrum von Beşiktaş

Gegenüber dem Marine-Museum führt die Ortabahçe Caddesi über die Şehit Asım Caddesi ins lebhafte Zentrum des Vororts mit einem traditionellen Fisch-Markt unter einem modernem Stahldach und guten Fischtavernen. Ist man samstagvormittags dort, sollte man der Ortabahçe Caddesi gut 900 Meter landeinwärts folgen und einen der populärsten Wochenmärkte der Stadt besuchen. Der Beşiktaş Pazarı findet auf zwei Etagen eines Parkhauses statt. Im Erdgeschoss begeistert ein umfangreiches Lebensmittelangebot. Auf der oberen Etage kann man stundenlang in Kleidern, Handtüchern, Tischdecken, Schuhen oder Parfüm wühlen und am Ende sogar oft bequem mit Kreditkarte zahlen.

Oben: Nicht verwechseln: Die Parfüms auf den Märkten sind Kopien.
Unten: Die Schuhe auf dem Beşiktaş-Markt kann man auch mit Kreditkarte zahlen.

Infos und Adressen

SEHENSWÜRDIGKEITEN

Deniz Müzesi. Marine-Museum. Di/Mi/Fr/Sa 9–17 Uhr (im Sommer Sa/So bis 18 Uhr), Eintritt 4 TL, Hayrettin Iskelesi Sok./Cezayir Cad. 1, Beşiktaş, Tel. 0212/327 43 45, www.denizmuzeleri.tsk.tr
Saray Koleksiyonları Müzesi. Palast-Sammlungen. Di–So 9–17 Uhr, Eintritt 5 TL, Dolmabahçe Cad./Ecke Hayrettin skelesi Sok., Beşiktaş, Tel. 0212/236 90 00, www.millisaraylar.gov.tr

ESSEN UND TRINKEN

Ahtapot. Direkt um die Ecke des Fischmarkts gibt es frischen Fisch vom Markt und *meze* wie weiße Bohnen, Aubergine in Joghurt und die kleinen frittierten Anchovis (*hamsi kuşu*). Tgl. ab 11 Uhr, Köyiçi Kilise Mey. 2B, Beşiktaş, Tel. 0212/261 91 48.
Çarşı Balık. In dieser Taverne bekommt man nicht nur Fisch der Saison und *meze*, sondern während eines Fußballspiels auch den Einblick in die Gefühlslage der Beşiktaş-Fans, die sich hier die Spiele anschauen. Tgl. 10–1 Uhr, Leşker Sok. 4, Beşiktaş, Tel. 0212/258 18 41.
Pando Kaymak. Seit 1895 gibt es das winzige Lokal, in dem Frühstück und für Süßmäuler die köstliche Spezialität *kaymak*, eine Art feste Sahnecreme mit Honig, serviert wird. Tgl. 8–18 Uhr,

Schokolaterie »Valonia« an der Ihlamurdere Caddesi

Mumcu Bakkal Sok. 5, Beşiktaş, Tel. 0212/258 26 16.

EINKAUFEN

Valonia. In der Schokolaterie kann man nicht nur einkaufen und Schokoköstlichkeiten genießen, sondern auch bei der Pralinen-Herstellung zuschauen. Ihlamurdere Cad. 40 B, Beşiktaş, Tel. 02 12/259 18 50, www.valonia.com.tr
Beşiktaş Cumartesi Pazarı. Wochenmarkt. Sa 6 Uhr bis Sonnenuntergang, zwischen Muradiye Bostan Sok./Nüzhetiye und Ihlamurdere Cad., Beşiktaş.

Süßes gibt es in Istanbul an jeder Ecke.

36 Nişantaşı
Exklusive Einkaufsmeile

Was der Ku'damm für Berlin und die Maximilianstraße für München ist, ist die Abdi İpekçi Caddesi für Istanbul. En vogue gekleidete Damen und Herren, die in noblen Boutiquen nationaler und internationaler Designer dem Shopping verfallen, und Jetset und Prominenz, die sich zum Mittagessen oder After-Work-Drink in schicken Cafés und Restaurants treffen, prägen das exklusive Wohn- und Einkaufsviertel Nişantaşı.

Nişantaşı ist eine Nachbarschaft des Stadtteils Şişli und steht mit seiner wichtigsten Einkaufsmeile, der Abdi İpekçi Caddesi, in erster Linie für Wohlstand, Shopping und Eleganz. Entstanden ist der elegante Stadtbezirk Mitte des 19. Jahrhunderts, als Sultan Abdülmecid I. in den Dolmabahçe-Palast einzog und die Gegend oberhalb des Palasts, die bis dahin als Jagd- und Bogenschützengebiet diente, besiedeln ließ und ihre Grenzen mit Obelisken markierte. Einer dieser Spitzpfeiler mit arabischer Inschrift, denen Nişantaşı auch den Namen verdankt (türk. für »Markierungsstein«), ist an der Kreuzung Valikonağı Caddesi und Teşvikiye Caddesi zu sehen und ein guter Startpunkt für einen Bummel.

Die ältesten Bauten

In der heutigen Teşvikiye Caddesi, der »Straße der Ermutigung«, ließ der Sultan Ende des 19. Jahrhunderts die ersten Gebäude des neuen Stadtviertels errichten, um den Bürgern die Gegend nahe seinem Palast schmackhaft zu machen. Anfang des 20. Jahrhunderts siedelten sich schließlich wohlhabende und aristokratische türkische, jüdische, griechische, armenische und levantinische

Oben: Bei den wohlhabenderen Einheimischen beliebt: die Geschäfte von Nişantaşı
Unten: Die türkische Modemarke Tüzün gibt es bereits seit über 30 Jahren.

Familien in Nişantaşı an. Entlang der Shopping-meile City's Nişantaşı läuft man vom Obelisken kommend vorbei an einer alten Polizeistation und der Teşvikiye-Moschee zum 1922 erbauten sorg-fältig restaurierten Maçka-Palast, in dem 2008 ein Hotel der Luxus-Kette »Hyatt« eröffnet hat.

Bummeln auf der Abdi İpekçi Caddesi

Parallel zur Teşvikiye Caddesi erstreckt sich die schicke Abdi İpekçi Caddesi. Den gut 500 Meter langen nördlichen Abschnitt der Straße, der bis zur Valikonağı Caddesi verläuft, säumen Jugend-stilbauten, Kunstgalerien, Cafés und Restaurants, stylische Boutiquen türkischer Designer und Mo-dehäuser internationaler Luxus-Labels.

Benannt wurde die teuerste Shoppingmeile Istan-buls nach Abdi İpekçi, einem renommierten Jour-nalisten und Menschenrechtsaktivisten, der 1979 vor seiner Wohnung auf dieser Straße erschossen wurde. Im Jahr 2000 wurde ihm nahe der Stelle des Attentats, an der Kreuzung mit der Ihlamur Nişantaşı Yolu Sokak, ein 3,5 Meter hohes Denkmal errichtet, das seine von zwei Studenten getragene Büste zeigt. Eine Taube symbolisiert den Frieden.

Türkische Designer

Die international bekannten Labels Prada, Gucci, Louis Vuitton, Chanel und weitere Nobelmarken sind nicht die einzigen, die an diesem Boulevard zum Geld ausgeben animieren. Ebenso angesagt und gelegentlich auch zu erschwinglicheren Prei-sen erhältlich ist die Haute Couture aufstrebender und renommierter türkischer Designer. Dabei steht vor allem Damenbekleidung und Schmuck auf dem Programm. Seit 1979 produziert zum Beispiel die Marke Tüzün viele klassische Teile. Bekannt ist

vor allem die Mode von Arzu Kaprol, die für moderne feminine Linien steht und seit 2011 auf der Pariser Fashion Week vertreten ist. Immer up-to-date ist auch die edle Marke Vakko, dessen Tochterlabels Vakkorama und V2K nicht nur stylische Damen-, sondern auch Herrenkleidung anfertigen. Modernen und kreativen Schmuck aus Gold, Holz oder anderen Naturmaterialien sind unter einem Dach bei Fenix zu finden. Müge Çizgenakat hat ihren oft mit vielen Halbedelsteinen besetzten Schmuck hingegen zunächst nur in New York vertrieben, seit 2006 gibt auch eine Filiale in Nişantaşı.

Atatürk-Museum

Wer Nişantaşı über die Metro-Haltestelle Osmanbey erreicht oder verlässt und stark an jüngerer türkischer Geschichte interessiert ist, kann rund 200 Meter nördlich der Station das Atatürk-Museum besuchen. In einem rosafarbenen Haus, in dem Kemal Atatürk rund ein Jahr (1918-1919) wohnte und Geheimtreffen abhielt, werden viele Erinnerungsstücke des Republikgründers wie Fotos, historische Dokumente, Kleidung und Gemälde ausgestellt.

Oben: Nicht nur im Atatürk-Museum hängen Bilder des Staatsgründers.
Unten: Hübsche Cafés reihen sich zwischen die Geschäfte von Nişantaşı.

Infos und Adressen

SEHENSWÜRDIGKEITEN

Atatürk Müzesi. Mo–Mi/Fr/Sa 9–16 Uhr, Eintritt frei, Halaskargazi Cad. 250, Şişli, Tel. 0212/240 63 19.

ESSEN UND TRINKEN

Hünkar. Seit 1950 wird das Restaurant mit türkischer und osmanischer Küche und speziellen Gerichten für Veganer von Generation zu Generation weitergegeben. Tgl. 11–24 Uhr, Mim Kemal Öke Cad. 21, Nişantaşı, Tel. 0212/225 46 65, www.hunkarlokantasi.com

La Vita. Bäckerei und Café, in dem sich die älteren Anwohner zu Kaffee, Kuchen und Gebäck treffen. Tgl. 7–22 Uhr, Valikonağı Cad. 58A, Nişantaşı, Tel. 0212/231 59 55.

Süßes für Schleckermäuler bei »La Vita«

AUSGEHEN

Biber Bar. Geschmackvolles modernes Ambiente wird durch Chillout-Musik abgerundet, dazu gibt es Sushi und Tapas. Mo–Sa 15–1 Uhr, Abdi İpekçi Cad. 36, Nişantaşı, Tel. 0212/231 41 05.

Corridor. In der kleinen Bar mit entspannter Atmosphäre startet man in die Partynacht. Mo–Sa 16–2 Uhr, Abdi İpekçi Cad./Milli Reasürans Pasajı 57, Nişantaşı, www.corridor-bar.com

EINKAUFEN

Arzu Kaprol. Edle, moderne Damenmode. Mo–Sa 10–19 Uhr, Atıye Sok. 9, Nişantaşı, Tel. 0212/225 01 29, www.arzukaprol.net

Fenix. Kreativer, hochwertiger Schmuck. Mo–Sa 10–19 Uhr, Abdi İpekçi Cad. 20/4, Nişantaşı, Tel. 0212/241 59 10.

Müge. Klassischer Goldschmuck. Mo–Sa 10–19 Uhr, Abdi İpekçi Cad. 20/4, Nişantaşı, Tel. 0212/241 59 10, www.mugeny.com

Tüzün. Klassische Damenmode. Mo–Sa 10–19 Uhr, Abdi İpekçi Cad. 28, Nişantaşı, Tel. 0212/248 08 36.

Vakkorama. Junge Mode für Damen und Herren. Mo–Sa 10.30–19.30 Uhr, Abdi İpekçi Cad. 29, Nişantaşı, Tel. 0212/224 31 72, www.vakkorama.com.tr

Von New York nach Istanbul – »Müge«

Levent 37

Barbaros B

Beşiktaş

37 Levent
Bummeln zwischen Wolkenkratzern

Istanbuls Silhouette ist so kontrastreich wie die Stadt selbst. Minarette und Kuppeln der historischen Moscheen krönen die Hügel der Altstadt. Moderne Wolkenkratzer prägen die neueren Stadtteile, besonders die Finanz- und Geschäftsdistrikte Levent und Maslak. Ebenso abwechslungsreich ist auch das Shoppingangebot: Die Altstadt begeistert mit orientalischen Basarhallen, Levent mit mondänen Einkaufszentren.

Besonders in Levent präsentiert sich Istanbul als faszinierende und fortschrittliche Metropole des 21. Jahrhunderts. Zahlreiche Wolkenkratzer, die seit einigen Jahren die Skyline der Stadtteile nördlich des Goldenen Horns prägen, erheben sich aus einem mehrspurigen Straßenkonglomerat. Untergebracht sind in den Hochhäusern, die zu den höchsten Gebäuden Europas zählen, vor allem Banken, Büros, luxuriöse Wohnungen und riesige Einkaufszentren.

Oben: In Istanbul entstehen immer mehr Wolkenkratzer.
Unten: So modern wie die Wolkenkratzer sind auch Istanbuls Einkaufszentren.

MAL EHRLICH

SALES IN ISTANBUL

Nichts für Schnäppchenjäger: Festgelegte gesetzliche Termine für Schlussverkäufe, meist mit Rabatten zwischen 30 und 50 Prozent, gibt es in Istanbul nicht. So beginnt der Winterschlussverkauf irgendwann zwischen Mitte Dezember und Anfang Januar und die Sommer-Sales zwischen Anfang Juni und Anfang Juli. Hat man den Sale verpasst, sucht man eben auf den Märkten nach schönen Mitbringseln.

Die Wolkenkratzer

Bis 2010 war der im Jahr 2000 erbaute Işbank Tower, der 181 Meter hohe Wolkenkratzer der gleichnamigen Bank, das höchste Gebäude der Türkei. 2010 und 2011 wurde er von den zwei 210 Meter hohen Wohntürmen Anthill Residence überragt, die nicht nur luxuriöse Residenzen für Einheimische, sondern von der 39. bis zur 52. Etage mit dem »Fraser Place« auch erstklassige Unterkünfte für Istanbul-Reisende bereithalten. Der höchste Bau Istanbuls, der Istanbul Sapphire mit einer Höhe von 261 Metern, liegt an der Metro-Haltestelle »4. Levent« und trägt diesen Titel seit 2010 und bis zur Fertigstellung weiterer in Planung bzw. im Bau befindlicher Hochhäuser wie dem Diamond of Istanbul, der 270 Meter erreichen soll.

Aussichtsplattformen

Im Istanbul Sapphire mit 56 oberirdischen und zehn unterirdischen Etagen sind nicht nur Luxuswohnungen mit vertikalen Gärten, sondern auch ein 34 000 Quadratmeter großes Einkaufszentrum untergebracht. Die absoluten Highlights des Wolkenkratzers sind jedoch die zwei Aussichtsplattformen auf der 54. und 56. Etage mit Café und atemberaubendem Panorama über die Hochhäuser, das gesamte Stadtgebiet und den Belgrader Wald bis hin zum Marmarameer und dem Schwarzen Meer. Ein besonderes Erlebnis auf 236 Metern Höhe ist der etwa zehnminütige sogenannte Sky Ride mit 4D-Simulation, bei dem in einem kleinen Kinoraum ein Helikopterflug entlang und durch die wichtigsten Sehenswürdigkeiten Istanbuls nachgeahmt wird.

Wie das Istanbul Sapphire beherbergen viele Bauten in und rund um Levent große und moderne Einkaufszentren mit Cafés, Restaurants, Kinos und Geschäften für jeden Geschmack. Vor allem durch

MIT DEM DOLMUŞ NACH LEVENT

Seit 1931 dient der *dolmuş*, eine Art Sammeltaxi, als öffentliches Verkehrsmittel für das Volk der Metropole. Die Minibusse sind preiswert und anarchisch, halten, wo sie wollen, und »fahren, wenn sie voll sind« (deutsch für *dolmuş*). Ein- und Aussteigen kann man überall, nur die Strecke ist festgelegt. Die Istanbuler Stadtverwaltung hält die Minibusse jedoch für veraltet und für den Verkehr hinderlich. Wie lange die gut 12 000 Fahrer also noch durch die Metropole düsen, sich mit Vollgas durch den Verkehr drängen und auf voller Fahrt das durchgereichte Geld zählen, ist ungewiss. Aber solange es den *dolmuş* noch gibt, sollte man eine Fahrt erleben. Hauptsache, man hat keine Angst, stört sich nicht an Rechtsüberholen und traut sich auch bei rollendem Fahrzeug auf- und abzuspringen. Besonders schön ist eine Fahrt zwischen den Wolkenkratzern von Beşiktaş nach 4. Levent. Start: Barbaros Bulvarı (oberhalb des Beşiktaş-Anlegers).

Oben: Der Weg von Beşiktaş nach Levent eröffnet eine schöne Aussicht auf die Wolkenkratzer.
Mitte und Unten: Die Istanbulerinnen vertreiben sich die Zeit gern im Shopping-Zentrum.

diese Shoppingmeilen hat sich Istanbul in den letzten Jahren zu einem der beliebtesten Einkaufsziele Europas und des Mittleren Ostens entwickelt. Die Geschäfte bieten abseits der üblichen Touristenpfade und den beliebten Basaren ein vielfältiges Warenangebot in unterschiedlichen Preisklassen und laden Einheimische und Touristen zum urbanen Einkaufserlebnis ein.

Einkaufen im Akmerkez und Cevahir

Das älteste Einkaufszentrum der Gegend ist das Akmerkez im Viertel Etiler, das schon 1993 eröffnete und zuletzt im Jahr 2010 mit dem europäischen Commercial Property Award für die Innenarchitektur ausgezeichnet wurde. Auf vier dreieckig angelegten Stockwerken sind etwa 250 Geschäfte untergebracht. Gut mit der Metro erreichbar ist das 2005 eröffnete Einkaufszentrum Cevahir in Şişli, das mit 420 000 Quadratmetern Gesamtfläche als eins der größten der Welt gilt. Auf sechs Etagen kann man fast 300 Ladenlokale, einen Kinokomplex, Bowlingbahnen und ein weitreichendes Gastronomieangebot erkunden. Außerdem beeindruckt die am 2500 Quadratmeter großen Glasdach angebrachte zweitgrößte Uhr der Welt.

Metrocity und Kanyon

Nah beieinander liegen die beiden Einkaufszentren Metrocity und Kanyon in Levent. In dem markanten, aber kleinen dreiteiligen Komplex Metrocity treffen Besucher auf eine Verkaufsfläche von rund 43 000 Quadratmetern mit 140 Geschäften. Nur etwas kleiner und eins der beliebtesten Shoppingmeilen Istanbuls ist das Kanyon, das vor allem durch seine außergewöhnliche Architektur begeistert.

Infos und Adressen

EINKAUFEN

Alle Einkaufszentren sind tgl. von 10–22 Uhr geöffnet.

Akmerkez. Nispetiye Cad., Etiler, Tel. 0212/282 01 70, www.akmerkez.com.tr

Cevahir. Büyükdere Cad. 22, Şişli, Tel. 0212/368 69 00, www.istanbulcevahir.com

Istanbul Sapphire Çarşı. Eski Büyükdere Cad. 1/1, 4. Levent, Tel. 0212/268 80 80, www.istanbulsapphire.com (nur türkisch)

Kanyon. Büyükdere Cad. 185, Levent, Tel. 0212/317 53 00, www.kanyon.com.tr

Mavi Jeans. 1991 wurde Mavi als reine Jeans-Marke in Istanbul gegründet. Mittlerweile ist das moderne Label mit seiner Damen- und Herrenmode weltweit bekannt. Akmerkez, Cevahir, Metrocity und Istanbul Sapphire, www.mavi.com

Metrocity. Büyükdere Cad., 1. Levent, Tel. 0212/344 06 60, www.metrocity.com.tr

Paşabahçe. Die Istanbuler Glas- und Porzellanmanufaktur stellt feine Glaswaren und Porzellan sowohl mit modernem als auch mit altosmanischem Design her. Kanyon, www.pasabahcemagazalari.com

Vakko. Im traditionsreichen Modehaus bekommt man Herren- und Damenbekleidung und Wohnaccessoires aus edlen Stoffen und Lederwaren. Akmerkez und Kanyon, www.vakko.com.tr

Oft ist die Kleidung günstiger als bei uns.

AKTIVITÄTEN

Sapphire Observatory Deck. Aussichtsplattform Istanbul Sapphire. Eintritt 18 TL, Aussichtsplattform und Sky Ride 28 TL (ab 6 Jahren), Büyükdere Cad. 1, 4. Levent, Tel. 0212/268 83 83, www.istanbulsapphire.com

VERANSTALTUNGEN

Istanbul Shopping Fest (ISF). Seit 2012 jährlich mit weiteren Rabatten, längeren Öffnungszeiten sowie Unterhaltungs- und Kulturprogramm. Infos ISF: www.istshopfest.com

Nach der Arbeit geht es für viele Istanbuler noch zum Schaufensterbummel.

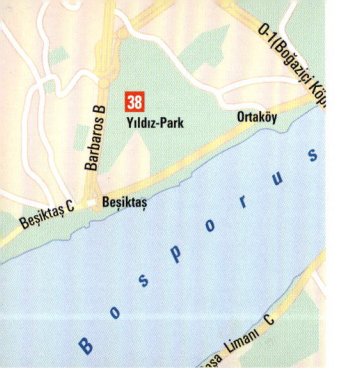

38 Yıldız-Park
Der Park des Sultans

Obwohl es die Istanbuler Mittelschicht zum Brunch unlängst in die modernen Cafés der Stadt zieht, bleibt die liebste Freizeitbeschäftigung des »Normalbürgers« das Familienpicknick im Park. Größter und einer der schönsten Parks Istanbuls ist der Yıldız-Park zwischen Beşiktaş und Ortaköy. Mit Pavillons, dem einstigen Jagdschloss und der Porzellanmanufaktur ist er nicht nur für Einheimische einen Besuch wert.

Auf rund 160 Hektar erstreckt sich der Yıldız-Park zwischen dem Çırağan-Palast (s. S. 215) am Bosporus-Ufer und dem auf einem Hügel thronenden Yıldız Sarayı am Barbaros Bulvarı. Für Istanbuler gilt er, der bereits im 16. Jahrhundert von den Sultanen als Jagdgebiet genutzt wurde, im westlichen Teil als sorgsam gepflegte Grünanlage mit Wasserspielen, einem Bach, farbenfrohen Blumenbeeten und vielen Magnolien. Unter dem Blätterdach der Zypressen, Judasbäume und Eichen dösen Hunde, auf bunten Decken picknicken am Wochenende Großfamilien. Im Osten hingegen präsentiert sich der Yıldız-Park von einer anderen Seite. Dort ist er naturbelassen, zeigt sich mit uralten Platanen, Buchen und Eichen eher wild und bietet mit schmalen Pfaden ein ideales Refugium für umherschlendernde Pärchen.

Die Pavillons Çadır Köşkü und Malta Köşkü

Wie beliebt das Parkgelände bereits in osmanischer Zeit war, bezeugen die hübsch restaurierten Jagdschlösschen (*köşk*) der Sultane aus dem 19. Jahrhundert. Der Spaziergang durch den Yıldız-Park, der in osmanischer Zeit dem Sultan vor-

Oben: Im Park treffen sich oft Paare zum entspannten und romantischen Rendezvous.
Unten: Der Besuch des Yıldız-Palasts lässt sich gut mit einem Bummel im Grünen verbinden.

behalten war, führt links vom Park-Eingang über verzweigte Pfade hinauf zum kleinsten Pavillon, dem Çadır Köşkü. Der von Sultan Abdülaziz (1830–1876) inmitten schattenspendender Bäume erbaute rosafarbene Pavillon diente nicht nur als Landhaus, sondern später auch als Gefängnis. Heute ist dort ein Café untergebracht. Ein weiterer geschmackvoll restaurierter Pavillon liegt im oberen Teil des Parks auf der Ostseite. Der größere Malta Köşkü, der dem Sultan ebenfalls als Landsitz diente und jetzt auch gastronomisch genutzt wird, zeugt von verschiedenen Architekturstilen wie Rokoko, Empire und Barock.

Komplex des Yıldız Sarayı

Jünger als die beiden zu Cafés umgewandelten Pavillons ist der Şale Köşkü am nordwestlichen Ende des Parks, der als einziger Teil des hinter hohen Mauern liegenden Yıldız-Palast-Areals vom Park her zugänglich ist. Der in drei Stufen Ende des 19. Jahrhunderts von Sultan Abdülhamid II. (1842–1918) beauftragte Pavillon war einst Audienzsaal und Unterkunft für Staatsgäste und ist heute ein Museum. Zu den Gästen des mit landschaftlichen Decken- und Wandmalereien, kostbaren Porzellanöfen und -vasen sowie wertvollen Teppichen ausgestatteten Schlösschens im Stil eines Schweizer Chalets gehörten Winston Churchill, Charles de Gaulle und Kaiser Wilhelm II.

Wer schließlich das Areal des Yıldız-Palasts besuchen möchte, kann es nur über den Eingang außerhalb des Parks erreichen. Aus Angst vor einem Anschlag im Dolmabahçe-Palast (s. S. 196) zog sich Sultan Abdülhamid II. in das ursprünglich als Jagdschloss errichtete Schloss zurück, das er weitläufig ausbauen ließ. Der Komplex mit riesigem Garten umfasste den Palast, den Harem, mehrere Pavillons, Unterkünfte für das Personal, Teiche, ein

ZU GAST IM SULTANSPALAST

Sultan Abdülaziz ließ 1874 rund einen Kilometer östlich des Dolmabahçe Sarayı den Çırağan-Palast errichten. 1910 brannte die Sultansresidenz am Bosporus nieder, achtzig Jahre später eröffnete dort nach umfangreicher Restaurierung in den 1990er-Jahren die luxuriöseste Adresse Istanbuls. Das »Çırağan Palace Kempinski« fasziniert nicht nur mit Traumblicken über den Bosporus. Der fünfstöckige noble Neubau beherbergt 313 luxuriöse Zimmer. Daneben ist der prunkvoll restaurierte Sultanspalast mit verschnörkelten Säulen, prunkvollen Hallen, glitzernden Kronleuchtern und elf exklusiven Suiten das Herzstück der Anlage. Luxus können sich auch Nicht-Hotelgäste zum Beispiel zur *teatime* (tgl. 15–17 Uhr) in der »Gazebo Lounge« oder beim Sonntags-Brunch (12–16 Uhr) im »Laledan Restaurant« gönnen.

Çırağan Palace Kempinski. Çırağan Cad. 32, Beşiktaş, Tel. 02 12/326 46 46, www.ciragan-palace.com

Theater, das extra für den Besuch Kaiser Wilhelms II. erbaut wurde, und einen kleinen Zoo. Einen besonderen Stellenwert hatte für Sultan Abdülhamid II. seine Schreinerwerkstatt, in der er jahrzehntelang werkeln konnte. Heute sind in den verschiedenen Bereichen des Palast-Museums persönliche Dinge des Sultans wie sein Werkzeug, Geschenke von Staatsmännern, Yıldız-Porzellan und Originalmobiliar zu sehen.

Porzellanmanufaktur

Bevor man den Park verlässt, um das Yıldız-Palast-Museum zu besuchen, lohnt im Osten ein Abstecher in die 1895 von Sultan Abdülhamid II. eröffnete kaiserliche Porzellanmanufaktur, die in ihrer Architektur an eine europäische Burg erinnert und somit nochmals die westlichen Einflüsse in dieser Epoche verdeutlicht. In präziser Handarbeit fertigte man damals wie heute Porzellan mit ornamentalen Verzierungen. Die zwischenzeitlich geschlossene Manufaktur wurde 2009 wiedereröffnet. Seitdem wird das edle Porzellan des Sultans originalgetreu reproduziert und verkauft.

Oben: Der Yıldız-Palast ist rustikaler als die restlichen Sultanspaläste.
Unten: Edle Keramik aus der kaiserlichen Porzellanmanufaktur

Infos und Adressen

SEHENSWÜRDIGKEITEN

Yıldız Parkı. Winter tgl. 9–18 Uhr, Sommer 10–21 Uhr, Eingang Çırağan Cad., Beşiktaş.
Yıldız Porselen Fabrikası. Mo–Fr 9–18 Uhr, Eintritt 5 TL, Yıldız Parkı, Beşiktaş, Tel. 0212/260 23 70, www.millisaraylar.gov.tr
Yıldız Şale Köşkü. Di/Mi/Fr–So 9–17 Uhr, Eintritt 10 TL, Yıldız Parkı, Beşiktaş, www.millisaraylar.gov.tr
Yıldız Sarayı. Yıldız-Palast-Museum. Mi–Mo 9–16 Uhr, Eintritt 8 TL, Barbaros Bulvarı, Serencebey Yokuşu 62, Beşiktaş, Tel. 0212/258 30 80, www.yildizpalace.com.tr

ESSEN UND TRINKEN

Çadır Köşkü. Im schönen, von hohen Bäumen umgebenen Kaffee- und Teegarten mit Blick auf den See kann man, begleitet vom Vogelzwitschern, Eichhörnchen und Igel sowie die Schwäne im See beobachten. Tgl. 9–18 Uhr, Yıldız Parkı, Beşiktaş, Tel. 0212/258 90 20.
Malta Köşkü. Das hoch am Hang gelegene Café-Restaurant mit schöner Terrasse und Blick auf den Bosporus eignet sich einfach nur zum Kaffee- oder Teetrinken, für ein ausgiebiges Frühstück am umfangreichen Buffet oder für ein Mittagessen. Tgl. 9–18 Uhr, Yıldız Parkı, Beşiktaş, Tel. 0212/258 94 53.

»Malta Köşkü« ist nicht nur als Café interessant.

ÜBERNACHTEN

Golden Street Sea View Apartments. Ruhig am Yıldız Park gelegene familiär geführte Unterkunft mit 12 funktional eingerichteten, gepflegten und geräumigen Wohnungen, die teilweise einen schönen Blick auf den Bosporus bereithalten. Wer zu Fuß unterwegs ist, sollte den steilen Anstieg von der Uferstraße nicht scheuen. Müvezzi Cad. 33, Beşiktaş, Tel. 0536/544 40 25 (mobil), www.apartmentinistanbul.co.uk

Schön aufgemacht ist der Park auch durch Wasserspiele.

39 Ortaköy
Beliebter Treff am Bosporus

Das einstige Fischerdorf Ortaköy versprühte mit der charakteristischen Moschee, der dahinter thronenden Bosporus-Brücke und den Teegärten abseits des städtischen Trubels bis zum Ende des 20. Jahrhunderts dörflichen Charme. Heute ist das lebendige Ortaköy in den Großstadtdschungel integriert. Man trinkt zwar noch çay und spielt Backgammon, startet aber vor allem in modernen Cafés ins Istanbuler Nachtleben.

Obwohl sich der zu Ortaköy gehörende nördliche Uferabschnitt, das Nightlife-Viertel Kuruçeşme (s. S. 222), besonders in Sommernächten zur angesagtesten Partymeile der Stadt wandelt und Ortaköy an der Hauptstraße unter dem Verkehrsandrang zusammenzubrechen scheint, hat sich das alte Fischerdorf ein bisschen von seinem einstigen Flair bewahrt. Schmale Gassen führen von der vielbefahrenen Muallim Naci Caddesi entlang Mini-Verkaufsständen und farbenfrohen Häusern, in denen sich Geschäfte, Cafés, Restaurants und Kneipen einquartiert haben, zum Bosporus-Ufer mit der Schiffsanlegestelle und der hübschen Or-

Oben: Ortaköys Wahrzeichen ist die gleichnamige Moschee am Ufer.
Unten: In den Gassen von Ortaköy laden kleine Geschäfte zum Stöbern ein.

MAL EHRLICH

ALKOHOL TRINKEN
Wegen hoher Mehrwertsteuer wird Alkohol trotz rigoroser und harter Strafen seitens der Regierung leider oft schwarzgebrannt und gepanscht. Wenn man in zwielichtigen oder abgelegenen Lokalen unsicher ist, sollte man lieber auf den Konsum verzichten. In seriösen Restaurants, Bars etc., in denen die Drinks dann natürlich teurer sind, kann man davon ausgehen, dass sie echt sind.

taköy-Moschee. Der lebendige Platz an der Promenade ist beliebter Treffpunkt junger Leute, von denen viele an der Galatasaray-Universität studieren, die sich zwischen dem Çırağan-Palast und dem Zentrum von Ortaköy erstreckt. Aber auch türkische Familien und Touristen genießen von den Cafés und Restaurants an der Promenade zu jeder Tages- und Nachtzeit den Blick auf den Bosporus.

Ortaköy Camii

Markantestes und berühmtestes Bauwerk des Bosporus-Vororts ist die auf einem kurzen Landvorsprung gleich am Ufer liegende Ortaköy Camii, die eigentlich Büyük Mecidiye Camii heißt. Die kleine Moschee mit zwei schlanken Minaretten wurde zwischen 1854 und 1856 von einem der Architekten des Dolmabahçe-Palasts, Nigoğayos Balyan, im Auftrag Sultans Abdülmecid I. (1823–1861) erbaut. Mit der gewaltigen Bosporus-Brücke (Boğaziçi Köprüsü) im Hintergrund, die Europa und Asien miteinander verbindet, wirkt sie sehr zierlich und ist ein beliebtes Postkartenmotiv. Sowohl Sultan Abdülmecid I. als auch sein Nachfolger Sultan Abdülhamid II. (1842–1918) wurden zum Freitagsgebet mit ihren stattlichen Galeeren vom Dolmabahçe-Palast hinübergerudert.

Die Ortaköy-Moschee repräsentiert den in jener Epoche üblichen architektonischen Historismus und hat eine Fassade, die von auffälligen Halbsäulen und im oberen Bereich von reichen ornamentalen Verzierungen geschmückt wird. Die Kuppel des quadratischen Gebetshauses wird von vier großen Rundbögen und vier in Türmchen endenden Pfeilern gestützt und ist mit grün-rot-goldenen Farben prächtig geschmückt. Das neobarocke Innere der Moschee erinnert mit der prachtvollen Porphyr- und Marmorverkleidung,

TÜRKISCHE PASTA

Dass Teigwaren nicht nur in die italienische Küche gehören, fällt spätestens auf, wenn man in einem der zahlreichen türkischen *mantı*-Lokale gegessen hat. Die meist als »türkische Ravioli« bezeichneten Nudeltäschchen gleichen in Form und Größe jedoch eher den italienischen Tortellini. In einem der besten *mantı*-Häuser der Stadt, dem »Ortaköy Mantı Evi«, werden die kleinen mit Lammhackfleisch gefüllten Teigtaschen zu günstigen Preisen angeboten. Serviert worden sie mit Joghurtsoße und einer zweiten warmen Soße aus Butter und Paprikapulver. Alle, die nicht so gerne Nudelgerichte essen, können zum Beispiel die leckeren mit Hackfleisch gefüllten und frittierten Blätterteigtaschen (*çiğ börek*) oder Weinblätter mit Reis-Hackfleisch-Füllung (*etli yaprak sarma*) probieren.

Ortaköy Mantı Evi. Tgl. ab 12 Uhr, Değirmen Sok. 3A, Ortaköy, Tel. 02 12/261 78 67.

Oben: Auf dem Wochenmarkt findet man auch viele Textilien.
Mitte: An vielen kleinen Ständen wird Modeschmuck angeboten.
Unten: Der Platz an der Moschee ist auch bei der älteren Generation beliebt.

funkelnden Kristalllüstern und hohen, in zwei Reihen angeordneten Bogenfenstern etwas an die Säle der Sultanspaläste.

Bummel durch die Gassen

Sehenswert ist das lebendige Ortaköy besonders an Sonntagen, wenn es sich bis in den späten Abend in eine riesige Fundgrube verwandelt. Auf dem lebhaften Floh- und Kleinkunstmarkt, der sich hauptsächlich zwischen Moschee und Hauptstraße erstreckt, wird jede Menge Mode- und Silberschmuck, diverse Accessoires, Textilien, Strick- und Häkelware sowie Kunsthandwerk, Antiquitäten und Trödel feilgeboten. Maler fertigen in kurzer Zeit Portraits von Besuchern an. An anderen Ständen lassen sich junge Leute mit Henna-Tattoos bemalen.

Ortaköy ist jedoch nicht nur sonntags der lebhafteste Vorort am europäischen Bosporus-Ufer. In den Gassen findet man alltäglich Straßenhändler mit farbenfrohem Schmuck und Ramsch. An der Promenade gibt es Zuckerwatte und gegrillte Maiskolben. In den Cafés und Teehäusern klappern Jung und Alt mit Würfeln und Spielsteinen des *tavla*, der türkischen Variante des Backgammon, oder des *okey*-Spiels, eine veränderte Variante des Kartenspiels Rommé, das nicht mit Karten sondern mit Zahlenplättchen gespielt wird.

Das Fischerdorf Ortaköy bietet auch Kulinarisches. Neben typischen türkischen Backwaren kann man hier etwas Neues kennenlernen. Unbedingt probieren sollte man an den dutzenden Ständen der Kumpir Sokak das beliebte Streetfood *kumpir*, eine Ofenkartoffel, die nicht nur mit Butter und Käse, sondern mit den in der Vitrine meisterhaft angerichteten Toppings wie Salaten und Gemüse, Bulgur, diversen Saucen und vielem mehr gefüllt wird.

Infos und Adressen

ESSEN UND TRINKEN

Aqua. Feine mediterrane Küche mit türkischen und italienischen Spezialitäten gibt es auf der Terrasse des eleganten Hotel-Restaurants direkt am Bosporus. Reservierung empfehlenswert. Tgl. 7–23 Uhr, Çırağan Cad. 28 (»Four Seasons Hotel«), Ortaköy, Tel. 0212/381 40 00, www.fourseasons.com

Feriye Lokantası. In einer stilvollen Polizeistation des 19. Jahrhunderts versteckt sich das elegante Restaurant-Café mit osmanisch-türkischer Küche und toller Terrasse hinter dem modernen Bau mit Kino. Wer zum Abendessen kommen will, sollte reservieren. Tgl. ab 10 Uhr, Çırağan Cad. 40, Ortaköy, Tel. 0212/227 22 16, www.feriye.com

Kitchenette. Die türkische Café-Kette soll an ein französisches Bistro erinnern, auch wenn auf der Speisekarte internationale und türkische Gerichte stehen. So–Do 8–24 Uhr, Fr/Sa 8–2 Uhr, Eski Vapur İskelesi / Sağlık Sok. 4, Ortaköy, Tel. 0212/236 96 48, www.kitchenette.com.tr

AUSGEHEN

Anjelique. Eindrucksvolle edle Location in einem dreistöckigen Strandhaus, die mit DJs aus der ganzen Welt und köstlichen Cocktails seit 2001 die Istanbuler High-Society anzieht.

Straßenmusiker sorgen für Stimmung.

Restaurant Mo–Sa 18.30–24 Uhr, Bar ab 24 Uhr, Salhane Sok. 5, Ortaköy, Tel. 0212/327 28 44, www.anjelique.com.tr

ÜBERNACHTEN

The House Hotel. Vor den Hoteleröffnungen machte sich die Marke mit den »The House Cafe«-Filialen einen Namen in der Stadt. Die 26 Zimmer des historischen Hauses am Bosporus sind mit stilvollem Mobiliar eingerichtet. Salhane Sok. 1, Ortaköy, Tel. 0212/327 77 87, www.thehousehotel.com

In den Cafés sitzen Stundenten auch häufig zum Lernen.

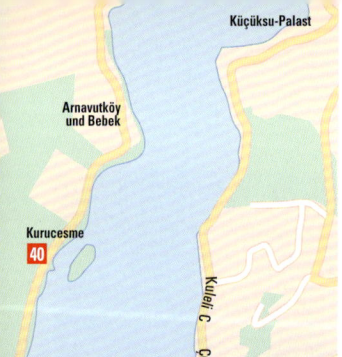

Küçüksu-Palast

Arnavutköy
und Bebek

Kurucesme

40

Kuleli C.

Oben: Den perfekten Sommertag verbringen die wohlhabenden Istanbuler auf Suada.
Unten: Einzigartig sind die Lichter der Clubs am Bosporus.

40 Kuruçeşme und Suada
Istanbuls »Place to be«

Kuruçeşme und der vorgelagerte Party-ponton mit Pool ist Istanbuls Adresse für die Reichen und Schönen. Im Sommer zieht es die Istanbuler nämlich nicht nur in die exklusiven Open-Air-Clubs, die sich am Uferboulevard Muallim Naci Caddesi aneinanderreihen, sondern auch mit dem Shuttle-Boot oder der Jacht auf eine Insel namens Galatasaray Adası mit der noblen Event-Location »Suada Club«.

Seit Beginn des 21. Jahrhunderts hat sich der Küstenabschnitt zwischen Ortaköy (s. S. 218) und Arnavutköy (s. S. 224) zum angesagtesten Istanbuler Nightlife-Vorort entwickelt. Die erfrischende Brise vom Bosporus, die Aussicht nach Asien und die Begeisterung der Istanbuler für das Nachtleben boten ideale Voraussetzungen für die Entstehung neuer Clubs und Diskotheken unter freiem Himmel. Die Locations, in denen Stars und Sternchen aus aller Welt feiern, bieten Restaurants, Bars, Open-Air-Tanzflächen und Anlegestellen für diejenigen, die mit dem gemieteten Motorboot, das Reisende auch über die Hotels vor Ort buchen können, oder der eigenen Jacht herfahren.

Galatasaray Istanbul

Kuruçeşme ist jedoch nicht nur für Nachtschwärmer interessant. Der trendige Vorort hat auch etwas für heiße Sommertage zu bieten – nicht an der Küste, sondern mitten im Bosporus. Nur 165 Meter vom europäischen Ufer entfernt hat der Sport-Club Galatasaray Istanbul 1957 ein Felseiland gekauft, das im Jahr 1872 ein Geschenk von Sultan Abdülaziz an seinen Hofarchitekten Serkis Kalfa war. Die Plattform auf den Felsen, auf der sich Serkis Kalfa ein Haus baute, wurde im 20. Jahrhundert vom Sport-Club in einen Ponton mit gesellschaftlichen Einrichtungen umgewandelt.

Auf der Insel Suada

Heute ist die »Wasserinsel« (*suada*) absoluter Hotspot für alle, die dem Chaos der Millionenmetropole entfliehen, aber deren Lifestyle nicht missen möchten. Zu jeder Tageszeit fährt ein Shuttle-Boot vom Kuruçeşme-Park die Gäste zum schwimmenden Dock mit Restaurants, Bars, Beach Club und riesigem Pool. Besonders am Wochenende steigen im noblen Beach Club ausgiebige Pool-Partys. Schönheiten präsentieren aktuellste Bademodentrends und die High-Society und jeder, der für einen Tag dazugehören möchte, genießt die Sonnenstrahlen auf den begehrten Sonnenbetten. In Bars und sechs Restaurants genießt man nicht nur kulinarische Köstlichkeiten aus aller Welt, sondern auch atemberaubende Sonnenuntergänge. Am späten Abend verwandelt sich Suada in einen Club.

Bosporus-Clubbing

Wer für den Abend eine exklusive Adresse sucht, ist in den Open-Air-Clubs der Küstenstraße genau richtig. Mit Blick auf die beleuchtete Bosporus-Brücke beginnen die Istanbuler den Abend meist mit einem Essen zwischen 20 und 22 Uhr. Durch die Restaurantreservierung ist dann auch meist der Zugang zum Club gesichert, außer, es finden private Events statt. Ab Mitternacht geht es für das gestylte Publikum, darunter türkische Sportler, Models, Schauspieler und Sänger, aber auch internationale Stars wie Bon Jovi, Jennifer Lopez oder U2 an die Bars, zu reservierten Lounge-Ecken und auf die Tanzflächen. Die Musik begleitet die Nachtschwärmer bis in die frühen Morgenstunden.

AUSGEHEN

Reina. Die »Königin« der Clubs war die erste Open-Air-Location in Kuruçeşme. Fünf Restaurants bieten türkische, mediterrane oder asiatische Köstlichkeiten. Das »Reina-Restaurant« (auch im Winter geöffnet) bietet den Überblick über den Open-Air-Bereich, die anderen vier liegen am Wasser. Tgl. ab 19 Uhr, Muallim Naci Cad. 44, Kuruçeşme, Tel. 0212/259 59 19, www.reina.com.tr
Sortie. Durchgestyltes Ambiente findet man auch in der neueren Open-Air-Location »Sortie«, die mit sieben Spezialitätenrestaurants auftrumpft und seit 2012 auch im Winter geöffnet hat. Tgl. ab 18 Uhr, Muallim Naci Cad. 54, Kuruçeşme, Tel. 0212/327 85 85, www.eksenistanbul.com

INFORMATION

Suada. Wer zum Mittag-/Abendessen in die Restaurants möchte, lässt sich mit den pendelnden Shuttle-Booten (etwa alle 5 Min.) kostenlos hinüberfahren. Im Winter sind nicht alle Restaurants geöffnet. Eintritt Pool Mo–Fr 70 TL, Sa/So 90 TL. Tgl. ab 10 Uhr, Galatasaray Adası (Shuttle: Kuruçeşme Parkı, Kuruçeşme), Tel. 0212/263 73 00, www.suadaclub.com.tr

FAKTEN

Erstens. Ohne das richtige Outfit kommt man nicht an den Türstehern der angesagten Clubs vorbei.
Zweitens. Eintritt für die Clubs, die sich ab Mitternacht füllen, ist etwa 50 TL. Für Live-Auftritte, Guest-DJs etc. zahlt man mehr. Wer jedoch bereits zum Abendessen (ab 18/19 Uhr) kommt, zahlt keinen Eintritt. Unbedingt reservieren, sonst gibt es keinen Tisch.
Drittens. Start der Open-Air-Saison ist wetterabhängig.

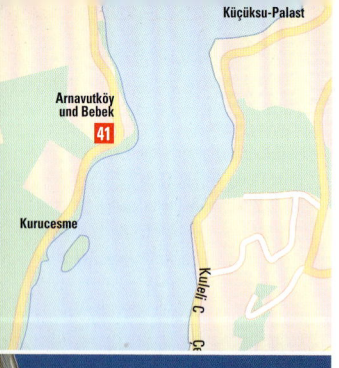

41 Arnavutköy und Bebek
Verweilen am Bosporus

Ohne die pastellfarbenen Holzhäuser, die sogenannten *yalıs*, sind die Istanbuler Bosporus-Vororte kaum vorstellbar. Die meisten der wenigen im Original erhaltenen Ufervillen aus dem 19. Jahrhundert findet man in Arnavutköy, das nicht nur mit dieser reizenden Baukunst sondern auch mit guten Fischlokalen lockt. Die malerische Nachbarbucht des wohlhabenden Bebek lädt mit schicken Ufercafés zum Verweilen ein.

Ausgedehntes Flanieren am Bosporus ist an der Küste nahe dem Istanbuler Zentrum häufig nur begrenzt möglich. Die Uferpromenaden der nördlichsten Küstenvororte Arnavutköy und Bebek des Stadtteils Beşiktaş laden hingegen zu erholsamen und interessanten Spaziergängen ein. Diese charmanten und wohlhabenden Orte, die keine speziellen Sehenswürdigkeiten wie Museen bereithalten, begeistern mit toller Atmosphäre, der typischen osmanischen Holzhaus-Architektur und natürlich mit dem Blick auf den Bosporus.

Architektur in Arnavutköy

Istanbuler besuchen Arnavutköy vor allem wegen der guten Fischrestaurants und -tavernen und der eleganten Fischerdorf-Atmosphäre. Touristen fasziniert das bis ins 20. Jahrhundert von vielen unterschiedlichen Kulturen geprägte Örtchen vor allem mit den nostalgischen hölzernen Wohnhäusern. Den zahlreichen Albanern verdankt der Ort seinen Namen »Dorf der Albaner« (türk. *arnavutköy*). Die Griechen, in deren im Jahr 1834 erbauten Kirche Taksiarhi im Zentrum des Ortes

Arnavutköy begeistert mit der traditionellen, osmanischen Holzhausarchitektur.

immer noch Gottesdienste stattfinden, und die Armenier waren als Handwerker stark am Bau der Holzhäuser beteiligt oder besaßen eigene *yalıs*.

An der Uferpromenade

Bis ins späte 19. Jahrhundert wurden die Häuser Istanbuls ausschließlich aus Holz gebaut. Das flexible und günstige Material war vorteilhaft bei immer wiederkehrenden Erdbeben und klimatisch ideal für heiße Sommermonate. Die markanten Stadthäuser und die Sommerresidenzen am Bosporus gaben Istanbul den Beinamen »Stadt aus Holz«. Heute sind nur noch wenige der anfälligen Holzbauten zu sehen. Die meisten Häuser sind durch gravierende Feuer abgebrannt oder wegen des maroden Holzes einfach zusammengesackt. Die meisten »geretteten« prachtvollen *yalıs* liegen an der Uferpromenade von Arnavutköy. Die Holzhäuser im osmanischen Jugendstil, die mittlerweile unter Denkmalschutz stehen, repräsentieren eine ökologische Bauweise. Um die traditionelle Baukunst weitgehend zu erhalten, werden die aufwendigen und kostspieligen Restaurierungsarbeiten heute von der Stadt unterstützt und die osmanische Architektur erlebt an der Meerenge zwischen Europa und Asien eine Art Comeback.

Bewohnt wurden die hübschen Villen, die gewöhnlich über ein Bootshaus oder eine eigene Bootsanlegestelle verfügten, seit jeher von der vermögenden Bevölkerung. Wer es sich heute leisten kann, restauriert ein *yalı* von Grund auf. Andere verbergen hinter der in Pastelltönen, meist mintgrün, rosa oder weiß, gestrichenen Holzfassade einen Betonbau. Daneben sind in Arnavutköy auch eindrucksvolle hölzerne Stadthäuser mit den typischen osmanischen Erkern zu sehen.

Das schicke Bebek

Arnavutköys Promenade lädt zum Verweilen ein und geht entlang weiterer *yalıs*, grünen Hängen und dem Bosporus mit seinen bunten Fischerbooten und modernen Jachten in das reichste Quartier Bebek über. Der lebhafte Küstenort hat seinen Namen (türk. für »Baby«) vermutlich dem Ausdruck »so hübsch wie ein Baby« zu verdanken und gilt mit der in dunklen Grün- und Blautönen schimmernden breiten Bucht als einer der schönsten Vororte auf der europäischen Seite.

Bebeks Sehenswürdigkeiten

Schicke Cafés, Bars und Restaurants sowie die Promenade vor dem Bebek-Park, wo sich auch die kleine steinerne Bebek-Moschee von 1913 erhebt, laden nicht nur die Istanbuler Elite zum Verweilen ein. Sowohl nach Norden als auch nach Süden hat man von der Promenade, an der auch das riesige *yalı* des Ägyptischen Konsulats thront, eine fantastische Aussicht. Kein anderes Bauwerk in Bebek präsentiert die osmanische Holzhausarchitektur so gut wie das vom letzten Vizekönig (*khedive*) von Ägypten Abbas Hilmi II. in Auftrag gegebene weiße Jugendstil-Palais, das in den letzten Jahren umfassend restauriert wurde.

Oben: Das »Lucca« ist beliebter Hotspot der Istanbuler Oberschicht.
Mitte: Fisch muss in Arnavutköy nicht immer teuer sein.
Unten: Denkmäler Kemal Atatürks findet man fast in jedem Stadtteil.

Infos und Adressen

SEHENSWÜRDIGKEITEN

Taksiarhi Rum Ortodoks Kilisesi. Unregelmäßig und an Sonntagen vormittags zur Messe geöffnet. Satış Meydanı Sok. 22, Arnavutköy, Tel. 0212/263 57 44.

Hıdiva Sarayı (Mısır Konsolosluğu). Ägyptisches Konsulat. Nicht öffentlich zugänglich, Cevdet Paşa Cad. 12, Bebek.

ESSEN UND TRINKEN

Adem Baba. Die kleine gut besuchte Fischtaverne liegt zwar nicht am Wasser und bietet keinen Alkohol an, dafür gibt es dort einfach servierten fangfrischen Fisch und im Winter köstliche Fischsuppe zu günstigen Preisen. Tgl. 12–22.30 Uhr, Satışmeydanı Sok. 2, Arnavutköy, Tel. 0212/263 29 33, www.adembaba.com

Happily Ever After. In einem der beliebtesten Restaurants von Bebek gibt es Frühstück, leckere Kuchen und jegliche Speisen aus der amerikanischen Küche. Die Tische an der Straße sind ideal, um das Treiben der Reichen und Schönen zu beobachten. Tgl. 8–23 Uhr, Cevdet Paşa Cad. 12, Bebek, Tel. 0212/263 41 38.

Sur Balık. In dem edlen Restaurant, das in einem rund 150 Jahre alten *yalı* an der Promenade unter-

Fischrestaurants findet man vor allem in Arnavutköy.

gebracht ist, werden sowohl klassische Fisch- und Meeresfrüchte-Gerichte als auch außergewöhnliche Speisen aus dem Meer serviert. Tgl. 12–1 Uhr, Bebek Arnavutköy Cad. 52, Arnavutköy, Tel. 0212/257 27 44, www.surbalik.com

AUSGEHEN

Lucca. Absoluter Hotspot der Istanbuler Elite und vor allem abends äußerst gut besucht. Der spanische Chefkoch kreiert internationale Gaumenfreuden, die Barkeeper sind preisgekrönt und internationale DJs sorgen am Abend für Jazz, Funk und House-Musik. Zum Essen unbedingt reservieren! Di–So 10–2 Uhr, Mo 12–2 Uhr, Cevdet Paşa Cad. 51B, Bebek, Tel. 0212/257 12 55, www.luccastyle.com

Für guten Fisch sorgen viele ansässige Fischer.

42 Von Rumeli Hisarı bis Sarıyer
Die Perlen des Bosporus

Auf einer Strecke von rund 14 Kilometern erstrecken sich etwa auf mittlerer Höhe der europäischen Bosporus-Küste malerische Dörfer mit einem waldreichen Hinterland, hübschen Holzhäusern und idyllischen Häfen. Promenaden laden zu Spaziergängen, Joggen und Angeln ein. Private Museen erzählen von der türkischen und regionalen Geschichte, eine wehrhafte Burg von der strategischen Bedeutung der Meerenge.

Ob mit dem Bus oder dem Taxi, zu Fuß oder mit der Fähre – der Küstenabschnitt zwischen der osmanischen Festung Rumeli Hisarı und Sarıyer ist sehenswert und einen Tagesausflug wert. Schon in osmanischer Zeit gehörten die kleinen Orte am europäischen Bosporus-Ufer zu den schönsten Gebieten der Türkei. Heute sind sie beliebte Wohngebiete, in die Metropole integriert und dennoch Orte der Ruhe.

Die Europäische Festung

Oben: Blick in die Zitadelle der Festung
Unten: Zahlreiche junge Menschen vertreiben sich die Zeit am Bosporus-Ufer.

Kurz vor der zweiten Bosporus-Brücke, der Fatih Sultan Mehmet Köprüsü, die seit 1988 für die Entlastung des Verkehrs zwischen Europa und Asien sorgt, erhebt sich am Hügelhang die sehenswerte »Europäische Festung« (türk. *rumeli hisarı*). 1452 ließ Sultan Mehmet II. Fatih an der mit etwa 660 Metern Breite schmalsten Stelle der Meerenge, an der Europa und Asien aufeinandertreffen, von 3000 Arbeitern eine Festung erbauen und das in einer Rekordzeit von gut vier Monaten und noch vor der Eroberung Konstantinopels am

Von Rumeli Hisarı bis Sarıyer

Dank der Festungen auf beiden Seiten des Bosporus ließ sich der Verkehr ohne Probleme kontrollieren.

29. Mai 1453. In Verbindung mit der Festung Anadolu Hisarı (s. S. 255) auf der asiatischen Seite konnte der Sultan bereits bei den Vorbereitungen auf die Eroberung der Stadt den Verkehr auf dem Bosporus kontrollieren.

Nach dem Fall Konstantinopels diente die Festung mit zwei mächtigen Rundtürmen und dem zwölfeckigen Turm an der Küstenseite, die nach wichtigen osmanischen Wesiren Sultan Mehmets II. benannt wurde, als Gefängnis. Heute finden im Amphitheater der 1953 als Museum eröffneten Festungsanlage Sommerkonzerte statt (Aushänge beachten!). Die Mauern umfassen eine Fläche von über 30 000 Quadratmetern und werden von 13 kleineren Wachtürmen gesichert. Vor oder nach dem steilen Aufstieg laden die kleinen Cafés, die sich nördlich unterhalb der Festung an der Promenade erstrecken, zum Frühstücken oder zu einer Pause mit Blick auf den Bosporus ein.

Jenseits der Brücke – Emirgan

Gleich hinter der Fatih-Sultan-Mehmet-Brücke wird die Uferstraße von den ersten Häusern des

ISTANBULER TULPEN-FESTIVAL

Wer glaubt, dass Tulpen aus den Niederlanden stammen und nur dort ein Tulpenkult herrscht, war noch nie im April in Istanbul. Dann nämlich feiert die Metropole ihre *lale* (türk. für »Tulpe«), die mit ihrer Farbenpracht Süleyman den Prächtigen (1494–1566) so sehr begeisterte, dass er nicht nur seinen Palast, sondern auch sein Wappen mit der Tulpe schmückte und sogar sein Gewand mit prächtiger Tulpenstickerei verzieren ließ. Über Persien war die Tulpe in die Türkei gekommen. Der Botaniker Charles de L'Écluse brachte sie schließlich nach Wien und Ende des 16. Jahrhunderts nach Holland. Seit 2006 zelebriert die Metropole jedes Jahr im April das Internationale Istanbuler Tulpen Festival (İstanbul Lale Festivali). Dann blühen in der ganzen Stadt Tulpen jeglicher Art und Farbe. 2013 waren es gut 14 Millionen Exemplare, von denen viele faszinierende Motive im Emirgan-Park bildeten.

hübschen Bosporus-Ortes Emirgan gesäumt, der seinen Namen dem persischen Prinzen Emirgune verdankt. Dieser hatte 1638 Sultan Murad IV. kampflos die Stadt Eriwan überlassen und bekam schließlich dort Asyl. Nördlich des Anlegers lohnt das private Sakıp-Sabancı-Museum, das in einem schönen Garten mit Marmorskulpturen liegt.

Altı Köşk – der Pferde-Pavillon

Das 1927 von einem ägyptischen Prinzen in Auftrag gegebene Haus wurde 1950 von der Industriellenfamilie Sabancı gekauft und wegen der auffallenden Pferdestatue im Garten unter dem Namen Altı Köşk (»Pferde-Pavillon«) bekannt. Im Jahr 2002 eröffnete das Museum, das mit prachtvollen Möbelstücken und Porzellan sowie einer Sammlung von Gemälden von der spätosmanischen Zeit bis zur Gründung der Türkischen Republik nicht nur Einblicke in die ehemaligen Wohnräume der Familie gewährt, sondern auch eine kostbare Sammlung osmanischer Kalligrafien in Form von Koranausgaben und Manuskripten aus fünf Jahrhunderten beherbergt. Im neuen Anbau des Gebäudes werden wechselnde Kunstausstellungen gezeigt – darunter in den letzten Jahren Werke von Picasso über die 8000-jährige Geschichte Istanbuls bis hin zu Rembrandt.

Emirgan Parkı

Hinter dem Museum erstreckt sich der wunderbare Emirgan-Park, der sich als sehr gepflegte Gartenanlage mit drei kleinen Schlösschen, Teichen und einer vielseitigen Flora präsentiert. Verschiedene Pinienarten, Fichten, Tannen und Zedern, Eichen und Buchen, Ginkgo-Bäume und vieles mehr bilden ein wunderbares Gelände, das zum Picknicken, Joggen und Spazierengehen einlädt. Bekannt ist der Emirgan Parkı vor

Oben: Sehenswert ist das Sakıp Sabancı Müzesi in Emirgan.
Mitte: Der Emirgan-Park lädt nach dem Besuch des Museums zum Spaziergang ein.
Unten: Die Sammlung des Sadberk-Hanım-Museums präsentiert wertvolle Antiquitäten.

Idyllische Ortschaften am Bosporus

Ⓐ Rumeli Hisarı. Ob von Sultanahmet oder Beyoğlu aus, die markante Festungsanlage Rumeli Hisarı erreicht man am besten von der zentralen Haltestelle Kabataş mit dem Bus (z.B. der Linie 25 E) Richtung Sarıyer. Do–Di 9–16.30 Uhr, Eintritt 5 TL, Yahya Kemal Cad. 42, Rumeli Hisarı, Tel. 0212/263 53 05.

Ⓑ Aşiyan Müzesi. Wer Lust hat, in der Nähe der Burg eine der Holzvillen vom Anfang des 20. Jahrhunderts mit schöner Aussicht auf den Bosporus zu erkunden, kann das ansprechende Haus des türkischen Dichters Tevfik Fikret (1867–1915) besichtigen, das zum Museum umgewandelt wurde. Di–Sa 9–16 Uhr, Eintritt frei, Aşiyan Yokuşu, Rumeli Hisarı, Tel. 0212/263 69 86.

Ⓒ Sakıp Sabancı Müzesi. Nach der Festung geht es dann zu Fuß unter der Bosporus-Brücke entlang zum ca. zwei Kilometer entfernt liegenden Emirgan mit dem Sakıp Sabancı-Museum. Di/Do–So 10–18 Uhr, Mi 10–20 Uhr, Eintritt 15 TL,

Der Aufstieg zur Burg Rumeli Hisarı ist steil und kann auch mal anstrengend werden.

Sakıp Sabancı Cad. 42, Emirgan, Tel. 0212/277 22 00, http://muze.sabanciuniv.edu/homepage

Ⓓ Emirgan Parkı. Hier befindet sich auch der Emirgan-Park. Vom nördlichen Ausgang des Parks erreicht man gut die nächste, nördlich liegende Bucht von İstinye. 7–22.30 Uhr (im Winter können die Öffnungszeiten variieren), Eingang von der Sakıp Sabancı Caddesi (Uferstraße) über die Kalamış Sokak. Verlassen kann man den Park auch über die Hakim Tahsin Sokak im Nordwesten. Emirgan.

Ⓔ Sadberk Hanım Müzesi. Entweder mit dem Bus oder mit der Fähre an Yeniköy und Tarabya vorbei nach Büyükdere, wo sich das Museum befindet. Nach dem Besuch des Sadberk Hanım Müzesi lohnt ein entspannter Bummel durch die lebhafte Ortschaft Sarıyer. Do–Di 10–17 Uhr, Eintritt 7 TL, Büyükdere Piyasa Cad. 27–29, Sarıyer, Tel. 0212/242 38 13, www.sadberkhanimmuzesi.org.tr

FRISCHER FISCH AM BOSPORUS

Umgeben vom Marmarameer, der Ägäis und dem Schwarzen Meer liegt die Türkei geografisch ideal, um eine große Fischvielfalt anzubieten. Vor allem Istanbul ist mit dem Bosporus noch immer ein Paradies für Angler. Denn je nach Jahreszeit ziehen unterschiedliche Fischarten in Strömen vom Schwarzen Meer Richtung Marmarameer und füllen die Netze der Fischer. Besonders in den Ortschaften am Bosporus säumen gute und besonders bei Istanbulern beliebte Fischrestaurants und Tavernen die Küste. Abseits des Touristenrummels kann man südlich des Anlegers von Büyükdere z.B. im Restaurant »Mer Balık« köstlichen und saisonal wechselnden Fisch mit gutem Preis-Leistungs-Verhältnis genießen.

Mer Balık. Tgl. ab 12 Uhr, Kefeliköy Cad. 33, Kireçburnu (südliches Ende der Bucht von Büyükdere), Tel. 0212/223 52 87, www.merbalik.com.tr

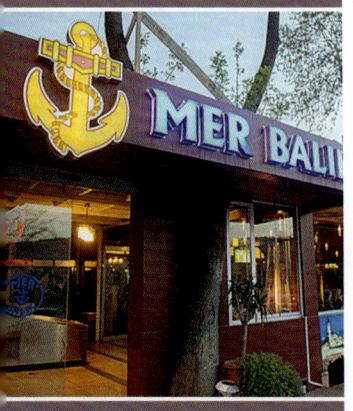

allem für seine Tulpenpracht (s. S. 229). Die drei Pavillons, die im 19. Jahrhundert für osmanische Würdenträger errichtet wurden, beherbergen gemütliche Café-Restaurants und tragen die Namen ihrer Farben: der gelbe (Sarı Köşk), der rosafarbene (Pembe Köşk) und der weiße Pavillon (Beyaz Köşk).

İstinye bis Sarıyer

Nördlich des Emirgan-Parks schließt sich İstinye an, das malerisch an einer Bucht mit großem Jachthafen liegt. Von dort lohnt die Fahrt mit dem Bus an Yeniköy und der idyllischen Bucht von Tarabya vorbei sowie ein ausgiebiger Spaziergang entlang der hübschen hölzernen Ufervillen in Büyükdere. Am nördlichen Ende des Ortes liegt kurz vor der lebhaften Ortschaft Sarıyer, die wegen ihrer Fischrestaurants und Börek-Läden beliebt ist, die Erkundung eines weiteren sehenswerten Museums, das im Jahr 1980 ebenfalls von einer türkischen Großindustriellen-Familie als erstes privates Museum der Türkei eröffnet wurde.

Sadberk Hanım Müzesi

Das Sadberk Hanım Müzesi wurde von Vehbi Koç in Gedenken an seine Frau Sadberk Koç, eine Kunst- und Antiquitätensammlerin, gegründet. In der hübschen Holzvilla aus dem 19. Jahrhundert sind rund 18 000 Exponate untergebracht, die Kunstobjekte, Gebrauchsgegenstände sowie Kleidung und Trachten aus dem 18./19. Jahrhundert umfassen. Die Sammlung schließt außerdem edle Keramik aus den osmanischen Manufakturen İznik, Kütahya und Çanakkale sowie für den hiesigen Markt eigens produziertes Meissen- und Wiener-Porzellan aus dem 18. bis 20. Jahrhundert ein.

Infos und Adressen

ESSEN UND TRINKEN

Aquarius. Gut besuchtes Fischrestaurant mit Blick auf den Fischerhafen, einer großen *meze*-Auswahl, frischem Fisch und gutem Service. Tgl. 12–24 Uhr, Cami Arkası Sok. 11/13, Sarıyer,
Tel. 0212/271 34 34, www.aquariusbalik.com

Meşhur Sarıyer Börekçisi. Der alteingesessene Börek-Laden, der von der oberen Etage auch Bosporus-Blick bietet, ist ein Paradies für Blätterteig-Fans. Diesen gibt es hier frisch als Portion oder im Kilo und u.a. mit Käse, Spinat, Kartoffeln oder Hackfleisch gefüllt. Tagsüber geöffnet, Yeni Mahalle Cad. 50, Sarıyer, Tel. 0212/242 15 39, www.meshursariyerborekcisi.net

Molka. Beliebtes, modernes Straßencafé mit legerer Atmosphäre und einer buntgemischten Speisekarte. Tgl. 9–24 Uhr, Köybaşı Cad. 158B,Yeniköy, Tel. 0212/299 22 55, www.molkacafe.com

Sade Kahve. Das umfangreiche Frühstücksangebot, die leckeren Sesamkringel *simit* und der gute Mokka locken sogar im Winter viele Gäste auf die Außenplätze des Cafés unterhalb der Festung. Tgl. 6–2 Uhr, Yahya Kemal Cad. 20A, Rumeli Hisarı, Tel. 0212/263 88 00, www.sadekahve.com.tr

Das »Fuat Paşa Hotel« liegt gleich am Bosporus.

ÜBERNACHTEN

Fuat Paşa Hotel. Wer außerhalb der Stadt am Bosporus wohnen möchte, kann im großen *yalı* mit 56 Zimmern und kleinem Außenpool altertümliches osmanisches Flair schnuppern und sollte natürlich ein Zimmer mit Bosporus-Blick buchen. Çayırbaşı Cad. 148, Büyükdere, Tel. 0212/242 98 60, www.fuatpasa.com.tr

EINKAUFEN

İstinye Park. Im Hinterland von İstinye liegt die luxuriöseste Shoppingmeile der Stadt. In Cafés, Restaurants, Kinos und Geschäften jeder Kategorie und im schicken Außenbereich, wo Paparazzi auf die Istanbuler Prominenz warten, kann man schnell die Zeit vergessen. Tgl. 10–22 Uhr, İstinye Bayırı Cad. 73, İstinye, Tel. 0212/345 55 55, www.istinyepark.com

INFORMATION

Busse. Aktuelle Busfahrzeiten zwischen Kabataş und Sarıyer: www.iett.gov.tr

Fähren. Aktuelle Fahrtzeiten der Fähren: www.sehirhatlari.com.tr
Die Fähren verkehren im Winter nur eingeschränkt. Deshalb vor der Planung die aktuellen Zeiten prüfen.

Äußerst schmackhaft – die Fischsuppe

UMGEBUNG UND AUSFLÜGE

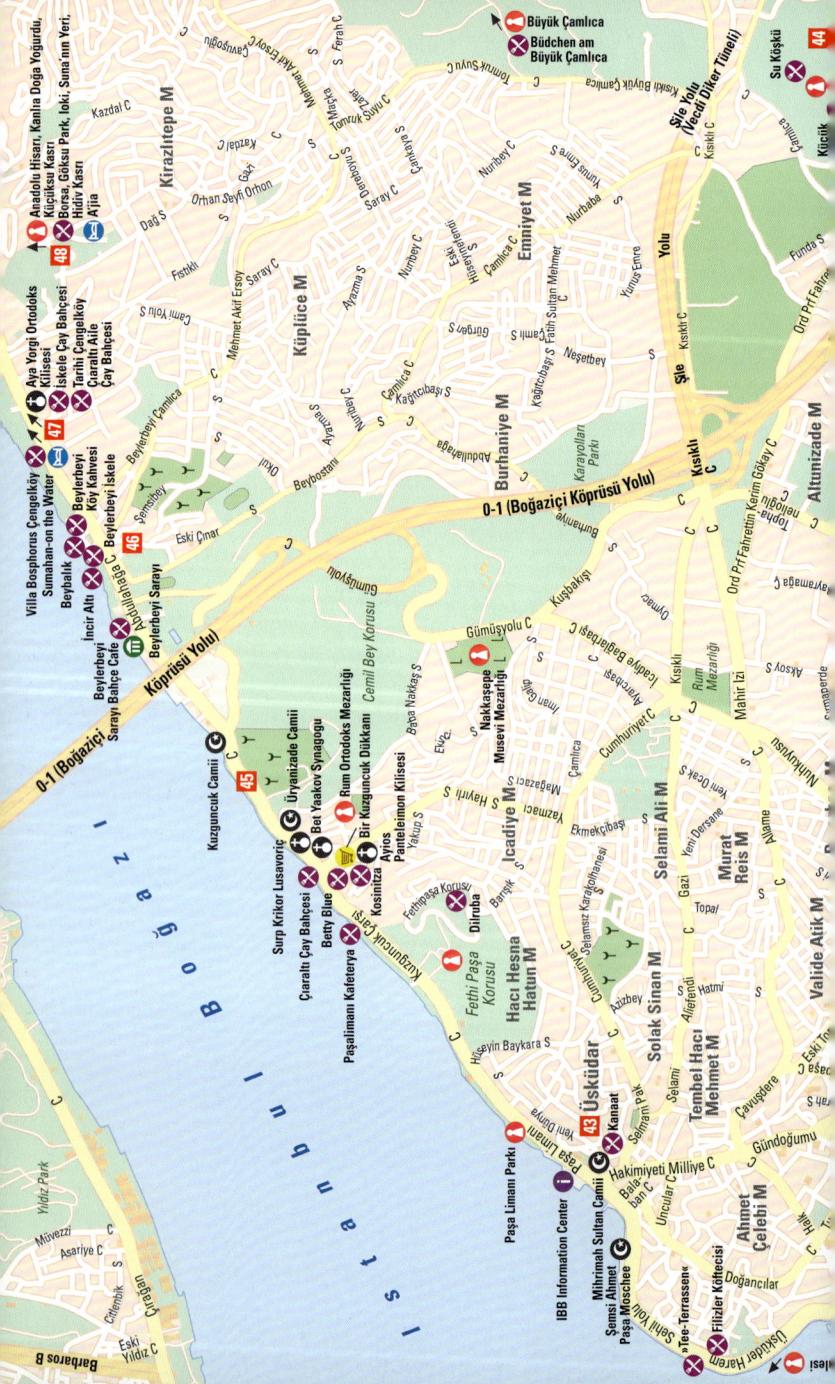

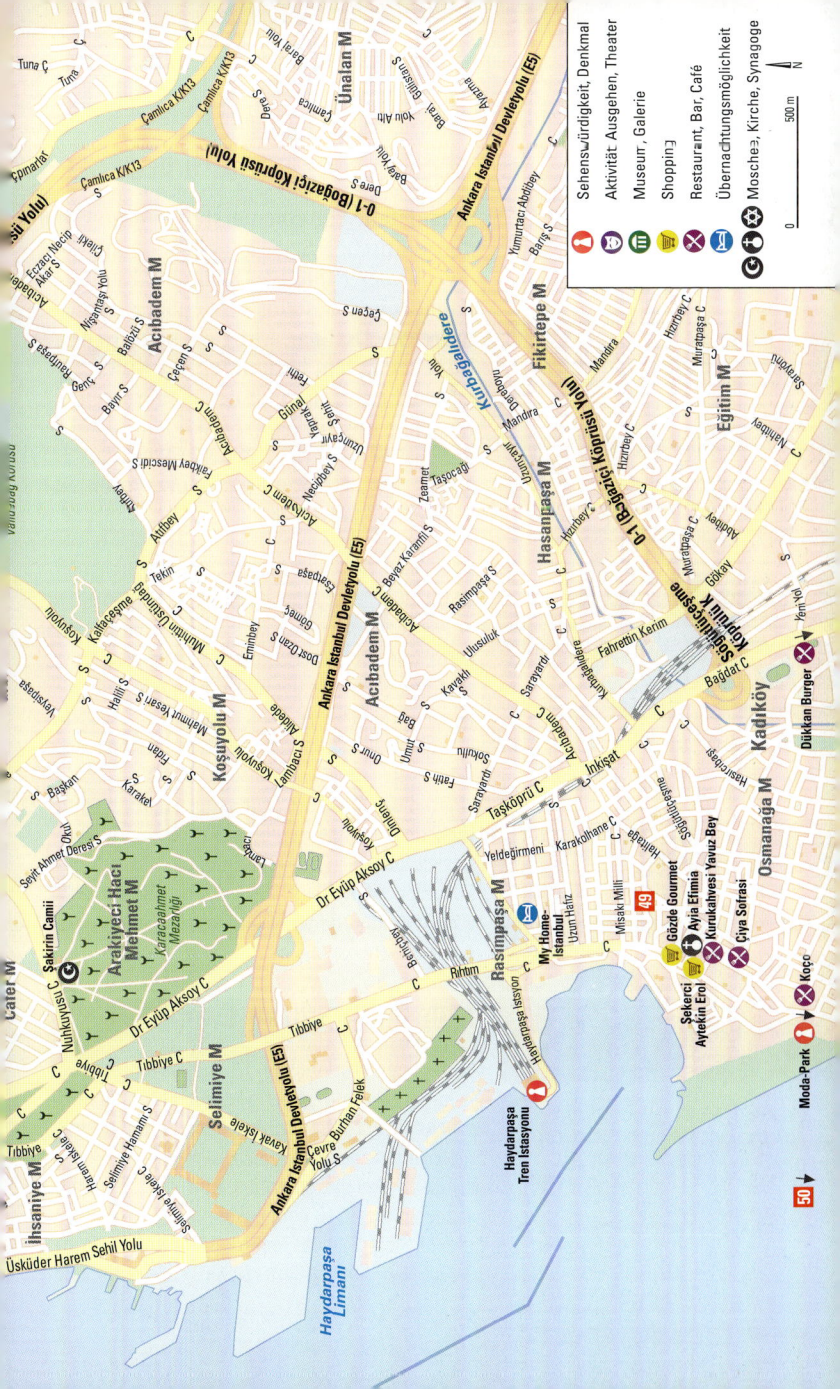

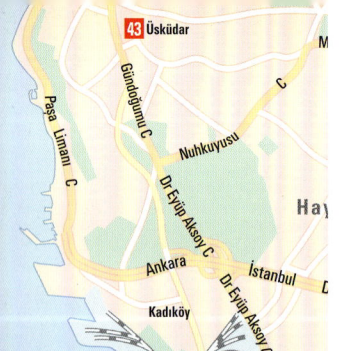

43 Üsküdar
Der Zugang zum Bosporus

Anlaufstelle für einen ersten Eindruck von der asiatischen Seite Istanbuls ist meist das mit der Fähre von Eminönü, Karaköy, Kabataş und Beşiktaş erreichbare traditionsreiche Üsküdar. Mit zwei historischen Moscheen, dem berühmten Kız Kulesi (»Mädchenturm«) und der modernsten Moschee der Türkei, ist Üsküdar, das in der Antike wichtiger Brückenkopf zur Meerenge zwischen Europa und Asien war, sehr erkundenswert.

Das Gebiet des heutigen Üsküdar, des alten, von Crysis, dem Sohn Agamemnons, gegründeten Chrysopolis, war schon in der Antike für alle Belagerer Konstantinopels wichtig. Seit dem vierten Jahrhundert wurde die Gegend am gegenüberliegenden Ufer besetzt. Etwa hundert Jahre vor der Eroberung Konstantinopels hatten dieOsmanen Üsküdar bereits eingenommen. Als sie 1453 Konstantinopel eroberten, wurde der Stadtteil hauptsächlich von Muslimen besiedelt. Bis heute hat sich Üsküdar einen religiösen Charakter bewahrt: Zwischen modernen Häusern sieht man osmanische Türben, Brunnenhäuser und Moscheen. Restaurants schenken keinen Alkohol aus.

Mihrimah Sultan Camii

Gegenüber dem Anleger, an dem sich mobile Schuhputzer und Streetfood-Verkäufer tummeln, erhebt sich auf einer hohen Terrasse die Mihrimah Sultan Camii, die auch İskele Camii (»Moschee der Anlegestelle«) genannt wird. Die Moschee wurde 1548 vom bekannten Baumeister Mimar Sinan für die Tochter Süleymans I., Prinzessin Mihrimah, erbaut. Schön ist der am Fuße

Seite 234/235: Anleger auf Büyükada, der größten der Prinzeninseln
Unten: Beliebter Treffpunkt in Üsküdar sind die Teeterrassen am Anleger Salacak.
Unten: Für einen Snack zwischendurch sorgen die Fischbrötchen-Verkäufer am Bosporus.

der Treppe stehende barocke Brunnen Sultan Ahmets II. von 1726, der Sammelstelle der Pilger für die Reise nach Mekka war.

Zwei Parks und ein Café

Am sich nordöstlich erstreckenden Uferabschnitt passiert man die hübsche kleine Grünanlage Paşa Limanı Parkı, ein Treffpunkt für das traditionelle Picknick. An der rechten Straßenseite der Paşa Limanı Caddesi hat sich in einem restaurierten Teil der ehemaligen Tabakfabrik Tekel die Istanbuler Vertretung der Staatsoper und des Balletts niedergelassen. Am Ende des kleinen Parks lohnt das »Paşalimanı Café« eine Rast mit Blick auf den Bosporus. Etwas weiter nördlich erstreckt sich am steilen Hang der große idyllische Park Fethi Paşa Korusu, wo im Frühjahr die Judasbäume in prächtigem Violett blühen.

Westlich des Anlegers erhebt sich ein weiteres Meisterwerk Mimar Sinans, die Şemsi-Ahmet-Paşa-Moschee. Gleich am Ufer thront der 1580 erbaute Stiftungskomplex, der aus Moschee, Türbe und Koranschule besteht, in einem gepflegten Garten. Die vom hohen Würdenträger Şemsi Ahmet Paşa (1492–1580) gestiftete Moschee gilt als eine der schönsten Istanbuls.

Der Mädchenturm

Ein Spaziergang lohnt von der Şemsi-Ahmet-Paşa-Moschee südlich entlang der Uferstraße Üsküdar Harem Sahil Yolu bis zum Anleger Salacak, von wo die Boote zum Kız Kulesi (»Mädchenturm«) übersetzen. Wer nicht hinüberfahren möchte, genießt umgeben von verliebten Paaren und jungen Leuten bei einem çay vom terrassenartig angelegten Betonufer den schönen Blick auf die Altstadt-Halbinsel und den Turm,

der sich auf einer winzigen, 180 Meter entfernt liegenden Insel erhebt.

Nach dem Sieg über Perser und Spartaner 410 v. Chr. errichtete der athenische Feldherr Alkibiades auf dem Eiland eine Zollstation, an der die vom Schwarzen Meer kommenden Schiffe eine Abgabe zahlen mussten. Kaiser Manuel I. Komnenos ließ im zwölften Jahrhundert den ersten Leuchtturm erbauen. Der heutige Bau, der tagsüber als vornehmes Café und abends als Restaurant betrieben wird, stammt aus dem 18. Jahrhundert. Zwei Legenden ranken sich um den Leuchtturm, der in Europa aufgrund eines falsch assoziierten griechischen Mythos auch als Leanderturm bekannt ist. Die Geschichte von Hero und Leander spielt eigentlich an der Meerenge Hellespont, die Leander abends durchschwommen hat, um seine Geliebte Hero, eine Priesterin der Göttin Aphrodite, zu besuchen. Als die Fackel, die ihm den Weg wies, eines Nachts erlosch, ertrank Leander und die unglückliche Hero stürzte sich ins Meer. Die andere Sage ist Grund für die türkische Bezeichnung »Mädchenturm«. Demnach soll die Tochter eines Sultans zu ihrem Schutz dorthin verbannt worden sein, da man ihr den Gifttod prophezeit hatte. Auch die Geschichte der Prinzessin hatte ein tragisches Ende. Eine giftige Schlange hatte sich in einem Obstkorb versteckt.

Oben: Der Sonnenuntergang taucht den Mädchenturm in ein romantisches Licht.
Mitte: Markant ist der Brunnen vor der Mihrimah-Sultan-Moschee.
Unten: Rund um den Üsküdar-Anleger trifft man auf jegliche Händler und Schuhputzer.

Infos und Adressen

SEHENSWÜRDIGKEITEN

Kız Kulesi. Mädchenturm. Tgl. 9–24 Uhr,
So 9–14 Uhr Brunch, tgl. ab 20 Uhr Restaurant-
betrieb mit internationaler Küche, regelmäßige
Überfahrt vom Salacak-Anleger, Üsküdar Harem
Sahil Yolu, Üsküdar, Tel. 0216/342 47 47,
www.kizkulesi.com.tr

ESSEN UND TRINKEN

Dilruba. Oberhalb des Fethi-Paşa-Parks gelegenes
Restaurant-Café mit Panoramablick und osmanischer Küche. Zum täglichen Brunch gibt es çay
und Kaffe ohne Limit. 24 Stunden geöffnet, À-la-
carte-Restaurant 8–23 Uhr, Fethi Paşa Korusu,
Üsküdar, Tel. 0216/492 15 00, www.dilruba.com.tr

Kanaat. Im einfachen, aber sehr beliebten Arbeiter-
Lokal *(okantası)* mit blauen Kachelwänden wird
seit 1933 hervorragende türkische Hausmannskost serviert. Günstige Preise. Tgl. 6.30–23 Uhr,
Selmanipak Cad. 9, Üsküdar, Tel. 0216/341 54 44,
www.kanaatlokantasi.com.tr

Tee-Terrassen. Von den Uferterrassen mit Sitzkissen kann man bei einer Tasse Tee stundenlang
philosophieren und den romantischen Sonnenuntergang über dem Topkapı-Palast genießen.
Tgl. 9–1 Uhr, Üsküdar Harem Sahil Yolu (Salacak-
Anleger), Üsküdar.

Eine schöne Aussicht zum Tee gibt es im »Dilruba«.

Filizler Köftecisi. Riesiges modernes Restaurant
mit Blick auf den Mädchenturm und guten Grillgerichten, unterschiedlichen Köfte-Arten und Schim-
melsteaks, die wie in New York auch hier als Deli-
katesse gelten. 24 Stunden geöffnet, Harem Sahil
Yolu 61, Üsküdar, Tel. 0216/343 45 49.

Paşalimanı Kafeterya. Im Gemeinde-Café werden
einfache Gerichte mit gutem Preis-Leistungs-Verhältnis serviert. Tagsüber geöffnet, Paşa Limanı
Cad., Üsküdar, Tel. 02 16/495 32 16.

INFORMATION

IBB Information Center. Informationskiosk der
Stadtverwaltung. Mo–Fr 8.30–19 Uhr,
Sa/So 9–20 Uhr, Paşa Limanı Cad., İskele Önü
(an der Anlegestelle), Üsküdar.

Der Mädchenturm wird heute als Restaurant genutzt.

Büyük und
Küçük Çamlıca

44

İzi C

O-1 (Boğaziçi Köprüsü Yolu)

Üsküdar

Oben: Östlich des großen Çamlıca-Hügels entstehen immer mehr Neubauten.
Unten: Die Teegärten am Büyük Çamlıca Tepesi sind gleichermaßen bei Touristen und Einheimischen beliebt.

44 Çamlıca-Hügel
Schöne Aussichten

Das Ausmaß der Millionenmetropole ist nicht nur am Verkehr erkennbar. Vom großen Çamlıca-Hügel (Büyük Çamlıca) eröffnet sich ein faszinierendes Panorama und man sieht, wie riesig Istanbul wirklich ist und wie weitläufig sich das Stadtgebiet von der Altstadt-Halbinsel über die Küste am Marmarameer bis hin zu den Bosporus-Vororten erstreckt. Weniger besucht ist der kleine Hügel Küçük Çamlıca.

Am besten erreicht man die Hügel, die sich oberhalb von Üsküdar (s. S. 238) und Kadıköy (s. S. 258) erheben, mit einem der zahlreichen Taxis, die in beiden Stadtteilen auf Kundschaft warten. Der Büyük Çamlıca Tepesi (»Großer Çamlıca-Hügel«) ist mit 268 Metern die höchste Erhebung Istanbuls. Der kleinere Bruder Küçük Çamlıca Tepesi (»Kleiner Çamlıca-Hügel«) liegt etwas unterhalb und ist 229 Meter hoch. Er ist mit mehr Baumbestand und den zu Café-Restaurants umgewandelten osmanischen Jagdschlösschen besonders für diejenigen interessant, die etwas mehr Ruhe suchen.

Büyük Çamlıca Tepesi

Der Büyük Çamlıca, auf dem sich zahlreiche Fernsehmasten und der Fernsehturm der Stadt erhebt, ist der bekanntere der beiden Hügel und obwohl seine Umgebung mittlerweile dem Bauboom unterliegt, lockt er mit seinem großen Teegarten und der einzigartigen Aussicht auf die kontrastreiche Silhouette Istanbuls scharenweise Einheimische und Touristen an. So wundert es nicht, dass sich Ministerpräsident Recep Tayyip Erdoğan dieses Gebiet für die Errichtung seines symbolträchtigen Mammut-Bauprojekts ausgesucht hat, der größ-

Çamlıca-Hügel

ten Moschee Istanbuls mit Platz für tausende Gläubige und sechs 107,1 Meter hohen Minaretten, Kongresszentrum, Kunst- und Kulturhaus, Cafés und Studienanstalt. Das Gotteshaus, dessen Fertigstellung für 2015 geplant ist, soll von überall in der Metropole zu sehen sein.

Bei klarem Himmel sieht man von den Hügeln nicht nur die historischen Moscheen und die modernen Hochhäuser, sondern kann nördlich auch den Verlauf des sich windenden Bosporus fast bis zum Schwarzen Meer betrachten. Besonders beliebt sind die Çamlıca-Hügel zur Zeit des Sonnenuntergangs bei Romantikern und frisch Vermählten, die dort mit der Stadt zu Füßen die perfekte Kulisse für Hochzeitsfotos vorfinden.

Sagenhafte Stadtgründung

Dass die Çamlıca-Hügel auch etwas mit der Stadtgründung zu tun haben könnten, besagt ein Mythos. Der Stadtgründer Byzas aus dem dorischen Megara bekam im siebten Jahrhundert vom sagenhaften antiken Orakel von Delphi, der wichtigsten Kultstätte der hellenistischen Welt, den Auftrag, »gegenüber der Stadt der Blinden« eine neue Siedlung zu gründen. Gemeint waren die Bewohner von Chalkedon (heute Kadıköy), die wenige Jahre zuvor die perfekte Lage der Halbinsel zwischen Marmarameer, Bosporus und Goldenem Horn übersehen hatten und sich auf der asiatischen Seite der Stadt ansiedelten. Als Byzas auf den Hügel über Chalkedon stieg und die Schönheit und die strategischen Vorteile der Landzunge auf der europäischen Seite erkannte, war er sich sicher, dass das Orakel nur die Bewohner Chalkedons meinen konnte. Denn nur jemand der blind war, hätte all dies übersehen können. Byzas gründete daraufhin das zunächst nach ihm benannte Byzantion, das heutige Istanbul.

Romantische Aussicht vom Hügel

Infos und Adressen

ESSEN UND TRINKEN

Kiosks am Büyük Çamlıca. Auf dem Kamm des großen Hügels hat man unter schattenspendenden Bäumen kleine Sitzgruppen platziert. Aus den Lautsprechern erklingt klassische türkische Musik. In den Selbstbedienungs-Kiosks bekommt man *çay* und andere Getränke sowie Kleinigkeiten zum Essen wie die Sesamkringel *simit*, Maiskolben und vieles mehr.
Küçük Çamlıca Köşkü. Obwohl das größte der städtischen Restaurant-Cafés auf dem kleinen Hügel recht elegant wirkt, werden die türkischen Gerichte dort zu einem guten Preis-Leistungs-Verhältnis angeboten. Schöne Aussicht. So Frühstücksbuffet von 9–13.30 Uhr, Tgl. ab 9 Uhr, Küçük Çamlıca Korusu, Kısıklı, Üsküdar, Tel. 0216/428 46 96.
Su Köşkü. Gemütliches Ambiente und gute türkische Küche bietet der kleine »Wasser-Pavillon« der Gemeinde an einem Bach. Der Pavillon liegt mitten im Park und ist auch einfach nur für einen Kaffee oder Tee für Ruhesuchende geeignet. Tgl. ab 9 Uhr, Küçük Çamlıca Korusu, Kısıklı, Üsküdar, Tel. 0216/428 46 96.

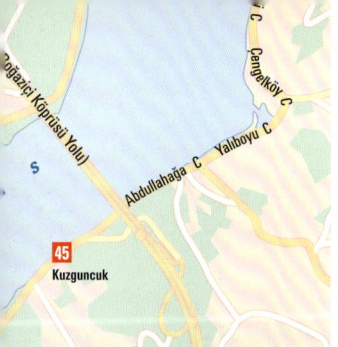

Oben: Das idyllische Flair in Kuzguncuk wird durch die Lage der Häuser inmitten hoher Bäume erzeugt.
Unten: Auch die Hauptstraße İcadiye Caddesi hat dörflichen Charakter.

45 Kuzguncuk
Farbenfroh, charmant und fotogen

In Kuzguncuk scheint die Zeit still zu stehen. Der malerische Bosporus-Vorort, der zwischen Üsküdar und der Bosporus-Brücke liegt, ist mit alten liebevoll restaurierten Holzhäusern, schmalen Straßen und gepflasterten Gassen, Kirchen, Moscheen und Synagogen beliebte Kulisse der türkischen Filmindustrie. Das einst multikulturelle Viertel gilt heute als beliebter Wohnort von Künstlern und Intellektuellen.

Das äußerst idyllische und hübsche Kuzguncuk ist auch fußläufig von Üsküdar (s. S. 238) aus erreichbar. Umgeben wird die geschichtsträchtige Ortschaft mit dörflichem Flair von Naturschutzgebieten und uralten Friedhöfen. Bereits an der Uferstraße Kuzguncuk Çarşı Caddesi ist die multikulturelle Vergangenheit des Ortes, der ein tolles Beispiel für das friedliche Zusammenleben unterschiedlicher Kulturen und Religionen in Istanbul ist, immer noch spürbar. Kuzguncuk war jahrhundertelang Heimat vieler Juden, Armenier, Griechen und Türken. In friedvollen, blumenreichen Gassen liegen Kirchen, Synagogen und Moscheen nur einen Steinwurf voneinander entfernt.

Die Besiedelung von Kuzguncuk

Nachdem die aus Spanien vertriebenen Juden im 15. Jahrhundert im Osmanischen Reich aufgenommen wurden, siedelten sie sich nicht nur auf der europäischen Seite Istanbuls in Balat, sondern auch am asiatischen Bosporus-Ufer, im ländlichen Kuzguncuk, an. Im 18. Jahrhundert zogen schließlich auch viele Armenier in das von Juden und

Griechen bewohnte Örtchen, das schon zu byzantinischen Zeiten besiedelt wurde. Dass die erste Moschee erst 1952 dort erbaut wurde, liegt daran, dass bis zu diesem Zeitpunkt nur wenige Muslime in Kuzguncuk lebten. Seit 1860 diente ein kleiner Betsaal, ein sogenannter *mescit*, den Muslimen zum Gebet. Das Jahrzehnte später in eine Moschee mit einem markanten hölzernen Minarett umgewandelte Gebetshäuschen, die heutige Üryanizade Camii, liegt am nördlichen Ende von Kuzguncuk kurz vor der Bosporus-Brücke am Ufer.

Etwa gleichzeitig mit dem Exodus der Juden nach Israel wanderten Mitte des 20. Jahrhunderts auch die meisten Griechen und Armenier aus. In den folgenden Jahren ließen sich Einwanderer aus Anatolien und den Schwarzmeerregionen in Kuzguncuk nieder. Mittlerweile wurden die alten Holzhäuser von Künstlern und Intellektuellen, die sich hier niedergelassen haben, liebevoll restauriert und das pittoreske Örtchen erstrahlt in frischem und dennoch traditionellem Charme.

Das multikulturelle Erbe

Am schönsten ist ein Spaziergang durch die von uralten Platanen, Kiefern, Walnuss- und Feigenbäumen gesäumten Straßen und Gassen Kuzguncuks am Wochenende, wenn die sonst geschlossenen oder teils nur unregelmäßig geöffneten Kirchen und Synagogen ihre Pforten für die aus der ganzen Stadt herkommenden armenischen und griechisch-orthodoxen Christen öffnen. Etwa auf Höhe des Anlegers erheben sich an der Kuzguncuk Çarşı Caddesi Seite an Seite die Kuzguncuk-Moschee (1952 im Vorhof der armenischen Heiliger-Gregor-Kirche erbaut) und die armenische Kirche Surp Krikor Lusavoriç. Folgt man der landeinwärts verlaufenden Hauptstraße İcadiye Caddesi, passiert man die 1878 erbaute Synagoge

FISCH ESSEN AN DER KÜSTE

Obwohl Kuzguncuk hauptsächlich mit seinen hübschen landeinwärts verlaufenden Gassen begeistert, lohnt auch der Küstenabschnitt des Örtchens einen Besuch. Am winzigen Platz, der sich gegenüber der İcadiye Caddesi zum Meer hin öffnet, liegt das in der dritten Generation geführte, gern von Künstlern besuchte Fisch-Restaurant »İsmet Baba«. Im Sommer genießt man von der Terrasse den Blick auf den Bosporus, an Wintertagen schaffen die Holzausstattung und alte Fotos ein wohliges Ambiente. Auf der Karte stehen außer diversen Raki-Sorten auch saisonal wechselnder Fisch und eine umfassende *meze*-Auswahl, von Blätterteigtaschen mit Kartoffeln (*börek*), über Oktopus und Garnelen bis zu gebratener Leber (*arnavut ciğeri*).

İsmet Baba. Tgl. 12–24 Uhr, Çarşı Cad. 1A, Kuzguncuk, Tel. 0216/553 12 32, www.ismetbaba.com.tr

Bet Yaakov, deren Kuppel mit Ansichten des Heiligen Landes ausgemalt ist. In der Synagoge, die an Feiertagen und zum Gottesdienst des Sabbats am Samstagmorgen von jüdischen Gläubigen aus der ganzen Stadt und dem Ausland besucht wird, wird eine kostbare Thora-Rolle aus Gazellenleder aufbewahrt.

An der griechisch-orthodoxen Kirche Agios Georgios und hübschen Cafés vorbei sieht man rechter Hand den markanten 1911 errichteten Glockenturm der großen Kirche Agios Panteleimon, durch den man in den Innenhof des Gotteshauses kommt. 1821 wurde dieses an der Stelle einer alten Kirche aus dem sechsten Jahrhundert errichtet. Rund 800 Meter weiter östlich liegt der größte jüdische Friedhof Istanbuls, der über 500 Jahre alt ist. Ein jahrhundertealter griechisch-orthodoxer Friedhof liegt am Ende der steil aufsteigenden Tufan Sokak, die man gut über die von der Hauptstraße abzweigende Bostan Sokak erreicht. Wer lieber durch die Gassen mit den bunten Holzhäusern und blühenden Oleandern bummelt, läuft über die Bostan Sokak und den nördlich anschließenden kleinen Straßen wieder Richtung Küste.

Oben: Hölzerne Erker prägen die traditionelle Architektur des Viertels.
Unten: Die Lokale in Kuzguncuk versprechen Essen abseits jeglichen Trubels.

Infos und Adressen

SEHENSWÜRDIGKEITEN

Ayios Panteleimon Kilisesi. Unregelmäßig geöffnet, İcadiye Cad. 82, Kuzguncuk.

Bet Yaakov Synagogu. Voranmeldung unter www.turkyahudileri.com, İcadiye Cad. 9, Kuzguncuk, www.kuzguncuksinagoguvakfi.org

Nakkaştepe Musevi Mezarlığı. Tagsüber zugänglich, Jüdischer Friedhof. Azizbey Sokak, Kuzguncuk.

Rum Ortodoks Mezarlığı. Tagsüber zugänglich, Griechisch-orthodoxer Friedhof. Tufan Sokak, Kuzguncuk.

Surp Krikor Lusavoriç. Kirche Gregors des Erleuchters. Unregelmäßig geöffnet, Kuzguncuk Çarşı Cad. 49, Kuzguncuk, Tel. 0216/341 50 02, www.surpkrikorlusavoric.com

Üryanizade Camii. Kuzguncuk Çarşı Cad. 24, Kuzguncuk.

ESSEN UND TRINKEN

Betty Blue. Kleines farbenfrohes Café, in dem das auf den Tisch kommt, was gerade gekocht wurde. Schön auch, um bei einem Tee oder Café das Treiben auf der Straße zu beobachten. Tagsüber geöffnet, İcadiye Cad. 21A, Kuzguncuk.

Glockenturm der Kirche Agios Panteleimon

Ins Ambiente passen die Schilder der Geschäfte.

Çınaraltı Çay Bahçesi. Im Teegarten mit tollem Blick auf den Bosporus wird täglich auch gutes Frühstück angeboten. Tagsüber geöffnet, Kuzguncuk Çarşı Cad. 90, Tel. 0216/553 73 85.

Kosinitza. Sehr beliebtes kleines Restaurant mit altertümlichem Ambiente, in dem innovativ kreierte mediterrane Gerichte und Meeresfrüchte serviert werden. Kein Alkohol. Di–Sa 12–24 Uhr, So 14.30–24 Uhr, Bereketli Sok. 2A, Kuzguncuk, Tel. 0216/334 04 00, www.kosinitzarest.com

EINKAUFEN

Bir Kuzguncuk Dükkanı. Kleiner Laden mit ausgefallenen Accessoires, Schmuck, Deko-Objekten und vielem mehr. Di–So 11–19 Uhr, İcadiye Cad. 40A, Kuzguncuk, Tel. 0216/532 96 91, www.birkuzguncukdukkani.com

46 Beylerbeyi
Die Sommerresidenz der Sultane

Das asiatische Bosporus-Ufer ist nicht nur für diejenigen attraktiv, die sich auf den Promenaden oder in den Gassen der idyllischen Vororte die Beine vertreten wollen, sondern auch für historisch Interessierte. Der weniger besuchte Beylerbeyi-Palast im beschaulichen gleichnamigen Stadtteil liegt am Fuß der ersten Bosporus-Brücke und begeistert mit einer kostbaren Ausstattung und einem hübschen Garten.

Der Stadtteil Beylerbeyi, der nach dem osmanischen Sultanspalast benannt wurde, erstreckt sich nördlich der ersten Bosporus-Brücke. Im Auftrag von Sultan Abdülaziz (1830–1876) wurde der Beylerbeyi-Palast (Beylerbeyi Sarayı) zwischen 1861 und 1865 vom Architekten Sarkis Balyan, einem Mitglied der bekannten Architekten-Familie, die wenige Jahre zuvor schon den Dolmabahçe-Palast (s. S. 196) entworfen hatte, erbaut.

Die Gärten des Palasts

Das Gartenareal des Palasts, in dem die letzten Sultane des Osmanischen Reichs mit ihren Familien den Sommer verbrachten, war bereits in byzantinischer Zeit bekannt. In dem terrassenartig angelegten Garten, der ein beliebtes Ausflugsziel der kaiserlichen Familie war, hatte Konstantin der Große (272–337) nach seinem Übertritt zum Christentum ein großes Kreuz platziert. Seit dem 16. Jahrhundert nutzten die Sultane das Gebiet ebenfalls und ließen dort hölzerne Pavillons errichten. An der Lage schätzten sie sowohl die großartige Aussicht auf den Bosporus als auch die

Oben: Der Beylerbeyi-Palast wird seltener besucht als die Sultanspaläste auf der asiatischen Seite.
Unten: Zum Istanbuler Streetfood-Angebot zählen auch Maiskolben.

frische Brise, die im Sommer kühle Palasträume sicherstellt. Beherbergt wurden in der Sommerresidenz auch viele ausländische Staatsoberhäupter wie Kaiser Franz-Josef von Österreich (1830–1916), der deutsche Kaiser Wilhelm II. (1859–1941) und die letzte Kaiserin Frankreichs Eugénie de Montijo (1826–1920), die Gemahlin Napoleons.

Architektur

Der Beylerbeyi-Palast, der im Stil des osmanischen Neobarock errichtet wurde, hatte weder ein Heizungssystem noch eine Küche. Die Speisen für den Sultan und seine Familie wurden aus der Palastküche des Dolmabahçe-Palasts angeliefert. Im Jahr 1912 bekam der Sommerpalast, der zunächst mit Gas und Kerzen beleuchtet wurde, Elektrizität. An Prunk mangelte es ihm selbstverständlich nicht. Der Beylerbeyi Sarayı, dessen Längsseite zum Bosporus ausgerichtet ist, besteht aus 24 Räumen und sechs Sälen, die sich auf zwei Etagen verteilen. Ausgestattet sind einige Räume und die prächtigen Säle mit vielen Möbeln aus Europa, wertvollen osmanischen Teppichen, französischen Kronleuchtern und Uhren sowie Vasen aus Japan und China. Für die Isolierung der Böden wurden in einigen Räumen kein Parkett, sondern ägyptische Strohmatten verwendet.

Das Innere des Palasts

Die Inneneinrichtung reflektiert die im 19. Jahrhundert üblichen Stilmischungen im Osmanischen Reich. Der armenischstämmige Maler Mıgırdiç Civanyan, der für die Innendekoration zuständig war, kombinierte westliche neoklassizistische Stile mit traditionellen osmanischen Elementen. Besonders eindrucksvoll ist der Havuzlu-Salon (»Pool-Saal«), der seinen Namen angelehnt an ein Wasserbecken aus Marmor mit einem Brunnen bekam,

EIN BESUCH IM GARTEN

Für alle Besucher, die ein bisschen Palast-Flair schnuppern, aber nicht die Palastgemächer besichtigen möchten, gibt es im Beylerbeyi-Palast die Möglichkeit, einfach nur den herrlichen Garten zu besuchen. Für einen Eintritt von nur 1 TL kann man auf den Kieswegen zwischen den Blumenbeeten und grünen Wiesen mit ihren Skulpturen, den kleinen Teichen und den weißen Laternen etwas spazieren gehen, Fotos an den prächtig verzierten Toren und den zwei Pagodenpavillons machen und schließlich im Palast-Café einkehren. Im Schatten von Pinien, wilden Kastanien, Magnolien und einer großen Eiche sitzen Einheimische besonders gerne im Sommer am Teich, trinken Kaffee oder Tee, frühstücken oder essen eine Kleinigkeit zu Mittag.

Beylerbeyi Sarayı Bahçe Café. Di/Mi/Fr–So 9–16 Uhr, Beylerbeyi Sarayı, Tel. 0216/321 93 20.

der den Raum dominiert. Fließendes Wasser war in osmanischen Villen nicht nur wegen des angenehmen Geräuschs, sondern vor allem wegen der Abkühlungsfunktion in den Räumen sehr beliebt. Der »Blaue Saal« (Mavi-Salon), der darüber liegt, diente als Empfangssaal und für Feierlichkeiten wie Hochzeiten und ist einer der pompösesten des Palasts. Der Saal, der nach acht glänzenden blau bemalten Stuckmarmor-Säulen benannt wurde, ist mit üppigen Blattgoldverzierungen geschmückt.

Am Anleger von Beylerbeyi

Nach dem Palastbesuch bietet sich ein entspannter Besuch des bescheidenen aber lebhaften und nördlich des Palasts gelegenen Örtchens Beylerbeyi an. Obwohl sich der nördlich des Anlegers erstreckende Uferabschnitt zu einem noblen Wohnviertel entwickelt hat, fühlen sich Arm und Reich rund um den Anleger gleichermaßen wohl. In den Cafés und Restaurants, die den Anleger säumen, kann man die schaukelnden Fischerboote und die Fischer beim lautstarken Anpreisen ihrer Fänge beobachten.

Oben: Am Hafen von Beylerbeyi reihen sich die Fischlokale aneinander.
Unten: Beliebtes Fotomotiv: die Skulpturen vor dem Palasteingang

Infos und Adressen

SEHENSWÜRDIGKEITEN

Beylerbeyi Sarayı. Di/Mi/Fr–So Nov. –März
9–16.30 Uhr, April–Okt. 9–17 Uhr, Eintritt 20 TL,
Kinder bis 6 Jahren frei, (Palastbesuch nur im
Rahmen geführter Touren), Abdullahağa Caddesi,
Beylerbeyi, Tel. 0216/321 93 20,
www.millisaraylar.gov.tr

ESSEN UND TRINKEN

Beylerbeyi İskele Restaurant. Das große Restaurant am Anleger ist mit der kleinen Aussichtsterrasse besonders zum Sonnenuntergang sehr beliebt. Auf der Karte stehen selbstverständlich *meze* und viel Fisch. Tgl. ab 12 Uhr, Beylerbeyi İskele Cad. 13B, Beylerbeyi, Tel. 0216/422 22 29,
www.beylerbeyiiskelerestaurant.com

Beylerbeyi Köy Kahvesi. Im urigen und gut besuchten Café und auf der Terrasse bei den Fischerbooten lässt sich die Atmosphäre des Örtchens bei türkischem Mokka oder einem *çay* besonders gut genießen. Tgl. ab 9 Uhr, Beylerbeyi İskele Cad. 5, Beylerbeyi, Tel. 0216/321 22 84.

Beybalık. Wer Fischgerichte mit gutem Preis-Leistungs-Verhältnis in eleganter Atmosphäre sucht,

Obst- und Gemüsestand im Örtchen Beylerbeyi

ist im Restaurant Beybalık, das in einem historischen Holzhaus am Anleger untergebracht ist, genau richtig. Tgl. 12–24 Uhr, Beylerbeyi İskele Cad. 11, Beylerbeyi, Tel. 0216/401 10 10,
www.beybaliksazende.com

İncir Altı. In einem hübschen weißen Haus mit grünen Fensterläden und einem gemütlichen reich bepflanzten Innenhof wird eine klassische umfassende *meze*-Auswahl und frischer Fisch serviert. Getrunken wird natürlich Raki. Tgl. 10–2 Uhr, Arabacılar Sok. 4, Beylerbeyi,
Tel. 0216/557 66 86, www.inciralti.com.tr

Die kalten Vorspeisen werden üblicherweise auf Tabletts präsentiert.

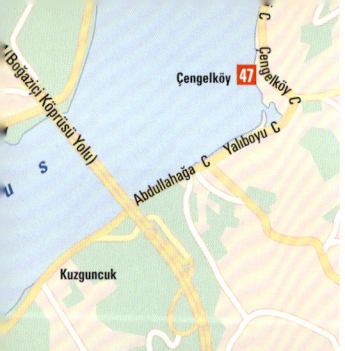

47 Çengelköy
Unbekannt und liebenswert

Der kleine Fischerort Çengelköy liegt nördlich von Beylerbeyi und findet bei Touristen bisher nur wenig Beachtung. Anders bei den Istanbulern. Sie lieben das kleine Örtchen mit den hölzernen Ufervillen *(yalı)* nicht nur aufgrund der Gewürzgurken, die dort wachsen, sondern vor allem wegen des einzigartigen Blickes auf die Bosporus-Brücke und wegen der Fischrestaurants direkt am Wasser.

Ein Spaziergang entlang der Durchfahrtsstraße Çengelköy Caddesi und den abzweigenden Gassen führt vorbei an urigen Geschäften, der griechisch-orthodoxen Aya-Yorgi-Kirche, historischen Bäckereien und Konditoreien, zahllosen osmanischen Brunnen und Holzhäusern, deren Türen wie auf dem Dorf meist geöffnet sind, sowie Obst- und Gemüsehändlern, die natürlich die bekannten Gewürzgurken anbieten.

Immer wieder führen kleinere Straßen und Gassen zum Bosporus-Ufer. Çengelköy, das »Anker-Dorf«, hat seinen Namen vermutlich der einst dort ansässigen Ankerschmieden zu verdanken. Andere Geschichten erzählen, dass Sultan Mehmet II. Fatih (1432–1481) bei den Vorbereitungen zur Eroberung Konstantinopels Mitte des 15. Jahrhunderts in diesem Bosporus-Örtchen viele von den Byzantinern versteckte Anker gefunden hat.

Oben: Idyllisch sind die Gassen des Örtchens Çengelköy.
Unten: Wie überall sind auch in Çengelköy einfache Lokale zu finden.

Die wenigen erhaltenen hölzernen Bosporus-Villen sind am besten von der Fähre aus zu sehen. Die bekanntesten liegen am Ufer hinter dem großen Parkplatz am südlichen Ortseingang. In einer Parkanlage wird schon seit einiger Zeit das nicht zugängliche, 1783 erbaute, rote *yalı* des Architek-

Çengelköy

ten Sadullah Paşa mit einer großen überkuppelten Mittelhalle, dem sogenannten *sofa*, restauriert.

Teegärten und Platanen

Auffällig sind in dem hübschen Bosporus-Vorort die uralten Platanen. Ihnen haben die meisten äußerst beliebten Teegärten den üblichen Namen *çınaraltı* (türk. für »unter der Platane«) zu verdanken. Besonders am Wochenende treffen sich in den Teegärten Istanbuler aus der ganzen Stadt und die alteingesessenen Einheimischen aus Çengelköy, genießen den guten Tee, den Blick auf den Bosporus und die leichte erfrischende Brise. Die älteste Platane, die wegen eines makabren Zwischenfalls auch »Killer« genannt wird, ist rund 500 Jahre alt, 15 Meter hoch und hat einen Umfang von fast 2 Metern.

Çengelköy Meydanı

Am kleinen Hauptplatz am Anleger, an dem man es sich im Teegarten ebenso gemütlich machen kann, steht ein schlichter, rechteckiger, osmanischer Brunnen aus dem 19. Jahrhundert. Die vielen sich meist nicht mehr in Betrieb befindlichen Brunnen, die man in Çengelköy sieht, waren in osmanischer Zeit aufgrund der lebensnotwendigen Wasserversorgung und der folgenden Dankbarkeit der Einwohner bei Stiftern beliebt. Der Çengelköy Meydanı ist nicht nur bei Anglern beliebt, sondern auch bei allen, die sich in bescheidener Atmosphäre einfach nur die Zeit vertreiben wollen. Auch der Sonnenuntergang ist von diesem Platz mit der gleich gegenüber liegenden Bosporus-Brücke besonders romantisch. Während die Einheimischen sich mit Futter und Wasser um das Wohl der herumstreunenden Katzen kümmern, kehren die letzten Fischer, oft mit Frau und Kind, von der Angeltour zurück.

Sonnenuntergang am Anleger

Infos und Adressen

ESSEN UND TRINKEN

İskele Çay Bahçesi. In dem Außenbereich des Teegartens darf man noch traditionell sein eigenes Essen mitbringen. Bei einer Wasserpfeife lässt es sich besonders gut entspannen. Gelegentlich Livemusik. Tgl. 24 Stunden geöffnet, Çengelköy Cad. 2, Çengelköy, Tel. 0216/321 29 87, www.iskelecinaralti.com

Tarihi Çengelköy Çınaraltı Aile Çay Bahçesi. Der Teegarten an der alten Platane wird trotz der tragischen Geschichte besonders gern besucht. Tgl. 24 Stunden geöffnet, Çınarlı Camii Sok. 4, Çengelköy, Tel. 0216/422 10 36, www.cengelkoycinaralti.com

Villa Bosphorus Çengelköy. Elegantes Restaurant mit Tischen am Wasser, einem Innenbereich mit deckenhohen Aussichtsfenstern, kalten und warmen Vorspeisen und frischem Fisch. Reservierung empfehlenswert. Tgl. 9–1 Uhr, Albay Hüsamettin Ertürk Sok. 13, Çengelköy, Tel. 0216/422 80 80, www.villabosphorus.com

ÜBERNACHTEN

Sumahan – On the Water. Als Oase der Ruhe präsentiert sich das stilvolle Boutique-Hotel mit 24 modern ausgestatteten Bosporusblick-Zimmern, teils mit Kamin. Wellness-Center und Restaurant am Wasser. Kuleli Cad. 51, Çengelköy, Tel. 0216/422 80 00, www.sumahan.com

Oben: Fischerboote liegen am Flüsschen Göksü unterhalb der Burg Anadolu Hisarı.
Unten: Reich verzierte Fassaden begeistern am Küçüksu Kasrı.

48 Von Kandilli nach Kanlıca
Abseits des Touristenrummels

Außer mit hübschen Ufervillen und weitestgehend erhaltener Idylle begeistern die Orte am nördlichen asiatischen Bosporusufer auch mit grünen Wäldern im hügeligen Hinterland. Genießer freuen sich in Kandilli über guten Fisch und in Kanlıca über den regionalen Joghurt, historisch Interessierte zieht es zum Sommerschlösschen in Küçüksu und nach Anadolu Hisarı zur gleichnamigen osmanischen Burg.

Wie auch die Bosporus-Ortschaften auf der europäischen Seite sind die Vororte am nördlichen Uferabschnitt des asiatischen Teils Istanbuls sowohl per Fähre oder Bootstaxi als auch mit dem Bus oder Taxi erreichbar. Gegenüber des europäischen Bebek (s. S. 224) erstreckt sich gut drei Kilometer nördlich von Çengelköy (s. S. 252) auf einem Landvorsprung Asiens der Vorort Kandilli, wo man die Tour entlang des Bosporusufers beginnen kann.

Kandilli

Kandilli ist bei den Einheimischen vor allem wegen seiner Fischrestaurants am Ufer beliebt. Sehenswert ist dort auch ein Restaurant, das wie der örtliche Kulturverein in einem alten Palast hoch auf einem Hügel südlich des Anlegers thront. Von der großen Aussichtsterrasse des Restaurants hat man eine fantastische Aussicht auf den südlichen Teil des Bosporus, bevor sich die Meerenge nördlich in Richtung Schwarzes Meer windet. Erbaut wurde der bis heute von einem Pförtner bewachte Palast in der zweiten Hälfte des 19. Jahrhunderts für die Tochter von Sultan Mahmud II. (1785–1839), Adile Sultana.

Das »Kleine Wasser«

Etwa einen Kilometer weiter nördlich kommen alle Palast-Fans schließlich richtig auf ihre Kosten. Der kleine luxuriöse Sommerpalast Küçüksu Kasrı (»Palast des Kleinen Wassers«) liegt malerisch am Bosporus, wurde nach dem gleichnamigen Flüsschen benannt und war nach seiner Erbauung 1857 das Jagdschloss Sultans Abdülmecid I. (1823–1861). Die verschnörkelten Ornamente an den Fassaden wurden erst später unter seinem Bruder, Sultan Abdülaziz (1830–1876), hinzugefügt, dem der Bau zu schlicht erschien. Bis zur Gründung der Türkischen Republik diente das Schlösschen ausschließlich Tagesausflügen und wurde erst im 20. Jahrhundert mit Schlafzimmern für Gäste ausgestattet.

Die Zwillingsburg

Der kleine Fluss Göksu, der rund 500 Meter weiter nördlich in den Bosporus mündet, trennt Küçüksu vom nächsten Dörfchen Anadolu Hisarı, das nach einer der ersten osmanischen Burgen an der Meerenge benannt wurde. Das anatolische Gegenstück der großen Burg Rumeli Hisarı (s. S. 228) wurde 1394, rund sechzig Jahre vorher, von Sultan Beyazit I. errichtet. Die drei mit türkischen Flaggen dekorierten Türme der »Anatolischen Festung« (türk. Anadolu Hisarı) sind die Überreste einer einst 7000 Quadratmeter großen Festungsanlage, die zusammen mit der gegenüberliegenden Festung an der engsten Stelle des Bosporus den Schiffsverkehr kontrollierte. Der höchste Turm ist 25 Meter hoch und überragt die nostalgischen Holzhäuser des Viertels. Am kleinen Hafen des Flusses laden hüb-

sche Cafés zum Verweilen ein und bieten auch kurze Bootstouren an.

Kanlıca

Ein Muss für Fans köstlicher Milchprodukte ist der Besuch des charmanten Dörfchens Kanlıca, das gut zwei Kilometer nördlich von Anadolu Hisarı hinter der zweiten Hängebrücke des Bosporus, der Fatih-Sultan-Mehmet-Brücke, liegt. Mit Blick auf die vorbeiziehenden Tanker, Fähren, Fischerboote und Motorjachten lässt sich der schmackhafte, nur in Kanlıca angebotene Joghurt, der schon bei den osmanischen Sultanen heißbegehrt war, am schönsten löffeln. Zahllose Familien verzehren in den sogenannten Yoğurdu-Cafés (»Joghurt-Cafés«) am Ufer – umgeben von Trauerweiden und schlummernden Katzen und Hunden den stichfesten Naturjoghurt aus fermentierter Schafs- und Kuhmilch mit überwältigendem Geschmack und Fettgehalt, der traditionell mit einem Häufchen Puderzucker am besten schmeckt. Der Joghurt, der wegen des Krautes, das die Kühe fraßen, bis vor gut 150 Jahren noch eine rötliche Farbe hatte, gab dem Dorf der Legende nach auch seinen Namen Kanlınca, zu Deutsch die »Blutige«. Kosten kann man den Joghurt mit Puderzucker, frischen Früchten, Honig oder Marmelade auch direkt in der Joghurt-Fabrik, der jahrhundertealten Molkerei Kanlıca Doğa Yoğurdu, die bereits in dritter Generation geführt wird.

Oben: Das Bosporus-Ufer bei Kanlıca wird von hölzernen Villen geprägt.
Mitte: Die Ruhe in den Bosporus-Vororten zieht Einheimische an.
Unten: Unbedingt probieren muss man den bekannten Kanlıca-Joghurt.

Infos und Adressen

SEHENSWÜRDIGKEITEN

Anadolu Hisarı. Nicht zugänglich, Hisar Cad. (nördliche Uferseite des Göksu-Flusses), Anadoluhisarı.

Kanlıca Doğa Yoğurdu. Molkerei. Tgl. 8–23 Uhr, Barış Manço Cad. 7A, Kanlıca, Tel. 0216/413 52 29, www.kanlicayogurdu.com.tr

Küçüksu Kasrı. Di/Mi/Fr–So 9–17 Uhr, Eintritt 5 TL, Küçüksu Cad., Küçüksu, Tel. 0216/332 33 03, www.millisaraylar.gov.tr

ESSEN UND TRINKEN

Borsa. Seit 1927 werden im eleganten Restaurant im Adile Sultana-Palast türkische Gerichte wie verschiedene Kebap- und andere Fleischgerichte serviert. Tgl. 12-24 Uhr, Vaniköy Cad./Siraevler Sok. 12, Kandilli, Tel. 0216/460 03 04, www.adilesultan.org

Göksu Park. Das Café-Restaurant am Fluss hat ein bisschen Schrebergarten-Atmosphäre. Ab 25 TL kann man von dort auch eine kleine Boots-tour auf dem Fluss machen. Einfach fragen! Tgl. ab 10 Uhr, Mihrişah Valide Sultan Cad. 1, Anadolu Hisarı, Tel. 02 6/460 05 46, www.goksuparkcafe.com

Suna'nın Yeri. Am Anleger von Kandilli verteilen sich die Tische der kleinen Fischtaverne unter Pla-

Restaurant »Borsa« im Adile Sultan Sarayı

tanen am gepflasterten Plätzchen. Auf der Karte steht das, was gerade frisch aus dem Meer kommt, köstliche Calamares und leckere Salate zu moderaten Preisen. Tgl. 12–22 Uhr, Iskele Cad. 4–17, Kandilli, Tel. 0216/332 32 41.

ÜBERNACHTEN

A'jia. Das schicke Boutique-Hotel mit 15 modern und minimalistisch eingerichteten Zimmern liegt in einem historischen osmanischen Haus direkt am Bosporus. Im beliebten hoteleigenen Restaurant werden gleich am Wasser mediterrane Gerichte serviert. Ahmet Rasim Paşa Yalısı, Çubuklu Cad. 27, Kanlıca, Tel. 0216/413 93 00, www.ajiahotel.com

Gut besucht ist das Café »Göksu Park« am gleichnamigen Fluss.

49 Kadıköy
Gemütlich am Marmarameer

Quicklebendig, weltoffen und weitläufig präsentiert sich Kadıköy an der Küste des Marmarameers. Im Zentrum des Stadtteils reihen sich Marktstände an Geschäfte und Cafés an Restaurants, nördlich des Hafens liegt der Bahnhof Haydarpaşa. Die Promenade rund um die Nachbarschaft Moda und die Bağdat Caddesi etwas weiter südlich sind beliebte Flaniermeilen und laden zum Genießen und zum Einkaufen ein.

Südlich von Üsküdar erstreckt sich am Marmarameer gen Süden das beliebteste und modernste Wohn- und Ausgehviertel Istanbuls auf der asiatischen Seite. Kadıköy, das antike Chalkedon wurde schon vor über 3000 Jahren besiedelt.

Geschichte Kadıköys

Um 1000 v. Chr. siedelten sich phönizische Kaufleute, ein Seefahrer- und Händlervolk, das seine wichtigsten Stadtstaaten an der Küste des heutigen Libanons hatte, in der Gegend des heutigen Kadıköy an. In der Bucht des heutigen Moda gründeten die Megarer aus Attika Mitte des siebten Jahrhunderts das antike Chalkedon, eine schnell florierende Hafenstadt. Da die Vorteile der Landzunge auf dem gegenüberliegenden Ufer, wo einige Jahre später Byzantion gegründet wurde, nicht erkannt worden waren, nannte man Chalkedon die »Stadt der Blinden«. Wie die ganze asiatische Küste wurde auch Chalkedon bereits um 1350 von den Osmanen besetzt.

Im Jahr 451 fand in Chalkedon, das ständig Angriffen anatolischer Heere ausgesetzt war, das Vierte Ökumenische Konzil der Alten Kirche statt.

Oben: Mit der nostalgischen Tram kann man die Nachbarschaften Kadıköys gut erkunden.
Unten: Zahlreiche Geschäfte laden in Kadıköy zum Stöbern ein.

Etwa 500 Kleriker hatten sich in der Euphemia-Kirche versammelt, um das lange diskutierte Thema der Zweinaturenlehre Christi, also die Definition Christi als wahren Gott und wahren Menschen zugleich, zu entscheiden. Die Geistlichen vieler Ostkirchen lehnten die Beschlüsse ab, akzeptiert wurde es u. a. von der römisch-katholischen und der orthodoxen Kirche. Die heutige griechisch-orthodoxe Kirche der Heiligen Euphemia, die im Zentrum von Kadıköy zu sehen ist, ist ein nach dem Vorgängerbau benanntes Gotteshaus, das 1832 auf den Fundamenten einer anderen byzantinischen Kirche erbaut wurde.

Kadıköy heute

Heute lohnt ein Bummel durch das Zentrum von Kadıköy mit vielen lebhaften Fußgängerzonen, die von Geschäften, guten Restaurants, gemütlichen Cafés und Kneipen gesäumt werden. Beliebt sind die Einkaufsstraßen Mühürdar Caddesi mit der 1720 gegründeten armenischen Kirche Surp Takavor und die große Bahariye Caddesi, an der die nostalgische Rundfahrts-Straßenbahn von Kadıköy, die Moda Tramvay (Linie T3), entlangfährt. Dort befinden sich die Überreste einer Hamam-Tür aus dem 19. Jahrhundert und die Süreyya-Oper. Spannend sind auch die Straßen rund um die Tellalzade Sokak, in der viele Antiquitätenhändler ansässig sind, die Nihal Sokak mit einigen Malern und die Feinkostgeschäfte sowie der farbenfrohe Markt an und nahe der Güneşlibahçe Sokak, auf dem man alles von frischem Fisch über Obst, Gemüse und Gewürze bis hin zu Bio-Käse bekommt.

Haydarpaşa-Bahnhof

Am nördlichen Ende der Hafenbucht liegt der prächtige Bahnhof Haydarpaşa Garı, der Anfang des 20. Jahrhunderts erbaut wurde. Der Kopf-

KÖSTLICHES ZU MITTAG

Das bodenständige Lokal im Herzen von Kadıköy ist bei einem Besuch des Stadtteils schon fast ein Muss. Besonders um die Mittagszeit stehen hungrige Einheimische vor dem »Çiya Sofrasi« Schlange, denn längst ist das Lokal mit täglich wechselnden, köstlichen und preiswerten Speisen auch bei Touristen bekannt. Die klassischen türkischen Gerichte werden abwechslungsreich mit orientalischen Einflüssen verfeinert. Die beste Möglichkeit, so viel wie möglich zu probieren, hat man am Büffet mit einer großen Auswahl klassischer und kreativer *meze*. Der Teller wird nach Gewicht abgerechnet. Die Hauptgerichte kann man sich in der Vitrine auf der anderen Seite anschauen. Diese werden dann zum Tisch gebracht. Kein Alkohol.

Çiya Sofrasi. Tgl. 10–22 Uhr, Güneşlibahçe Sok. 43, Kadıköy, Tel. 0216/330 31 90, www.ciya.com.tr

Oben: Die Konditorei »Ali Muhiddin Hacı Bekir« in der Muvakkithane Sokak gibt es schon seit 1777.
Mitte: Nostalgisch ist die Schalterhalle im Haydarpaşa-Bahnhof.
Unten: Zahlreiche Lebensmittel findet man in der Güneşlibahçe Sokak.

bahnhof war Startpunkt der Anatolischen Eisenbahn, die von Istanbul bis nach Konya, und von dort unter dem Namen »Bagdadbahn« bis nach Bagdad verlief. Die Einweihung des zweitgrößten Bahnhofs Istanbuls, der von den deutschen Architekten Otto Ritter von Kühlmann (1834–1915) und Hellmuth Cuno (1867–1951) im neoklassizistischen Stil erbaut wurde, erfolgte 1908. Vor dem Bahnhof soll einen nostalgische Dampflok an die alten Zeiten erinnern. Aufgrund des sich im Bau befindlichen Marmaray-Projekts, einer Untertunnelung des Bosporus, soll der Bahnhof 2014 stillgelegt werden. Vermutlich wird dann ein Luxushotel, ein Museum oder beides darin Platz finden.

Nachbar Moda

Die nostalgische Straßenbahn führt von der südlichen Seite des Hafens in die Nachbarschaft Moda, einer wohlhabenden Wohngegend am Marmarameer. Heute ist Moda nicht nur als Wohnort auch bei vielen jungen Leuten beliebt. In einem der Cafés und Restaurants an der langen gepflegten Promenade mit dem Moda-Park kann man entspannt den Blick auf das Meer genießen.

Einkaufen in Asien

Das asiatische, grünere und schickere Gegenstück zur İstiklal Caddesi (s. S. 176) ist die 14 Kilometer lange Bağdat Caddesi, die parallel zum Küstenabschnitt zwischen Kadıköy und Maltepe verläuft. Für alle Shopping- und Lifestyle-Fans ist der etwa ein Kilometer lange von Platanen gesäumten Abschnitt zwischen den Nachbarschaften Suadiye und Şaşkınbakkal mit schicken Boutiquen, Modehäusern internationaler Designer, Cafés, Bars und Restaurants ein Muss.

Infos und Adressen

SEHENSWÜRDIGKEITEN

Ayia Efimia Kilise. Kirche der Heiligen Euphemia. Mühürdar Caddesi/ Ecke Yasa Caddesi, Kadıköy.
Surp Takavor. Armenische Kirche. Tagsüber geöffnet, Mühürdar Caddesi/ Ecke Muvakkithane Sokak, Kadıköy.

ESSEN UND TRINKEN

Dükkan Burger. Einfach mal einen Burger in Retro-Atmosphäre essen kann man im Restaurant der Brüder Bülent und Emre Mermer, die ursprünglich eine Metzgerei hatten. Tgl. 11.30–24 Uhr, Bağdat Cad. 395B, Şaşkınbakkal, Tel. 0216/350 56 56, www.dukkanburger.com
Koço. Seit 1928 ist das große, von einer griechischstämmigen Familie geführte Restaurant am Marmarameer eine sehr beliebte Adresse zum Fisch- und *meze*-Essen und natürlich zum Raki-Trinken. Tgl. 12–24 Uhr, Moda Cad.171A Moda, Tel. 0216/336 07 95, www.kocorestaurant.net
Kurukahveci Yavuz Bey. Bei einem türkischen Mokka lässt sich das Treiben auf der Einkaufsstraße besonders gut beobachten. Tgl. ab 10 Uhr, Mühürdar Cad. 13, Kadıköy, Tel. 0216/349 95 44.

EINKAUFEN

Şekerci Aytekin Erol. Beim Zuckerbäcker Aytekin Erol gibt es nicht nur für Süßmäuler eine riesige

Eine Pause vom Einkaufen...

Zuckerbäckerei »Aytekin Erol«

Auswahl an Bonbons, Marmelade und türkischem *lokum*. Tgl. 10–20 Uhr, Yağlıkçı İsmail Sok. 4, Kadıköy, Tel. 0216/337 13 37.
Gözde Gurme. In dem großen Feinkostladen kann man sich mit unzähligen Käsesorten, kalten Vorspeisen, Oliven, Wurst und vielem mehr gut für ein Picknick eindecken. Tgl. 7–20.30 Uhr, Güneşlibahçe Sok. 8, Kadıköy, Tel. 0216/346 02 40.

ÜBERNACHTEN

My Home – Istanbul. Elf Ferienwohnungen für zwei bis vier Personen, die etwa 600 Meter vom Fährhafen entfernt liegen, sind mit einer Küchenzeile ausgestattet und bieten teilweise einen schönen Blick auf das Meer und den Haydarpaşa-Bahnhof. Gutes Preis-Leistungs-Verhältnis. Akif Bey Sk. 6, Kadıköy, Tel. 0216/450 22 82, www.myhome-istanbul.com

AKTIVITÄTEN

Süreyya Operası (Oper). Aktuelles Programm des Opernhauses vor Ort und im Internet. Bahariye Cad. 29, Kadıköy, Tel. 0216/346 15 31, www.sureyyaoperasi.org

INFORMATION

Tramvay. Tgl. 7–21 Uhr, Rundfahrt ohne Ausstieg 3 TL, sonst pro Einstieg 3 TL extra, Haltestellen z.B. Kadıköy IDO (Hafen), Bahariye (Einkaufsstraße), Moda.

50 Die Prinzeninseln
Natur- und Strandurlaub

Mit den »Prinzeninseln« (Kızıl Adalar) können Istanbul-Reisende ideal Stadt- und Strandurlaub kombinieren. Die auto-freie Inselgruppe ist für Istanbuler ein beliebtes Wochenendziel. Touristen kommen nicht nur zur Erholung und zum Baden im Meer, sondern auch wegen der Droschken-Rundfahrten oder beliebten Radtouren, der unberührten Kiefern- und Pinienwälder, der fotogenen Bauten und der Tavernen am Meer.

Eine bis eineinhalb Stunden brauchen die Fähren vom Anleger Kabataş auf der europäischen Seite Istanbuls über Kadiköy (s. S. 258) bis zu den Prinzeninseln im Marmarameer. Kein Wunder also, dass sie für tausende Istanbuler ein herrliches Refugium für die Wochenenden bilden. Als ruhesuchender Tourist sollte man den Ausflug deshalb am besten an einem Wochentag einplanen. Bewohnt und somit auch angefahren werden nur fünf von den neun Inseln mit etwa 20 000 Einwohnern: Kınalıada, Burgazada, Heybeliada, Büyü-

Oben: Gut erschlossene Badebuchten laden auf den Prinzeninseln zum Angeln ein; hier: Kınalıada.
Unten: Auf Büyükada angeln nicht nur die Großen.

MAL EHRLICH

DIE UHR IM BLICK BEHALTEN
Auf die Prinzeninseln fährt jeder, der außerhalb der Metropole so viel entspannte Zeit wie möglich verbringen will. Das Leben der Einheimischen ist äußerst entspannt, die Uhren scheinen still zu stehen. Dennoch sollte man sich früh genug darum kümmern, sich am Anleger bezüglich der Rückfahrzeiten der Fähren zu erkundigen. Die letzte Fähre von Büyükada fährt nämlich – zumindest in der Wintersaison – schon etwa gegen 20 Uhr zurück.

kada und die kleinste Sedef Adası. Da letztere jedoch größtenteils im Privatbesitz einer Familie ist, wird sie nur selten angesteuert und ist für Touristen eher uninteressant.

Geschichtlicher Rückblick

Bis im 19. Jahrhundert wohlhabende Istanbuler sowie viele Franzosen, Griechen, Juden und Armenier aus Pera das Archipel als Erholungsoase entdeckten und Sommervillen in der zu diesem Zeitpunkt üblichen Art des Historismus bauten, wurden sie hauptsächlich von Mönchen und Fischerfamilien bewohnt. Den Charme, den die Inseln ausstrahlen, verdanken sie jedoch nicht nur den hübschen Holzhäusern, sondern auch der Tatsache, dass private Autos und Taxis auf allen fünf verboten sind. Die Prinzeninseln bieten somit Natur pur, abseits jeglichen Smogs und jeder Hektik.

Ihren Namen haben die Prinzeninseln aufgrund ihrer Funktion in der byzantinischen und osmanischen Zeit erhalten, als lästige Thronanwärter, aber auch Patriarchen und Prinzessinnen dorthin verbannt wurden. Offiziell heißt die Inselgruppe, die ein Stadtteil Istanbuls ist, aufgrund des hohen Kupferaufkommens Kızıl Adalar (»Rote Inseln«). In Istanbul nennt man sie einfach nur »Inseln« (Adalar).

Büyükada – die Perle des Archipels

Büyükada (»Große Insel«) ist die größte und meistbesuchte der Inseln. Auf 5,4 Quadratkilometern gibt es zahlreiche Villen, von denen viele private Anlegestellen haben, und ein sehenswertes Kloster. Eine Erkundungstour auf Büyükada ist mit dem Fahrrad am interessantesten. So lässt sich fast jede Inselecke gut unter die Lupe nehmen. Während die Nordhälfte rund um den Anleger

ERFRISCHUNG IM MARMARAMEER

Außer vielen kleinen Badebuchten, meist mit grobem Kies oder Kiesel- steinen, sind bei den Istanbulern vor allem die im Sommer, abhängig von den Wetterverhältnissen, geöffneten Beach-Clubs der Inseln beliebt. Wer kein Haus am Meer hat und von der eigenen Badeleiter ins Wasser steigt, geht zu einer der organisierten Bade- stellen. In einigen der mondänen Beach-Clubs, die für das »normale« Volk meist zu teuer sind, wird Nicht- Mitgliedern nur schwierig Einlass ge- währt. Wer es mag, Seite an Seite mit vielen Menschen auf Sonnenlie- gen oder auf Sitzkissen mit Chillout- Musik den Blick auf das Meer zu ge- nießen und über Badeleitern ins Meer zu steigen, ist z.B. im »Naki Bey Beach-Club« auf Büyükada gut aufgehoben.

Naki Bey Beach Club. Im Sommer tgl. 8–20 Uhr, Eintritt (inkl. Liege) Erwachsene 30 TL, Kinder (7–12 Jahre) 15 TL, Büyükada (südöstlicher Ortsrand) Tel. 0216/382 45 01, www.nakibeyplaj.com

stark bebaut ist, findet man im Süden weitläufige Kiefern- und Pinienwälder, einsame Steilküsten und winzige sandige Badebuchten. Vom Hafen geht man landeinwärts hinauf zum Hauptplatz, an dem sich linker Hand die Kutschen (*fayton*) versammeln und an dessen abzweigenden Gassen Fahrräder vermietet werden. Entlang nostalgischer restaurierter oder schon marode wirkender Holz- villen und Gärten mit Mimosen und Nelken geht es am Hang des »Jesushügels« (Isatepe) durch schattige Kiefernwälder zu einem zentralen Platz, dem Pass Luna Park Meydanı.

Büyükada – Aya Yorgi Manastırı

Dort lohnt der Abstieg vom Fahrrad oder der Ausstieg aus der Kutsche, um den 203 Meter ho- hen Yücetepe (»Hoher Hügel«) mit dem sehens- werten Hagios-Georgios-Kloster (Aya Yorgi Ma- nastırı) zu erklimmen. Die rund 900 Meter Aufstieg können Mutige auch auf dem Rücken eines Esels bewältigen.

Das Ende des 16. Jahrhunderts gegründete Klos- ter thront herrlich zwischen Pinien und Zypres- sen mit Blick auf das Marmarameer. In der Ende des 19. Jahrhunderts nach einem Brand neu er- richteten Klosterkirche wird die reich ge- schmückte silberne Ikone des Heiligen Georgios von Pilgern verehrt. Da der Heilige vor Krank- heiten schützen und in der Not helfen soll, stei- gen hunderte Gläubige nicht nur zum jährlichen Kirchweihfest hinauf. Sowohl Christen als auch Muslime, die an die wundersamen Fähigkeiten des Heiligen glauben, hängen entlang des Weges bunte Papierschnipsel mit ihren Wünschen auf. Man sagt, dass alle, die es schaffen, einen Faden vom Fuß des Hügels bis zum Kloster abzuwi- ckeln – ohne diesen zu zerreißen – einen Wunsch erfüllt bekommen.

Inselhopping im Marmarameer

Wer einen entspannten Tag auf den Prinzeninseln verbringen möchte, beschränkt sich auf eine oder zwei der Inseln.

A Aya Yorgi Manastırı – Startpunkt sollte die sehenswerte Insel Büyükada mit dem Aya Yorgi Manastırı und dem griechischen Waisenhaus **B** sein. Hagios Georgios-Kloster, tgl. bis etwa 16 Uhr geöffnet, Sanatoryum Yolu Sok., Yücetepe, Büyükada.

B Rum Yetimhanesi – Griechisches Waisenhaus. Nicht zugänglich, zwischen dem Lunapark und der Ortschaft Meydanı (Straße nördlich dem Aufstieg zum Kloster folgen, dann erste rechts), Büyükada.

C Deniz Lisesi – Von Büyükada geht es weiter nach Heybeliada mit der Marineakademie. Nicht öffentlich zugänglich, Oruç Reis Sok., Heybeliada.

D Özel Rum Lisesi – Seminar von Chalki. Nicht zugänglich, Ümit-Tepe (Hügel), nördliches Ortsende, Heybeliada.

E Burgazada – Nächster Stopp der Fähre und für alle lohnenswert, die absolute Ruhe suchen, ist Burgazada.

F Surp Krikor Lusavoriç Ermeni Kilisesi – Der letzte Halt ist Kınalıada, wo man die armenische Kirche Surp Krikor Lusavoriç besichtigen kann. Unregelmäßig geöffnet, Akgünlük Sokak, Burgazada.

G Kınalıada Camii – Tagsüber geöffnet, Kınalı Çarşı Cad., Kınalıada.

Wer nicht mit der Kutsche, sondern zu Fuß oder mit dem Fahrrad unterwegs ist, sollte vom Pass aus nicht an der Küste entlang fahren, sondern den Weg gegenüber dem Aufstieg über den Jesushügel nehmen. Der linke Weg führt nach der ersten Abzweigung rechts zum größten Holzhaus Europas, das im Jahr 1898 von einer französischen Firma erbaut und als Hotel mit Casino geplant wurde. Sultan Abdülhamid II. verbot jedoch die Eröffnung des Hotels, so dass das Gebäude von einer wohlhabenden Witwe gekauft wurde, die es dem Ökumenischen Patriarchat von Konstantinopel schenkte. 1903 eröffnete in dem riesigen Bau schließlich ein griechisches Waisenhaus, das bis 1964 genutzt wurde, seitdem leider verfällt, aber bis heute mit Müh und Not der Zeit zu trotzen scheint.

Heybeliada – die Kupferinsel

Bereits in der Antike berichtete der griechische Philosoph Aristoteles in einem seiner Werke von den Kupferminen, denen die zweitgrößte Insel des Archipels Heybeliada ihren griechischen Namen Chalki (»Kupfer«) und die Inselgruppe ihren türkischen Namen Kızıl Adalar (»Rote Inseln«) verdanken. Heybeliada lohnt wie Büyükada auch für Kurzurlauber einen Besuch. Bereits von der Fähre ist am Ufer das Gelände der Marineakademie, die 1773 gegründet und Mitte des 19. Jahrhunderts dort ansässig wurde, zu sehen. Auf dem Gelände, das jedoch nur mit Sondergenehmigung zugänglich ist, liegt eine kleine byzantinische Kirche und das Grab des zweiten Botschafters Großbritanniens im Osmanischen Reich, Edward Barton.

Oben: An der Hauptgasse vom Fähranleger Büyükadas ist immer viel los.
Mitte: Tavernen laden am Marmarameer zum Verweilen ein.
Unten: Gebäude aus dem 19. und 20. Jahrhundert prägen die Prinzeninseln.

Ein weiterer vom Schiff aus sichtbarer Bau ist die auf dem Ümit-Hügel thronende, 1971 geschlossene Theologische Hochschule des Ökumenischen Patriarchats von Konstantinopel. Das Seminar von Chalki, dessen Eröffnung aufgrund der EU-Beitrittsverhandlungen und der diesbezüglichen Forderung nach freier Religionsausübung der Christen in der Türkei wieder im Gespräch ist, ist eine beliebte Sehenswürdigkeit bei Reisenden aus der Türkei und Griechenland. Bei einem Streifzug durch das landschaftlich attraktive und bis heute recht multikulturelle Heybeliada fallen außer vielen christlichen Bauten auch jüdische und islamische wie die Ben-Yazkor-Synagoge und die Heybeliada Camii auf. Rund um den Hafen laden Tavernen zum Verweilen und Fischessen ein. Badebuchten locken Strandurlauber an.

Burgazada und Kınalıada

Alle, die viel Zeit haben, nur baden wollen oder kaum Interesse an historischen Bauten haben, sollten die Idylle abseits der Metropole auf den zwei kleineren Inseln Burgazada und Kınalıada genießen. Auf der Insel Burgazada mit dem 170 Meter hohen Hügel Bayraktepe haben reiche Istanbuler Sommerhäuser erbaut. Vom Hafen kann man sich mit Motorbooten zu den kiesigen Strandbuchten im Westen und Süden fahren lassen. Besonders schön sind auch der Fischerhafen mit Tavernen und die atemberaubende Aussicht vom schön gelegenen Restaurant »Kalpazankaya« auf der Südwestseite der Insel.

Die kleinste der vier Hauptinseln, Kınalıada, wird als einzige nicht von Kutschen befahren. Auf 1,4 Quadratkilometern kann man sich nur zu Fuß oder mit dem Fahrrad fortbewegen, in gemütlichen Tavernen im Ort verweilen oder die friedvolle unbebaute Landschaft im Westen erkunden. Wer schließlich Lust auf Sightseeing bekommt, besucht die 1857 gegründete armenisch-gregorianische Kirche Surp Krikor Lusavoriç und die moderne 1956 erbaute Kınalıada-Moschee, die durch ihre abstrakte Architektur imponiert.

IM SCHATTEN DER PLATANE

Die typisch relaxte Inselatmosphäre von Mittelmeerinseln findet man meist nicht nur direkt am Meer, sondern vor allem in den Ortschaften der Inseln selbst. Tavernen vor schattenspendenden Bäumen und Plätze, an denen man die Zeit und den Trubel um einen herum vergisst, machen das Flair aus. Dieses beliebte und typische Inselbild findet man jedoch nicht nur im Mittelmeer, sondern auch auf den Prinzeninseln. Das grüne Blätterdach einer großen uralten Platane bedeckt die Tische der Tavernen an der Çınarlı Köşk Sokak am kleinen Dorfplatz von Kınalıada. Leckere *meze* und türkische Gerichte, Wein und Raki und die idyllische Atmosphäre sorgen für absolutes Wohlfühlambiente und die Millionenmetropole scheint weit, weit weg.

Çınaraltı Restaurant. Tgl. ab 10 Uhr, Çınarlı Köşk Sok. 11, Kınalıada, Tel. 0216/381 54 07.
Kınalıada Meyhanesi. Tgl. ab 10 Uhr, Çınarlı Köşk Sok. 5, Kınalıada, Tel. 0216/381 60 27, www.kinaliadameyhanesi.com

Infos und Adressen

ESSEN UND TRINKEN

Akasya. Das im Jahr 2012 eröffnete, moderne und dennoch gut ins Inselflair integrierte Bistro-Restaurant wandelt sich am Abend zur Bar. Die jungen Köche verwenden für ihre türkischen und italienischen Gerichte so viele biologische Zutaten wie möglich, Gemüse aus dem eigenen Anbau und Fleisch von lokalen Metzgern. Tgl. 12–2 Uhr, Nisan Cad. 49, Büyükada, Tel. 0216/382 10 50.

Halki. Die einfache Taverne mit länglicher Terrasse an der Uferpromenade lädt zum Verweilen ein und

Café mit Aussicht auf die asiatische Küste

Im Teehaus vertreibt man sich die Zeit mit Karten.

bietet leckere *meze* und einfache Fischgerichte zu einem guten Preis-Leistungsverhältnis. Tgl. ab 11 Uhr, Ayyıldız Cad. 24, Heybeliada, Tel. 0216/351 85 95.

Kalpazankaya. Von der abgelegenen Taverne am Pinienwald oberhalb der Kalpazankaya-Bucht hat man eine bezaubernde Aussicht auf das Meer und den schönsten Sonnenuntergang. Auf der Karte steht u. a. frischer Fisch. Spezialität ist das traditionell gebratene Lamm (*kuyu tandır*). Am besten per Kutsche zu erreichen! Tgl. 12–24 Uhr, Kalpazankaya Yolu 26, Burgazada, Tel. 0216/381 11 11, www.kalpazankaya.com.tr

Yücetepe Kır Gazınosu. In dem schönen Gartenlokal gleich neben dem Hagios-Georgios-Kloster

kann man bei einer Kleinigkeit zu essen, einem Bier, Raki oder Wein die traumhafte Aussicht genießen. April–Nov. tgl. 10–20 Uhr geöffnet, Dez.–März nur Sa/So, Aya Yorgi Kilisesi, Yan Yücetepe Mevkii 5, Büyükada, Tel. 0216/382 13 33, www.yucetepe.com

ÜBERNACHTEN

L'isola Guesthouse. Die vier Zimmer mit Balkonen des sehr persönlich und äußerst gastfreundlich geführten Gästehauses bieten herrliche Aussichten aufs Meer. Gutes türkisches Frühstück. Refah Şehitleri Cad./Nevicat Sok. 6, Heybeliada, Tel. 02 16/351 98 04, www.lisola.com.tr

Villa Mimosa. Wer einen längeren Aufenthalt, auch mit einer größeren Familie oder Gruppe, auf den Inseln plant, kann sich in den Appartements (35–160 qm) der historischen und stilvollen Villa mit persönlichem Charme und großem Garten einmieten. Mindestaufenthalt 7 Nächte. Gönüllü Cad. 81, Burgazada, Tel. 0216/381 29 57, www.istanbul-prinzeninseln.de

AUSGEHEN

Perili Köşk. In der gemütlichen von jungen Leuten geführten Jazz-Bar mit schöner Terrasse kann man hervorragend den Tag ausklingen lassen. Ab und zu auch Livemusik mit Jazz, Oldies oder Latin. Tgl. 7–4 Uhr, Ayyıldız Cad. 103, Heybeliada, Tel. 0216/351 87 10, www.perilikosk.net

AKTIVITÄTEN

Fahrradverleih. Rund um die Häfen der vier Inseln werden stundenweise (5 TL) oder pro Tag (15 TL) Fahrräder verliehen.

Kutschfahrten. Nahe den Anlegern von Büyükada, Heybeliada und Burgazada warten die Kutschen (*fayton*) auf Kundschaft und bieten verschiedene Strecken, große Touren (*büyüktur*) und kleine Touren (*küçüktur*) an. Büyükada 70 bzw. 60 TL, Heybeliada, Burgazada 50 bzw. 40 TL.

VERANSTALTUNGEN

Kirchweihfest. Das Kirchweihfest des Hagios-Georgios-Klosters am 23. April zieht jedes Jahr zahlreiche Pilger auf den Hügel, die entlang des Weges Zettel mit ihren Wünschen und Gebeten aufhängen. Büyükada.

INFORMATION

Anfahrt. Fahrpläne: Die erste von acht Fähren startet ab Kabataş um 6.50 Uhr. Die Fahrtzeit bis Büyükada beträgt ca. 90 Minuten. Mit kleinen Motorbooten, die an den Häfen der Inseln liegen, kann man sich zu Stränden oder zu anderen Inseln fahren lassen.

Bootstaxis bringen Gäste zu den Badestränden.

Städtische Fährschiffe (Ada Vapur) von Kabataş: www.sehirhatlari.com.tr; Schnellboote der privaten Fährgesellschaft İDO (İstanbul Deniz Otobüsleri) von Kabataş oder Bostancı (bei Kadiköy): www.ido.com.tr

Turizm Danışma. Touristen-Information. In der Informationsstelle der Prinzeninseln bekommt man Auskünfte und Pläne für alle fünf Inseln. Hilfreich sind auch die Informationen im Netz. Außerdem werden interessante Wander- und Bootstouren angeboten. Çınar Cad. 7, 1. Etage, Büyükada (am Hafen), Tel. 0216/382 11 80, www.adalarturizm.com

Besonders am Wochenende sind die Fähren äußerst voll.

REISEINFOS

Istanbul von A bis Z

Anreise – mit Auto und Fähre

Die kürzeste Strecke nach Istanbul durch das ehemalige Jugoslawien ist aufgrund oft chaotischer Verkehrsbedingungen mühsam. Auf der Route fallen Gebühren für Visa an. Außerdem ist auch von langen Wartezeiten an Landesgrenzen auszugehen. Die längere, jedoch erholsamere Route führt mit dem Auto und der Fähre über Italien und Griechenland nach Istanbul.

Anreise – mit dem Flugzeug

Linien- und Charterflüge verbinden deutsche und alle wichtigen europäischen Flughäfen mit dem Istanbuler Flughafen Atatürk Havalimanı in Yeşilköy (Info: www.dhmiata.gov.tr). Der zweite Flughafen Sabiha Gökçen (Info: www.sgairport.com) liegt etwa 35 Kilometer von der europäischen Seite Istanbuls entfernt in Asien und wird von den meisten Billiganbietern angeflogen. Die Flugzeit beträgt ab Frankfurt etwa drei Stunden.

Wenn der Transfer in die Stadt nicht vom gebuchten Hotel (meist gegen Gebühr) organisiert wird, kann man von beiden Flughäfen den Shuttleservice (Tag und Nacht) nutzen. Vom Atatürk-Flughafen kann man auch mit der Metro nach Aksaray (tgl. 6–24 Uhr, Dauer 32 Minuten) fahren und dort in die Straßenbahn (Tramvay) nach Sultanahmet oder Beyoğlu umsteigen. Ein Taxi vom Flughafen Atatürk nach Sultanahmet kostet etwa 15 Euro, von Sabiha Gökçen mindestens das Doppelte.

Autofahren / Mietwagen

Der Verkehr in Istanbul ist hektisch, ständiges Hupen auf den Straßen üblich und das Fahrverhalten

Vorangehende Doppelseite: Blick über den Bosporus
Oben: Immer wieder liegen Kreuzfahrtschiffe am Kai von Karaköy.
Mitte: Am besten bewegt man sich mit öffentlichen Verkehrsmitteln fort.
Unten: Große Umgehungsstraßen verbinden die Stadtteile.

der Istanbuler gewöhnungsbedürftig. In Hauptverkehrszeiten muss man mit langen Staus und
einer unübersichtlichen Straßensituation rechnen.
Deshalb lohnt es, das Auto auf einem der be-
wachten Parkplätze abzustellen und einige Abschnitte auch zu Fuß oder mit den öffentlichen
Verkehrsmitteln zu bewältigen. Allerdings stehen
auch Busse oft im Stau.

Tankstellen, die sowohl tagsüber als auch nachts
geöffnet sind, gibt es genügend. Die Höchstge-
schwindigkeit beträgt innerorts 50 km/h, auf
Landstraßen 90 km/h und auf Autobahnen
120 km/h. Die Missachtung der Straßenverkehrs-
ordnung kann teuer werden. Es gilt ein Alkoholli-
mit von 0,5 Promille und Anschnallpflicht. Bei
Unfällen muss die Polizei gerufen und ein Alko-
holtest gemacht werden. Bei schweren Unfällen
sollte man sich einen Anwalt über das Konsulat
vermitteln lassen. Der ADAC (Tel. +49 89 222 222,
Istanbul: +90 216/999 10 10) kooperiert in der
Türkei mit dem Automobilclub Türkiye Turing ve
Otomobil Kurumu (TTOK). TTOK in Istanbul: 1. Oto
Sanayi Sitesi Yani, Seyrantepe, 4. Levent,
Tel. 0212/282 81 40.

An beiden Flughäfen kann man Autos mieten. Das
Mindestalter beträgt 21 Jahre. Zur Anmietung eines Mietwagens muss der nationale Führerschein
und der Ausweis vorgelegt werden. Bei größeren
Unternehmen werden zur Sicherheit oft auch Kreditkarten verlangt.

Diplomatische Vertretungen

Deutsches Generalkonsulat (Alman Başkonsolosluğu). Mo–Fr 8.30–11.45 Uhr und nach Vereinba-
rung, Inönü Cad. 16–18, Gümüşsüyu (Taksim),
Tel. 0212/334 61 00 (24-Stunden-Notfall-Dienst),
www.istanbul.diplo.de

Oben: An vielen Straßenecken warten Schuhputzer auf Kundschaft.
Unten: Zahlreiche Passagierschiffe
pendeln zwischen Europa und
Asien.

Österreichisches Generalkonsulat (Avusturya Başkonsolosluğu). Mo–Fr 8.15–16 Uhr, Köybaşı Cad. 46, Yeniköy, Tel. 0212/363 84 10, Notfall-Tel. 0532/262 00 19 (mobil), www.bmeia.gv.at/tr/bueyuekelcilik/istanbul.html

Schweizer Generalkonsulat (Isviçre Başkonsosluğu). Mo–Do 8–12 und 13.30–17 Uhr, Fr 8–14 Uhr, Büyükdere Cad. 173 (Plaza A Blok, 3. Etage), 1. Levent, Tel. 0212/270 00 12, www.eda.admin.ch/istanbul

Einkaufen

In Istanbul gibt es alles, was das Herz begehrt. Von jahrhundertealten, orientalischen Basaren über Wochenmärkte, Antiquitäten-, Leder- und Schmuckgeschäfte sowie Kunsthandwerker geht es zu innovativen türkischen Modedesignern, weltbekannten Labels und den modernsten Einkaufszentren. In Souvenirgeschäften findet man sowohl genügend Billigware als auch hochwertige, handgearbeitete Keramik und Textilien. Rund um Sultanahmet kauft man auf der historischen Halbinsel gewebte Teppiche und geknüpfte Kelims, Schmuck (Gold ist in der Türkei billiger!) und altes Handwerk. Besonders beliebt sind dort der Große Basar, der Gewürzbasar und die Kunsthandwerkstätten, die sich in historischen Koranschulen angesiedelt haben. Großstadt-Shopping erlebt man vor allem in den modernen Einkaufszentren, die größtenteils in der Gegend rund um Levent angesiedelt sind. Die Istanbuler Oberschicht kauft in den exklusiven Mode- und Schmuckgeschäften in Nişantaşı und auf der Bağdat Caddesi.

Einreise

Bürger aus Deutschland und der Schweiz können mit ihrem Reisepass oder Personalausweis

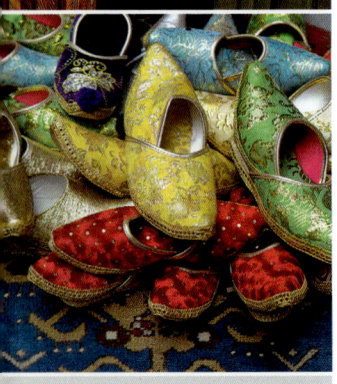

Oben: Der türkische Tee *çay* wird traditionell im Glas serviert.
Mitte: Unterschiedlichste Textilien sind beliebte Mitbringsel.
Unten: Farbenfroh sind die orientalischen Schuhe.

einreisen. Österreicher benötigen neben ihrem Pass auch ein Touristenvisum, das bei der Einreise erworben werden kann. Wer mit dem Personalausweis reist, muss den abgestempelten Einreisezettel aufbewahren. Österreicher müssen bei Einreise ein Touristenvisum (15 €) kaufen oder können es seit 2013 auch im Voraus online (www.evisa.gov.tr) beantragen, mit Kreditkarte zahlen und ausdrucken. Kinder müssen ein eigenes Reisedokument haben.

Elektrizität

220 Volt Wechselstrom

Essen und Trinken

In Istanbul erlebt man kulinarische Genüsse sowohl in kleinen Arbeiterlokalen (*lokanta* oder *esnaf*) als auch in Tavernen (*meyhane*) und in den modernsten Feinschmeckerlokalen. Die türkische Küche ist vielfältig und besonders reich an geschmortem Gemüse, unterschiedlichsten Fleisch- und Fischgerichten, Obst und den in viel Sirup getränkten Süßspeisen. Da der Koran den Verzehr von Schweinefleisch verbietet, wird es auch nicht angeboten. Gekocht wird mit Olivenöl und oft auch mit Knoblauch. Ihren typischen Geschmack bekommen die Gerichte durch das Hinzufügen verschiedenster Gewürze und Kräuter.

Die beste Möglichkeit, um möglichst viele der türkischen Leckereien zu probieren, ist die große Auswahl an Vorspeisen, den *meze*, die in fast allen Restaurants jeglicher Preiskategorie serviert werden. Bei den Türken kommen die *meze*, die oft vor der Bestellung des Hauptgerichts auf Tabletts präsentiert werden, für die gesamte Tischgemeinschaft in die Mitte und jeder kann probieren. Alkohol, wie der hochprozentige, türkische Anis-

Oben: Imposant ist das straßenseitige Tor des Dolmabahçe-Palasts.
Mitte: Wichtig ist es, die Kleiderordnung der Moscheen zu befolgen.
Unten: Probieren sollte man nicht nur die eingelegten Oliven.

schnaps Raki, wird in den zentralen Stadtteilen und nur in Lokalen serviert, die mindestens 100 Meter von Moscheen, Schulen und Koranschulen entfernt liegen.

Die meisten kleinen Arbeiterlokale haben keine Ruhetage und sind meist ab 9 Uhr oder früher bis etwa 19 Uhr geöffnet. Tavernen haben Tages- und Abendbetrieb. Exklusivere Restaurants, in denen man über das Hotel reservieren lassen sollte, öffnen meist ab 18 Uhr.

Feiertage und religiöse Feste

1. Januar: Neujahr
23. April: Unabhängigkeits-Tag und Tag der Kinder
1. Mai: Tag der Arbeit
19. Mai: Atatürk-Gedenktag und Jugend- und Sporttag
30. August: Tag des Sieges (Nationalfeiertag)
29. Oktober: Tag der Republik

Religiöse Feste
Da sich die mehrtägigen religiösen Feiertage nicht nach dem gregorianischen sondern nach dem islamischen Mondkalender, dessen Jahr 354 Tage zählt, richten, verschieben sich die Termine jedes Jahr. Behörden, Banken und einige Geschäfte haben während dieser Tage geschlossen. Die meisten Shoppingmalls, Basare und Museen öffnen am ersten Tag der Feste erst mittags oder haben ganz geschlossen.

Beginn des Ramadan (Fastenzeit): 9. Juli 2013, 28. Juni 2014, 17. Juni 2015
Zuckerfest/Fastenbrechen (Ramazan Bayramı): 8.–10. August 2013, 28.–30. Juli 2014, 17.–19. Juli 2015
Opferfest (Kurban Bayramı): 15.–18. Oktober 2013, 4.–7. Oktober 2014, 23.–26. September 2015

Oben: Ob in den Straßencafés oder am Bosporus – im Sommer spielt sich das Leben draußen ab.
Unten: Millionen Tulpen schmücken das gesamte Stadtgebiet zum Tulpenfest im April.

Geld/Währung

Die Landeswährung in der Türkei ist die türkische Lira (Türk Lirası, TL, offiziell Yeni Türk Lirası, YTL, internationale Abkürzung TRY), die es in Scheinen zu 5, 10, 20, 50, 100 und 200 TL und Münzen zu 1 TL und 50, 25, 10, 5 und 1 Kuruş. Wechselkurs Mai 2013: 1 Euro = 2,41 TL.

Man kann Geld an Automaten mit EC/Maestro-Karte oder Kreditkarte und PIN-Code ziehen, teilweise mit deutscher Menüführung, in jedem Fall aber in englischer Sprache. In allen Banken, einigen Postämtern, den Wechselstuben am Flughafen und in der Stadt können Reiseschecks eingelöst oder Bargeld gewechselt werden.

Bei Autovermietungen, Tankstellen und fast allen Hotels kann man mit Kreditkarten zahlen. Auch in vielen Restaurants, Cafés und Bars sowie Geschäften werden sie akzeptiert. Sogar auf einigen Wochenmärkten kann man mittlerweile mit Kreditkarte bezahlen. Allgemeine Sperrnummer für deutsche Karten bei Kartenverlust: Tel. +49 116 116.

Gesundheit (Ärzte, Notruf)

Am besten fragt man bei der Touristeninformation oder im Hotel nach einem Arzt. Viele türkische Ärzte haben im Ausland studiert und sprechen zumindest eine Fremdsprache. Eine Auslandskrankenversicherung ist auf jeden Fall zu empfehlen. So ist gewährleistet, dass gegen Vorlage einer Quittung vom Arzt das Geld nach der Rückkehr in die Heimat zurückerstattet wird. Im Notfall kommt die Auslandskrankenversicherung auch für einen Krankenrücktransport auf. Apotheken findet man in Istanbul überall. Sie sind meist von 9 bis 19 Uhr geöffnet, heißen *eczane* und sind in der Regel gut bestückt. Die Adressen der Notdienst-

Oben: In den Gassen der traditionellen Viertel gibt es ein großes Angebot an Haushaltswaren.
Mitte: An Bankautomaten kann man Geld in der Landeswährung abheben.
Unten: Die Nummer für Krankenwagen lautet: 112.

Apotheken (*nöbetçi eczane*) sind in den Schaufenstern der Apotheken ausgehängt. Viele Standardmedikamente oder Salben sind rezeptfrei und wesentlich günstiger. Besondere Impfungen sind nicht erforderlich.

Krankenwagen: 112
Feuerwehr: 110
Polizei: 155
Touristenpolizei: 0212/527 45 03

Klima und Reisezeit

Die beste Reisezeit für einen Besuch in Istanbul ist zwischen April und Juni, im September und Oktober. Im April blühen die Tulpen und die Judasbäume an den Bosporushängen. Wer hitzeverträglich ist, kann auch im Juli oder August fahren. Dann kann es zu Tageshöchsttemperaturen bis zu 40 °C kommen und es kann schwül werden. Für eine frische Brise sorgt aber der Nordwind (*poyraz*). Das Istanbuler Leben verlagert sich im Sommer in die Parks und Grünanlagen, ans Bosporus-Ufer und auf die Prinzeninseln. Der Winter, meist zwischen Mitte Dezember und Februar, kann sehr wechselhaft und kalt werden. Aber auch dann fallen die Temperaturen nur selten unter 0 °C. Die nasse Kälte und der Nordwind ziehen einen aber regelrecht durch die Knochen.

Öffentliche Verkehrsmittel

Da Straßenbahnen (Tramvay) und U-Bahnen (Metro) neben den Fähren die einzigen öffentlichen Verkehrsmittel sind, die nicht vom Istanbuler Verkehr beeinflusst werden, sind sie äußerst beliebt und oft sehr voll. Für Reisende ist die Straßenbahnlinie T1 besonders praktisch. Sie verbindet die Altstadt Sultanahmet über Eminönü mit der Haltestelle Kabataş, einem wichtigen Verkehrsknotenpunkt zwischen Karaköy und Dolmabahçe-Palast.

Oben: Fahrradfahren wird in Istanbul immer beliebter.
Unten: Der Zugang zu Straßenbahn- und Metro-Haltestellen erfolgt nur mit einem Jeton oder der Istanbulkart.

Istanbul von A bis Z

Von dort erreicht man mit der Fähre, wie auch von Eminönü oder Karaköy, die asiatische Seite Istanbuls, aber auch die Prinzeninseln. Die Standseilbahn F1 verbindet Kabataş mit Taksim. Eine andere Standseilbahn, die den steilen Aufstieg von Karaköy nach Beyoğlu erleichtert, ist die Tünel-Bahn. Die Metro verbindet Tünel (Haltestelle Şişhane) über Taksim mit 4. Levent. Eine andere Metro-Linie gibt es auf der Altstadt-Halbinsel. Sie beginnt in Aksaray und fährt zum Atatürk-Flughafen. Infos zu den Bahnverbindungen bekommt man bei jeder größeren Haltestelle und unter: www.istanbul-ulasim.com.tr

Mit dem Bus kann man gut die Bosporus-Vororte an der europäischen und asiatischen Küste abfahren. Wenn der Bus im Stau stecken bleibt, kann man auch aussteigen und den Rest der Strecke zu Fuß laufen. Jede einzelne Fahrt kostet wie auch mit der Metro, der Tram und der Fähre 3 TL. Tokens (Jetons) kann man an Automaten kaufen. Günstiger wird es mit der Istanbulkart. Das Taxi in Istanbul ist im Verhältnis zu Deutschland recht günstig. Noch günstiger sind die Sammeltaxis mit festen Preisen, die *dolmuş*. Vor Fahrtantritt sollte man darauf achten, dass das Taxameter angeschaltet ist. Zwischen 24 und 6 Uhr gilt der Nachttarif, der etwa 50 Prozent teurer als der Tagestarif ist.

Hauptanlegestellen der Fähren, ideal für das Hin- und Herfahren zwischen Europa und Asien, für die Viertel am Goldenen Horn und für den Besuch der Prinzeninseln, sind in Europa Eminönü, Karaköy, Kabataş und Beşiktaş, auf der asiatischen Seite Üsküdar und Kadiköy. Fahrpläne der städtischen Linien (Şehirhatları) bekommt man dort und im Internet unter www.sehirhatlari.com.tr, Fahrtzeiten der privaten und etwas teureren »Seebusse« Deniz Otobüsü sind ausgehängt und unter www.ido.com.tr abrufbar.

Oben: Das Goldene Horn und den Bosporus überquert man mit Passagierschiffen und Taxibooten.
Unten: Die schnellsten Fortbewegungsmittel sind Metro und Tram.

279

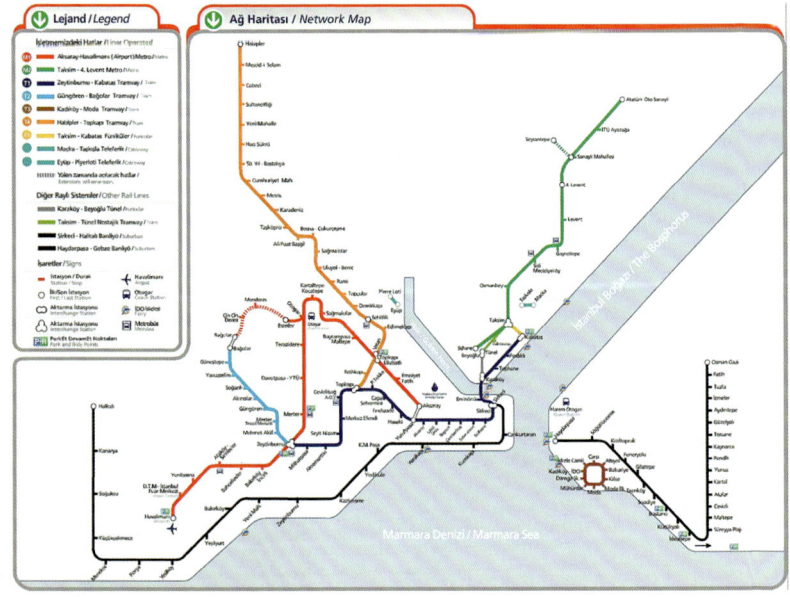

Istanbul für Kinder

In der kinderfreundlichen Türkei gehören die Kleinen überall dazu. Da die meisten Türken nicht nur in die eigenen sondern auch in fremde Kinder vernarrt sind, kann es passieren, dass sich z.B. der Kellner im Restaurant mehr mit dem Kind am Tisch beschäftigt als mit den Erwachsenen. Allerdings ist die Millionenmetropole für Kinder sehr anstrengend. Wer doch mit Babys reist, nimmt aufgrund der unebenen Straßenpflasterung nimmt lieber ein Tragegestell.

MUSEUM

Oyuncak Müzesi. Das erste Spielzeugmuseum der Türkei eröffnete 2005 in einer historischen Villa und beherbergt über 4000 Spielzeuge aus der ganzen Welt: alte Puppen und Puppenhäuser, Blechspielzeuge, Schattenspielfiguren, Polizeiwagen, Modelleisenbahnen und vieles mehr. Di–Fr 9.30–18 Uhr, Sa So 9.30–19 Uhr, Eintritt 10 TL, Kinder 7 TL, Ömerpaşa Caddesi, Dr. Zeki Zeren Sok. 17, Göztepe (am einfachsten per Taxi von Kadıköy aus erreichbar), Tel. 0216/359 45 50, www.istanbuloyuncakmuzesi.com

SPASSBAD

Aqua Marine. Der Freibadkomplex Aqua Marine mit Rutschen und Wasserfällen am Marmarameer liegt außerhalb der Stadt. Vom Taksim werden täglich freie Shuttlebusse ab 9 Uhr hin und ab 17 Uhr wieder zurück in die Stadt angeboten. Mai–Sept. tgl. 9–18 Uhr, Herren 40 TL, Damen 30 TL, Kinder bis 12 J. 20 TL, Piyade Sok. 8, Büyükçekmece, Tel. 0212/882 28 20, www.aquamarine.com.tr

TIERE

Istanbul Dolphinarium. Im Wasserzoo in Eyüp sind nicht nur Delfine sondern auch Weißwale, Walrosse und Seebären zu Hause. Im Winter dürfen Kinder ab 10 J., im Sommer ab 6 J. nach Voranmeldung für 10 Minuten mit den Delfinen schwimmen (1 Pers./180 TL, 2 Pers./250 TL, 3 Pers./300 TL). In einer etwa einstündigen Show präsentieren die Delfine ihr Können. Shows: Fr–So, Di 14 Uhr, Mi/Do 13.30 Uhr, Erwachsene 25 TL, Kinder bis 16 J. 20 TL, Silahtarağa Cad. 2/4, Eyüp, Tel. 0212/581 78 78, www.istanbuldolphinarium.com

Öffnungszeiten

Bei Museen und Palästen ist einheitlich, dass die meisten einen, manchmal auch zwei Tage in der Woche geschlossen haben. Die Kernzeiten sind in der Regel von 9–17 Uhr, im Sommer ist oft länger, teilweise bis 19 oder sogar 20 Uhr geöffnet. Moscheen haben von Sonnenaufgang bis Sonnenuntergang geöffnet, man sollte sie aber während der Gebetszeiten meiden. Denn dann wird Nicht-Muslimen oft kein Eintritt gewährt. Geschäfte und Supermärkte sind Mo–Sa von etwa 9–19 Uhr geöffnet, manchmal auch bis spätabends oder wie auf der İstiklal Caddesi bis in die Nacht und sonntags. Postämter und Banken haben meist Mo–Fr von 8.30–12 und 13–17 Uhr geöffnet.

Post

Der Versand von Postkarten oder Briefen in die EU-Länder und die Schweiz dauert etwa eine Woche. Beides wird mit 1,10 TL frankiert. Briefmarken bekommt man in den Postämtern, die an den Schildern mit der Aufschrift PTT zu erkennen sind.

Rauchen

Rauchen ist seit 2009 in der Türkei in allen öffentlichen Gebäuden, geschlossenen Räumen, Flughäfen und öffentlichen Verkehrsmitteln strengstens verboten. In Hotels, Restaurants, Cafés und Diskotheken gibt es seitdem keine abgetrennten Raucherbereiche. Geraucht wird nur draußen. Seit Mai 2013 dürfen Autofahrer am Steuer nicht mehr rauchen und Wasserpfeifen dürfen nicht mehr in geschlossenen Räumen geraucht werden.

Sicherheit

Reisende informieren sich beim Auswärtigen Amt: Tel. +49/30 18 17 20 00, www.auswaertiges-amt.de

Oben: Kontrastreich ist in Istanbul auch der Kleidungsstil.
Unten: Zeit zum Zeitunglesen finden die Basar-Händler immer.

Oben: Taxifahren ist in der Türkei
günstiger als in Deutschland.
Mitte: Obst- und Gemüsegeschäft
in Kadıköy
Unten: Möwen sind am Bosporus
allgegenwärtig.

Sprache

Eigentlich kommt man in Istanbul auch überall
gut ohne türkische Sprachkenntnisse zurecht. Besonders in touristischen Gegenden spricht man
meist gutes Englisch. Alle freuen sich aber über
Besucher, die zumindest ein paar Wörter Türkisch
sprechen. Für die Verständigung ist die richtige
Betonung der türkischen Wörter wichtig, die fast
immer auf der ersten Silbe betont werden.

Telefonieren

Vorwahl für die Türkei 00 90, Deutschland 00 49,
Österreich 00 43, die Schweiz 00 41. Istanbul hat
zwei Vorwahlen: 0212 für die europäische Seite und
0216 für die asiatische Seite und die Prinzeninseln.
Auslandstelefonate führt man am günstigsten von
Kartentelefonen. Telefonkarten (*telefon kartı*) sind
bei Postämtern, in Supermärkten oder bei fliegenden Händlern erhältlich. Beim Telefonieren mit
dem Mobiltelefon, muss man mit Roamingkosten
rechnen, die höher sind als in einem EU-Land.
Deshalb sollte man sich beim Provider erkundigen.
Um Roaming-Gebühren zu sparen, kann man sich
auch schon am Flughafen durch die Registrierung
des Personalausweises eine türkische Prepaid-Kar-
te kaufen, z. B. von Vodafone, Turkcell oder Aria.
Allerdings wird jedes ausländische Handy für die
Nutzung mit einer türkischen Karte nach einer,
spätestens zwei Wochen gesperrt. Dann muss die
deutsche SIM-Karte wieder rein.

Trinkgeld

Trinkgeld gibt man für guten Service, egal ob im
Café oder Restaurant oder im Hotel. Im Taxi run-
det man einfach auf. Im Restaurant und in einfachen Gaststätten ist es üblich, sich das Wechsel-
geld auszahlen zu lassen und dem Kellner erst
anschließend einen angemessenen Betrag zu ge-

ben. Häufig legt man das Trinkgeld auch erst beim Verlassen des Lokals auf den Tisch. Bei einigen teuren Restaurants kann man die 10 Prozent für den Service nicht umgehen, da sie von vornherein auf die Rechnung gesetzt werden. Für besonderen Service im Hotel sollte man das Trinkgeld im Voraus zahlen, um die Betreuung zu verbessern.

Übernachtung

Istanbul bietet für jeden Geschmack und Geldbeutel die richtige Bleibe. Das Angebot reicht von einfachen und bescheidenen Unterkünften bis zu luxuriösen Hotels. Billig sind die Istanbuler Hotels nicht, Frühstück und WLAN sind aber meist im Preis enthalten. Im historischen Viertel Sultanahmet findet man zahllose kleine, hübsch restaurierte Häuser, die als Hotels geführt werden. In Beyoğlu eignen sich vor allem für Nachtschwärmer die Hotels unterschiedlichster Preiskategorien. Bei Luxushotels findet man oft spezielle Angebote wie Wochenend-, Sightseeing- oder Einkaufstrips. Wer Ruhe und Abstand von der Millionenmetropole sucht, bucht ein Hotel in den Bosporus-Vororten oder auf den Prinzeninseln.

Zeit

In der Türkei gilt die osteuropäische Zeit (MEZ + 1).

Zoll

Bei der Rückreise in die EU gelten folgende Freimengen: Mitbringen darf man 200 Zigaretten, 100 Zigarillos, 50 Zigarren oder 250 g Rauchtabak, 1 Liter Spirituosen und 2 Liter Wein sowie Waren im Wert von 430 Euro (Flugreisende). Änderungen sind am Flughafen ausgehängt. Die Ausfuhr antiker, also über 100 Jahre alter Gegenstände ist verboten.

Oben: Boutique-Hotels in hübsch restaurierten, osmanischen Häusern werden immer beliebter.
Unten: Dass *çay* das Nationalgetränk ist, merkt man spätestens an den fliegenden Teehändlern.

Kleiner Sprachführer

AUSSPRACHE

c wie dsch; cami (Moschee) = dschami

ç wie tsch; çok (viel) = tschok

ğ wie Dehnungs-h oder wie weiches j; sağda (rechts) = saada oder

ı stumpfes i oder angedeutetes e;

j wie g in leger; z.B. garaj (Garage)

ş wie sch; in giriş (Eingang) = girisch

v wie w; ve (und) = we

y wie j; yok (kein/nicht) = jok

z wie weiches s in Rose; güzel (schön) = güsel

ALLGEMEINES

Guten Morgen. Günaydın.

Guten Tag./Schönen Tag. iyi günler.

Guten Abend./Schönen Abend. iyi akşamlar.

Gute Nacht. iyi geceler.

Hallo! Merhaba!

Tschüß! Hoşça kal!

Auf Wiedersehen! Görüşmek üzere!

Ich heiße... Benim adım...

Wie heißen Sie? Sizin adınız ne?

Wie geht es Ihnen? Nasılsınız?

Gut, danke. Iyi, teşekkürler.

Können/Sprechen Sie Deutsch? Almanca biliyormusunuz/konuşuyormusunuz?

Das verstehe ich nicht. Anlamıyorum.

ja/nein/vielleicht evet/hayır/belki

gut/schlecht iyi/kötü

viel/wenig çok/az

in Ordnung, okay tamam

bitte lütfen

Bitte sehr! Buyurun!

Danke teşekkür ederim oder kurz: teşekkürler

Entschuldigung pardon

Hilfe! Imdat!

UNTERWEGS

Wo ist...? ...nerede?

Wie komme ich zum Bahnhof/ zur Bushaltestelle/ zum Flughafen? Istasyona/ Otogara/ Havalimanına nasıl giderim?

Könnten Sie mir das auf der Karte zeigen? Onu bana haritada gösterebilir misiniz?

Fahren Sie mich bitte nach... Beni lütfen...ye/ya götürün.

Wie viel kostet eine Fahrt nach...? ...gitmek ne kadar?

nach links abbiegen sola sapmak

nach rechts abbiegen sağa sapmak

geradeaus düz

Straße cadde/ sokak

Platz meydanı

Moschee cami

Kirche kilisesi

Hafen (Anleger) iskele

Haltestelle istasyon

Bus otobüs

Fähre feribot/ araba vapuru

ÜBERNACHTEN

Doppelzimmer iki kişilik oda

Einzelzimmer tek yataklı oda

Haben Sie ein freies Zimmer? Boş oda varmı?

Wie viel kostet ein Zimmer für zwei Personen? İki kişilik oda ne kadar?

Ich will ... Nacht/Nächte bleiben. Tamam, ben...gece kalmak istiyorum.

Ist das Frühstück inklusive? Kahvaltı bu fiyatın içindemi?

EINKAUFEN

Akzeptieren Sie Euro? Euro alıyor musunuz?

Akzeptieren Sie Kreditkarten? Kredi Kartı ile ödemek mümkün mü?

Wo kann ich Geld wechseln? Nerede para değiştire bilirim?

Wieviel kostet das? Ne kadar?

Haben Sie das in meiner
Größe? Benim bede-
nim de varmı?
Ok, ich nehme es. Ta-
mam, bunu alıyorum.
Ich möchte es nicht.
Bunu istemiyorum.

ZAHLEN

1–12 bir, iki, üç, dört,
beş, altı, yedi, sekiz,
dokuz, on, onbir, oniki
20 yirmi
30 otuz
40 kırk
50 elli
60 altmış
70 yetmiş
80 seksen
90 doksan
100 yüz
1000 bin

WOCHENTAGE

Montag pazartesi
Dienstag salı
Mittwoch çarşamba
Donnerstag perşembe
Freitag cuma
Samstag cumartesi
Sonntag pazar

ESSEN UND TRINKEN

Gibt es einen Tisch für
eine Person/zwei Per-
sonen? Bir/iki kişilik
bir masa varmı?
Könnte ich die Speisekarte
haben? Yemek listesini
rica edebilir miyim?

Servieren Sie Alkohol?
Alkohol satıyormusu-
nuz?
Ich möchte... Ben...
isitiyorum.
Ich bin Vegetarier. Ben
vejeteryanım.
Noch eine(n), bitte.
Bir tane daha lütfen.
Ich bin fertig/satt.
Ben doydum.
Die Rechnung bitte.
Hesap lütfen.
Frühstuck kahvaltı
Mittagessen öylen
yemeği
Abendessen akşam
yemeği
Gabel/Messer/Löffel
çatal/bıçak/kaşık
Salz/Pfeffer tuz/karabiber
Essig/Öl sirke/zeytinyağı
Kaffee kahve
Türkischer Tee çay
Zucker şeker
Saft meyva suyu
Wasser/Mineralwasser
su/asitli su oder soda
Bier bira
Rotwein/Weißwein
kırmızı/ beyaz şarap
Brot ekmek
Nudeln makarna
Reis pilav
Bohnen fasulye
Huhn tavuk
Rind dana
Fisch balık
Schinken jambon
Käse peynir

Eier yumurta
Salat salata
Obst meyva

SPEZIALITÄTEN

Hackfleisch-Spieß
(pikant) adana kebap
gebratene Leber mit Zwie-
beln arnavut çiğeri
Blätterteig mit Nüssen gefüllt in Sirup baklava
Fischsuppe balık çorbası
gefüllte Paprika biber
dolması
Blätterteigtaschen börek
Joghurt mit Gurke und
Knoblauch cacık
Teigtaschen mit verschie-
denen Füllungen
gözleme
Auberginen-Fleisch-Ein-
topf güveç
Kichererbsenmus humus
vegetarisch gefüllte Au-
bergine imam bayıldı
Fleisch vom Drehspieß
kebap
Hackfleischbällchen köfte
auf einem Spieß gegrillte
Lammdärme kokoreç
weiße Bohnen in Essig
und Öl piyazl
Blätterteigröllchen mit
Schafskäse sigara
böreği
Spezielle Wurst mit
Knoblauch sucuk
Milchreis sütlaç
gefüllte Weinblätter
yaprak dolması

IMPRESSUM

Unser komplettes Programm:

www.bruckmann.de

Produktmanagement: Ulrich Jahn
Lektorat: Stephanie Lofing, Lektorat Lofing, Berlin
Korrektorat: STUBE text&design, Berlin
Satz/Layout: Géraldine Barette, Barette Design, Berlin
Repro: Repro Ludwig, Zell am See
Umschlaggestaltung: Ulrike Huber, www.uhu-design.de, Kolbermoor
Kartografie: Kartographie Huber, Heike Block, München
Herstellung: Bettina Schippel
Printed in Slovenia by Korotan, Ljubljana

Alle Angaben dieses Werkes wurden vom Autor sorgfältig recherchiert und auf den aktuellen Stand gebracht sowie vom Verlag geprüft. Für die Richtigkeit der Angaben kann jedoch keine Haftung übernommen werden. Für Hinweise und Anregungen sind wir jederzeit dankbar. Bitte richten Sie diese an:

Bruckmann Verlag
Postfach 40 02 09
80702 München
E-Mail: lektorat@verlagshaus.de

Bildnachweis:
Alle Bilder des Innenteils und des Umschlags stammen von Rainer Hackenberg (Köln), außer: Klio Verigou: S. 34, 173; Sekip Ayhan Tunel/Pera Hotel: S. 184; Shutterstock (www.shutterstock.com): Umschlag vorne oben (esbobeldijk); Bildagentur Huber, Garmisch-Partenkirchen: Umschlag vorne Streifen, S. 92 (Schmid Reinhard)

Umschlag:
Vorderseite: Tulpen (o.), Devotionalienhändler an der Beyazit-Moschee (M.l.), Festung Rumeli Hisari (M.r.), Hagia Sophia (u.)

Die Deutsche Nationalbibliothek verzeichnet diese Publikation in der Deutschen Nationalbibliografie; detaillierte bibliografische Daten sind im Internet über http://dnb.d-nb.de abrufbar.

© 2013 Bruckmann Verlag GmbH, München

ISBN 978-3-7654-5818-7